NÃO É SORTE

CB125428

Título original: *It's Not Luck*

Originalmente publicado por North River Press, EUA

1ª edição: Janeiro 2025

© 1994 Eliyahu M. Goldratt.
Todos os direitos reservados a Goldratt1 Ltd.

Direitos reservados desta edição: Goldratt1 Ltd.

O conteúdo desta obra é de total responsabilidade do autor
e não reflete necessariamente a opinião da editora.

Autor:
Eliyahu M. Goldratt

Tradução:
Thomas Corbett

Revisão:
Gabriel Silva
Iracy Borges

Composição:
Julio Portellada

Capa:
Rafael Brum

Impressão:
Plena Print

DADOS INTERNACIONAIS DE CATALOGAÇÃO NA PUBLICAÇÃO (CIP)

Goldratt, Eliyahu M.
Não é sorte : como criar soluções estratégicas para problemas sem saída, tanto nos negócios como na vida pessoal / Eliyahu M. Goldratt ; tradução de Thomas Corbett. — Porto Alegre : Citadel, 2024.
256 p.

ISBN 978-65-5047-561-1
Título original: It's not luck

1. Ficção inglesa 2. Negócios 3. Marketing I. Título II. Corbett, Thomas

24-5448 CDD 823

Angélica Ilacqua - Bibliotecária - CRB-8/7057

Produção editorial e distribuição:

CITADEL
Grupo Editorial

contato@citadel.com.br
www.citadeleditora.com.br

Para obter mais informações sobre as ideias apresentadas neste livro, acesse Goldrattgroup.com

ELIYAHU M. GOLDRATT

AUTOR DO BEST-SELLER **A META**

NÃO É SORTE

COMO CRIAR SOLUÇÕES ESTRATÉGICAS PARA PROBLEMAS SEM SAÍDA, TANTO NOS NEGÓCIOS COMO NA VIDA PESSOAL

Tradução
THOMAS CORBETT

CITADEL
Grupo Editorial
2025

– 1 –

– Quanto ao grupo do Alex... – Finalmente Granby chegou à minha parte. Recosto-me e fico concentrado. Aproveito cada palavra que é dita. Não é para menos, como vice-presidente executivo do grupo diversificado, escrevi tudo isso. Bom, na verdade não escrevi tudo, Granby mudou alguns superlativos. E como ele é o CEO, isso é prerrogativa dele.

Não é apenas a forma como ele lê, com a sua voz grossa de barítono. Mas parece mais uma música. Quem disse que números não podem ser uma sinfonia? Ele agora atinge o crescendo:

– No total, o grupo diversificado acabou o ano com um lucro operacional de US$ 1,3 milhão.

Granby continua, mas agora mal o ouço. Não está mau, penso comigo mesmo. Não está mau mesmo, levando em consideração que quando assumi esse grupo há um ano ele estava no vermelho. Cada uma das três empresas do grupo estava perdendo dinheiro. Granby acabou. Agora é a vez dos diretores externos justificarem a sua existência. Vejamos, um conselho é composto de três grupos. Nós, os principais executivos da empresa, fazemos o trabalho antes da reunião do conselho. Os diretores decorativos, os que são (ou eram) altos executivos em outras empresas, trabalham em outro lugar. E os tubarões profissionais, os "representantes" dos acionistas, não trabalham.

– Parabéns – diz o empolado ex-CEO de uma empresa de petróleo –, vocês conseguiram colocar a UniCo de volta nos trilhos no momento certo para aproveitar a recuperação do mercado que está por vir.

Parabéns, digo para mim mesmo, uma frase inteira sem se referir às suas conquistas do passado. Ele está melhorando. Agora é a vez dos tubarões. Qual deles começará a apontar as falhas no relatório de Granby e a fazer mais exigências como eles geralmente fazem?

– Acho que o orçamento para o próximo ano não é agressivo o suficiente – diz um dos tubarões.

– Isso mesmo – concorda outro. – O desempenho previsto é todo baseado na recuperação esperada do mercado. Não há nada no plano que mostre um esforço real por parte da UniCo.

Exatamente como era esperado. Esses diretores profissionais são apenas modernos capatazes de escravos; o que quer que você faça nunca será suficientemente bom, eles sempre vão estalar o chicote. Granby nem se dá ao trabalho de responder; mas quem tem a palavra agora é James Doughty.

– Acredito que devemos nos recordar constantemente de que os negócios não são mais como eram antigamente. Que precisamos nos esforçar mais.

Voltando-se para Granby, acrescenta:

– Há sete anos, quando você foi promovido a CEO, as ações da empresa eram negociadas a US$ 62,20. Agora estão oscilando por volta de US$ 32.

Melhor que os US$ 20 de dois anos atrás, penso comigo mesmo.

– Além do que – Doughty continua –, essa empresa fez tantos maus investimentos que erodimos drasticamente nossa base de ativos. A classificação de crédito da UniCo caiu duas categorias. Isso é absolutamente inaceitável. Acho que o plano para o próximo ano deveria refletir um compromisso da administração para fazer a UniCo voltar a ser o que era antes.

Esse foi o maior discurso que já ouvi Doughty fazer. Desta vez ele deve estar falando sério. Na verdade ele tem razão, claro, se você ignorar a economia na qual operamos. A concorrência nunca esteve tão feroz. O mercado nunca esteve tão exigente. Sabendo quão difícil é essa tarefa, acho que Granby fez um ótimo trabalho. Ele herdou uma empresa de primeira linha, mas uma empresa que havia corroído sua base de produtos. Uma empresa que estava mergulhada em prejuízos. E ele a trouxe de volta à lucratividade.

Trumann levanta a mão para silenciar o murmúrio. Isso é sério. Se Trumann apoiar Doughty, eles terão poder suficiente para fazer o que bem entenderem.

Estão todos quietos ao redor da mesa. Trumann olha para cada um de nós, os gerentes, e, então, diz muito lentamente:

– Se isso é o melhor que a administração consegue criar... creio que teremos de procurar um sucessor fora da empresa.

Uau, que bomba. Granby vai se aposentar em um ano, e até agora todos achavam que a corrida era entre Bill Peach e Hilton Smyth, os vice-presidentes executivos encarregados dos dois grupos principais. Eu particularmente teria preferido que Bill Peach ganhasse; Hilton é uma cobra política, nada mais. Mas agora o jogo mudou completamente.

– Vocês devem ter pensado em algumas ações mais agressivas – Trumann comunica a Granby.

– Sim – Granby admite. – Bill?

– Temos um plano – Bill começa –, um plano que, devo enfatizar, ainda não está terminado e que é muito sensível. Parece que é possível fazer uma reengenharia da empresa que vai possibilitar um corte adicional nos custos de 7%. Mas há vários detalhes que têm de ser investigados antes de podermos anunciá-lo. Isso não é uma tarefa trivial.

De novo! Pensei que já havíamos superado esse estágio. Toda vez que há pressão para melhorar a lucratividade, a reação instintiva é para cortar despesas, o que na verdade quer dizer dispensar pessoas. Isso é ridículo. Nós já fizemos um corte de milhares de empregos. Não cortamos apenas gordura, cortamos carne e sangue. Como gerente de fábrica e ainda mais como gerente de uma divisão, eu tinha de lutar contra Bill o tempo todo para proteger o meu pessoal. Estaríamos em uma situação muito melhor se o mesmo esforço constantemente despendido em reorganizações fosse empregado para conseguir mais mercados.

A ajuda vem de um lugar inesperado. Doughty observa:

– Isso não é suficiente.

Imediatamente Trumann rebate:

– Isso não é a resposta. Wall Street não fica mais impressionada com essas ações. As últimas estatísticas mostram que mais da metade das empresas que demitiram não melhoraram sua lucratividade.

Não sou só eu, todos estão confusos. É óbvio que desta vez os diretores estão sincronizados. Têm algum objetivo em mente. Mas qual?

– Precisamos focar nossa empresa. Precisamos nos concentrar mais no nosso *core business* – diz Hilton Smyth com uma voz firme.

Podemos contar com Hilton para dizer uma frase vazia e sem sentido. O que o está impedindo de se concentrar no *core business*? Esse é o trabalho dele, nada mais.

Trumann faz a mesma pergunta:

– Do que mais você precisa para desenvolver melhor o *core business*?

– Muito mais investimentos – responde Hilton. E, com a permissão de Granby, ele vai até o retroprojetor e começa a mostrar algumas transparências. Nada de novo, são as mesmas coisas com as quais ele tem nos bombardeado nos últimos meses. Mais investimentos em equipamentos sofisticados, mais investimento em P&D, comprando mais algumas empresas para completar nossa linha de produtos. De onde ele tirou essa certeza de que isso vai ajudar? Isso não é a mesma coisa que fizemos nos últimos anos e na qual enterramos mais de US$ 1 bilhão?

– Essa é sem dúvida a direção certa – Doughty confirma.

– É mesmo – Trumann o apoia –, mas não devemos ignorar o que Hilton disse no começo. Precisamos nos concentrar no *core business.*

Hilton Smyth, a serpente. Ele fazia parte do jogo dos outros desde o início. Isso tudo foi apenas um grande espetáculo. Mas onde estão as ações concretas? Onde vão conseguir as grandes somas necessárias para investir nessa fantasia?

– Acho que a estratégia de diversificar foi um erro – observa Trumann e, voltando-se para Granby, continua: – Entendo por que iniciou isso. Você queria aumentar a base da UniCo para lhe dar mais segurança. Mas, analisando isso hoje, você tem de concordar que foi um erro. Investimos quase US$ 300 milhões em diversificações. Com certeza, o retorno sobre o investimento não justifica isso. Acho que devemos voltar atrás. Devemos vender essas empresas, melhorar a nossa base de crédito e reinvestir no *core business.*

Essa é a primeira vez que vejo Granby ser atacado dessa forma. Mas esse não é o ponto. O ponto é que esse ataque contra Granby vai me destruir. O que Trumann está sugerindo é vender todas as minhas empresas!

O que posso fazer?

Granby não vai deixar isso passar. Toda a sua estratégia de longo prazo está baseada na diversificação.

Mas daqui para a frente as coisas andam rapidamente. Mais diretores apoiam a sugestão de Trumann. A resolução é proposta, apoiada e aceita; tudo isso em menos de cinco minutos. E Granby não abre a boca. Até vota a favor. Ele deve ter algo escondido na manga. Tem de ter.

– Antes de passarmos para o próximo item da agenda – Granby diz –, devo comentar que devemos planejar cuidadosamente como vamos investir no *core business.*

– Concordo – diz Trumann. – Os planos de investimento que vimos até agora são demasiadamente convencionais e arriscados.

Olho para Hilton Smyth. Ele não está mais sorrindo. É óbvio que eles o enganaram. Seu cargo de CEO está ameaçado. Muito provavelmente vamos ganhar um CEO paraquedista. Qualquer um é melhor que Hilton.

- 2 -

Uma banda ruim está dando um concerto barulhento dentro de minha casa. Vou direto ao quarto de Dave. Ele está na sua escrivaninha fazendo a lição de casa. Não adianta nada dizer oi, ele não vai ouvir. Fecho a porta e o barulho cai cinquenta decibéis. Foi uma boa coisa Julie ter o bom senso de instalar uma porta à prova de som no quarto dele quando compramos seu novo som.

Sharon está falando ao telefone. Aceno para ela e desço até a cozinha. Desde que Julie abriu seu consultório todos nós nos acostumamos a jantar tarde. Ela é conselheira matrimonial e diz que as melhores horas para trabalhar são das quatro da tarde às nove da noite. Para seus clientes, é o melhor. Nós nos consolamos com as "tapas" que Julie prepara. Viver na América não significa que não possamos adotar alguns hábitos europeus.

– Fui convidada para uma festa muito especial no sábado à noite.

– Que ótimo – respondo e acabo com o patê de fígado de frango. – O que há de tão especial na festa?

– É uma festa do segundo colegial. Apenas quatro de nós, que estamos um ano abaixo, fomos convidadas.

– Minha filha popular. – Pisco para ela.

– Por que não? – Sharon dá umas voltinhas.

As crianças só me deixaram um sanduíche de queijo com azeitona. Eu o engulo em duas mordidas.

– Então, você deixa eu ir? – ela pergunta.

– Não vejo por que não. – Ela me manda um beijo e flutua para fora da cozinha. – Espere um pouco. – Chamo-a de volta. – Existe alguma razão para eu não deixar você ir?

– Não realmente – ela responde. – Você sabe que tenho quase catorze anos.

– Sim, meninona. Se pudermos dizer que oito meses é "quase".

Então percebo o problema.

– A que horas essa festa vai acabar?

– Não sei – ela diz casualmente. Casualmente demais. – Tarde, imagino.

– Sharon, a que horas? – pergunto e abro a geladeira para pegar uma cerveja.

– Mas, papai – sua voz fica mais aguda –, não posso sair da festa antes que ela acabe.

Abro a latinha e vou para a sala de estar.

– Sharon, a que horas acaba a festa? – repito.

– Papai, é uma festa do segundo colegial.

Ela ainda não respondeu à minha pergunta.

– Você não entende?

– Entendo – respondo e ligo a televisão. – Quero você em casa antes das dez da noite.

– Mas a Debbie, a Kim e a Chris vão!

Lágrimas começam a cair de seus olhos.

– Por que tenho de ficar em casa?

– Você não precisa ficar em casa. Só precisa estar em casa antes das dez.

Mudo de canal a esmo, com o controle remoto.

– O que sua mãe disse?

– Ela disse para perguntar a você – Sharon choraminga.

– Então você já perguntou e já recebeu a resposta. É isso aí, querida.

– Eu disse à mamãe que você não ia entender. – Ela chora e corre para o quarto.

Continuo a mudar de canal. Faltam dez minutos para as seis. Daqui a pouco a Julie vai ligar dando instruções para o jantar. Que ideia mandar a Sharon falar comigo sobre uma coisa dessas.

Julie quer ter certeza de que continuo envolvido nos assuntos da família. Por mim tudo bem, especialmente porque a maior parte do trabalho fica com ela. Mas não gosto quando sou chamado para fazer o papel de mau. Julie deveria saber que eu não deixaria Sharon chegar tarde em casa.

– Então vou repetir. Às sete eu ligo o forno a 180 graus e depois de dez minutos coloco a lasanha.

– Isso mesmo, querido – Julie confirma. – Está tudo bem?

– Na verdade, não. Acho que a Sharon não vai jantar conosco hoje à noite.

– Ih! Isso quer dizer que você recusou o pedido dela de imediato?

– De imediato – disparo com firmeza. – O que você esperava?

– Esperava que usasse a técnica de negociação que o Jonah nos ensinou.

– Não vou negociar com minha filha – digo, com irritação.

– Você tem essa prerrogativa – Julie contesta calmamente. – Pode ditar a resposta, mas esteja pronto para sofrer as consequências. Pelo menos até o sábado, não conte com a simpatia de sua queridinha.

Como não respondo, ela continua:

– Alex, por favor, reconsidere. Esse é um caso típico de negociação. Simplesmente use a técnica, escreva a nuvem*.

Volto para a televisão para ver as notícias. Nada de novo. Negociações. Os sérvios e os muçulmanos, os israelenses e os árabes, outro sequestro. Em todos os lados só há negociações.

No trabalho tive muitas "oportunidades" para negociar com pessoas teimosas, desagradáveis, ilógicas. Não foi divertido. Não é de admirar que eu tenha me recusado a acreditar em Jonah quando ele falou que não se deve atribuir a culpa à personalidade das pessoas, mas sim à situação. A situação na qual o que você quer e o que o outro quer parece ser mutuamente excludente; não há acordo aceitável.

Concordei que essas situações são difíceis, mas insisti que a personalidade difícil da outra pessoa tinha muito a ver com isso. Jonah, então, sugeriu que verificasse se, quando eu começava a achar que a outra pessoa era obstinada e ilógica, ela não estava começando a ter exatamente a mesma opinião a meu respeito.

Eu verifiquei. Desde então, em todas as minhas negociações no trabalho, quando as coisas começam a ficar complicadas, uso essa técnica. Mas em casa? Com Sharon?

Julie tem razão. Sharon e eu estávamos negociando e chegamos ao ponto em que cada um de nós acha que o outro é ilógico. Se não quiser ver uma cara amarrada, é melhor seguir as instruções de Jonah.

"Sempre que perceber que está em uma situação de negociação em que não há um acordo aceitável, dê o primeiro passo: interrompa o diálogo imediatamente", posso ouvir as palavras de Jonah.

* Diagrama de conflito usado na Teoria das Restrições. (N. do T.)

Sharon já interrompeu o diálogo (se é que podemos chamar de diálogo dois monólogos que ocorreram ao mesmo tempo).

Estou agora no segundo passo, acertando minha estrutura mental; reconhecendo que, apesar da carga emocional envolvida, não é o outro lado que deve ser culpado pela situação, mas, sim, que estamos ambos presos em um conflito em que não há um acordo amigável.

Isso não é fácil. Não fui eu quem criou o problema. Mas acho que é ridículo culpar Sharon por querer ir à festa.

Talvez possamos chegar a um acordo. Não há nada de sagrado no número dez, posso deixá-la chegar em casa às dez e meia. Mas isso não será suficiente para ela e meia-noite está completamente fora de cogitação.

O melhor é ir para o próximo passo, escrever a nuvem com precisão. Vou ao escritório pegar as instruções detalhadas.

Não consigo encontrá-las, mas isso realmente não importa – sei de cor. Pego uma caneta e um papel e começo a construir a nuvem. A primeira pergunta é: o que quero? No canto superior direito escrevo: "Sharon em casa antes das dez da noite". Embaixo escrevo a resposta à pergunta: o que ela quer? "Sharon em casa por volta da meia-noite." De jeito nenhum!

Tento me acalmar. Volto à técnica. Insisto no que quero para satisfazer que necessidade? "Para proteger a reputação da minha filha." Vamos lá Alex, digo a mim mesmo, que mal há em deixá-la ir a uma festa de garotos? O que é que os vizinhos vão dizer? Provavelmente nada, mas de qualquer forma quem se importa com isso?

"O que eu não deixei um filho fazer, não posso deixar, de repente, que outro faça." Gostaria de usar essa desculpa, mas com Dave esse problema simplesmente nunca ocorreu. Só recentemente ele começou a mostrar uma tendência para querer ir a festas, e mesmo agora ele não volta muito depois da meia-noite. Meninas! Com os meninos é muito mais fácil.

Então, por que estou tão inflexível com relação às dez da noite? Como sei tão bem o que quero, mas é tão difícil verbalizar os motivos?

"Crianças disciplinadas." Isso passa pela minha cabeça. Elas precisam saber que há limites, que não podem fazer tudo o que quiserem. Regras são regras.

Mas espere um pouco, as regras têm de ter uma razão, precisam fazer sentido. Caso contrário não estarei ensinando disciplina a meus filhos, estarei apenas mostrando quem manda. Isso é perigoso, garante praticamente que, assim que puderem, vão fugir de casa.

Julie e eu temos cuidados para não estipular regras sem sentido. Então, de onde vem a regra das dez da noite? Só porque na idade dela eu não podia chegar depois das nove? Inércia? Extrapolação do passado? Não pode ser.

"A segurança dela." É isso, esse é o motivo de eu insistir no que quero. Sinto-me aliviado.

No topo da página, bem no meio, escrevo: "Garantir a segurança de Sharon". Agora preciso descobrir qual é a necessidade que a faz insistir no que ela quer. Como vou saber? Quem pode entender uma menina de treze anos? Mas na verdade eu entendo. Ela já falou isso mais de uma vez; ela quer ser popular. Assim está bom. Escrevo isso. Agora a pergunta mais difícil de todas. Qual é o nosso objetivo comum? Francamente, com o humor que estou agora, não creio que tenhamos nada em comum. Filhos. Nós os amamos. Certamente, são nossos genes. Mas isso não quer dizer que temos de gostar deles. Que dor de cabeça.

Muito bem, de volta à questão. Qual o nosso objetivo comum? Por que nos damos o trabalho de negociar? Por que nos importamos em achar uma solução aceitável; aceitável para os dois lados? Porque somos uma família, porque temos de continuar morando na mesma casa. No lado esquerdo escrevo: "Ter uma boa vida familiar".

Verifico o que escrevi. Para ter uma boa vida familiar tenho de garantir a segurança de Sharon. Sim, com certeza. Por outro lado, para ter uma boa vida familiar, Sharon precisa ser popular. Não vejo bem o porquê disso, mas, como já falei, não estou pretendendo entender a cabeça de uma garotinha.

Vamos ao conflito. Para garantir a segurança de Sharon, ela precisa chegar em casa antes das dez. Mas, para Sharon ser popular, ela tem de chegar em casa por volta da meia-noite. O conflito está claro. Também está claro que não há acordo aceitável. Estou preocupado com a segurança dela e, francamente, não dou a mínima se ela não for muito conhecida por aqueles seus amigos barulhentos; enquanto para ela a verdade é exatamente o oposto.

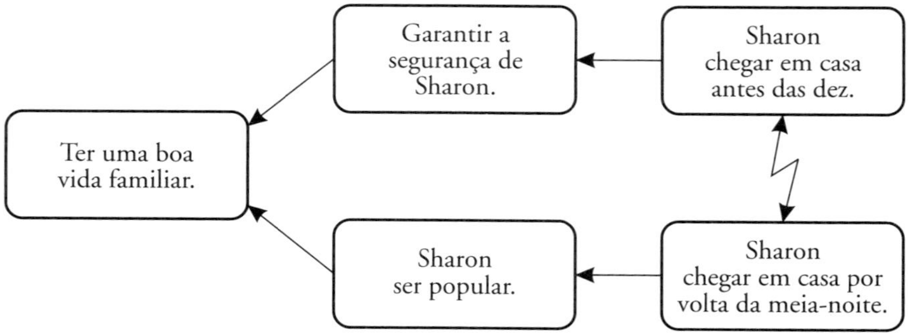

Suspirando, bato na porta de Sharon. Isso não será divertido. Ela olha para mim com os olhos vermelhos.

– Sharon, vamos conversar.

– O que temos para discutir? – Ela começa a chorar novamente. – Você simplesmente não entende.

– Então ajude-me a entender – peço, sentando na cama dela. – Veja, temos um objetivo comum.

– Temos?

– Espero que sim. Que tal – começo a ler a nuvem no papel – ter uma boa vida familiar? Quero isso e você também. Certo?

Ela não responde.

– Entendo que, para ter uma boa vida familiar, você precisa ser conhecida entre os seus amigos.

– Não, não é isso. Não é uma questão de ser popular ou não. Você não vê, papai, tenho meus próprios amigos. Não posso ser uma exceção. Ser aceita é muito importante.

Não vejo como o que escrevi está errado, mas, lembrando das diretrizes de Jonah, não discordo dela. Simplesmente risco o que escrevi e escrevo "Sharon ser aceita por seus amigos".

– É isso que você quer dizer?

– Mais ou menos.

Isso provavelmente é o melhor que posso esperar nesse estágio. Continuo:

– Para ser aceita por seus amigos, entendo que é necessário que você chegue da festa por volta da meia-noite.

– Tenho de voltar para casa quando a festa acabar, não posso sair antes de a festa acabar. É como se eu ficasse lá gritando para todo mundo: “Sou uma menininha. Vocês estavam errados em me convidar para essa festa”. Papai, você não vê?

– Então, o que é que eu devo escrever aqui? – pergunto.

– Acho que o que você escreveu está bom. A festa vai acabar antes da meia-noite. Então qual é o problema? Já tá na hora de você entender que eu cresci.

– Sim, Sharon, eu sei disso. Mas, para mim, para ter uma boa vida familiar, é necessário garantir sua segurança.

– Sim, papai – ela concede –, eu compreendo.

– Por isso quero você antes das dez em casa.

– Mas você não entende...

– Entendo, sim, mas vamos parar de discutir sobre dez ou meia-noite. Essa não é a verdadeira questão. As verdadeiras questões são a sua segurança e a sua necessidade de ser aceita por seus amigos. Então vamos analisar os pressupostos que nos levam a acreditar que dez horas é vital para a sua segurança e que meia-noite é vital para a sua aceitação.

– Não vejo como chegar tarde em casa tem algo a ver com minha segurança – ela começa a argumentar.

– Você não vê?

– Não. Tenho certeza de que um dos meninos vai nos dar uma carona.

– Ah, é? Desde quando os garotos do segundo colegial dirigem?

Isso a faz parar por um momento.

– Papai, você poderia nos dar uma carona? – Sharon pede, com hesitação.

– Quem são esses meninos do segundo colegial? – Começo a fazer perguntas. Quando descubro que são da escola de Dave fico tranquilo. Essa é uma boa escola, e eles são bons meninos. E não é problema nenhum ir buscá-la. Não vejo nenhum problema de segurança.

– Então você concorda? Obrigada, papai, eu sabia que você ia entender.

Sharon começa a pular, me abraça e depois corre para o telefone.

– Vou ligar para a Debbie. Agora o pai dela também vai deixar que ela vá.

Rindo, desço a escada depressa para ligar o forno.

Acabo de contar a Julie sobre a reunião do conselho.

– As coisas não parecem boas – ela diz.

– Não mesmo – concordo. – Estou preso em uma verdadeira nuvem. Meu objetivo é manter meu emprego. Para isso preciso acatar a decisão do conselho, o que quer dizer que preciso colaborar com a venda de minhas empresas.

– Mas, por outro lado – Julie continua –, para manter seu emprego, é preciso que ele exista, o que significa que você precisa fazer tudo para impedir a venda das empresas.

– Exatamente.

– O que você vai fazer?

– Ainda não sei. Provavelmente navegar ao sabor do vento por enquanto, pelo menos até a situação ficar mais clara – concluo, com uma voz meio insegura.

Julie senta-se no sofá perto de mim.

– Meu bem – ela acaricia meu rosto. – Você sabe o que acontece quando deixamos situações ruins correrem seu curso.

– Sim, eu sei. Deixadas por conta própria, elas irão de mal a pior.

Coloco meu braço em volta dela.

– Podemos viver da sua renda – tento evitar a questão.

– Por mim tudo bem, mas você estaria feliz com isso?

Beijo-a.

– Você tem razão. Não posso depender só do Granby, e não faz sentido esperar pelo desenrolar da situação. Tenho de encontrar um jeito de influenciá-los para tomarem a direção certa.

– 3 –

– Essa é uma má ideia – tento gritar para Don.

Lendo seus lábios, imagino que ele tenha falado:

– O quê?

É inútil. Essas impressoras enormes são piores que as músicas que Dave ouve. Monstruosas, quase amedrontadoras, e a velocidade na qual o papel serpenteia por elas é perturbadora. Olhe para isso por mais de um ou dois minutos e você fica enjoado. Pelo menos eu fico. Além do que, se você viu uma, já viu todas, a não ser que você seja um fanático por impressoras.

Seguro Don, meu assistente, com uma das mãos, Pete, o presidente desta empresa gráfica, com a outra, e vou direto para a saída mais próxima. Aqui fora, onde os gritos podem ser ouvidos, explico a Pete que, quando disse que queria ver suas operações, não estava pensando em ver suas amadas máquinas. Para mim elas sempre vão parecer iguais.

– Então o que é que você quer ver? – pergunta Pete.

– O depósito dos produtos acabados, por exemplo.

– Mas não há nada para ver lá – ele diz. – Você não leu meus relatórios?

– É exatamente isso que quero ver com meus próprios olhos – respondo.

O depósito é três vezes maior que o resto do complexo, e duas vezes mais alto. A primeira vez que estive aqui, uma semana depois que me tornei vice-presidente executivo do grupo diversificado, ele estava lotado com todo tipo de materiais impressos. A primeira coisa que fiz foi cancelar o pedido de investimento deles para construir outro depósito. Depois passei pelo longo e divertido processo de ensinar a Pete e seus gerentes como gerenciar uma empresa sem as devastadoras montanhas de estoque.

– O que você está pensando em fazer com este espaço? – pergunto a Pete. – Dar festas? Construir aviões?

– Acho que vendê-lo – ele ri.

Eu não respondo.

– Qual o seu nível de pontualidade nas entregas? – pergunta Don.

– Por volta de 98% – ele responde com orgulho.

– E qual era antes de você esvaziar este depósito?

– Não pergunte isso. Você sabe, àquela altura, ninguém de nós acreditava realmente no Alex; ninguém acreditava que a redução do estoque de produtos acabados iria nos permitir entregar mais pedidos a tempo. Isso era meio difícil de engolir. Mas deixem-me levá-los para onde a verdadeira mudança ocorreu, no setor de pré-impressão.

Enquanto caminhávamos, Don continuava questionando Pete sobre alguns detalhes. Don é bom, e a sua vontade inexorável de aprender garante que vai ficar ainda melhor. Eu precisava de alguém para tomar conta dos detalhes. Alguém que fosse bom o bastante para entender não apenas o que estou fazendo, mas por que estou fazendo. Já faz um ano e meio que resolvi pegar esse engenheiro jovem e brilhante, que estava praticamente sem fazer nada na equipe de Bill Peach. Foi uma boa decisão, uma das melhores que tomei.

Entramos na pré-impressão.

Bem, não é uma sala, é quase um andar inteiro. O ambiente é calmo. O verdadeiro trabalho é feito aqui, onde o desejo dos clientes é convertido em "arte". A partir daqui, uma vez que o cliente esteja satisfeito, o trabalho vai para as impressoras para ser produzido em massa. À primeira vista, não há nada de diferente, mas então percebo que o nervosismo, a correria, e as expressões tensas nos rostos das pessoas desapareceram.

– Nenhuma sensação de urgência – comento com Pete.

– Exatamente. – Ele sorri. – Nenhuma sensação de urgência, apesar de, agora, estarmos acabando novos projetos em menos de uma semana. Compare isso com o padrão de mais de quatro semanas que era aceito anteriormente.

– Isso também deve ter um impacto na qualidade – comenta Don.

– Sem dúvida – concorda Pete –, a qualidade em conjunto com o prazo é a nossa maior vantagem atualmente.

– Impressionante – digo. – Vamos voltar ao seu escritório e falar sobre alguns números.

A empresa gráfica de Pete é a menor empresa do meu grupo, mas está se transformando rapidamente em uma beleza. O enorme investimento que fiz nessa empresa – não em dinheiro, mas em tempo – para ensinar Pete e seu pessoal com certeza já foi pago. Em um ano eles passaram de uma gráfica medíocre para uma das melhores. Em alguns aspectos são os melhores. Entretanto os números não são tão bons assim. A empresa é lucrativa, mas pouco.

– Pete – pergunto, mesmo já sabendo a resposta –, como é que você não consegue traduzir suas habilidades superiores, seu alto desempenho em entregas pontuais, sua resposta extremamente rápida e sua qualidade em preços mais altos?

– Não é engraçado? – ele fala em um tom seco. – Todo cliente exige menores prazos e melhor desempenho. Mas quando você entrega, eles não estão dispostos a pagar preços mais altos por isso. É como se eles achassem que essa melhora no desempenho é uma taxa a ser paga para fazermos o negócio. Se você não fizer isso, vai ter muita dificuldade em conseguir pedidos; e, mesmo fazendo, não conseguirá impor preços mais altos.

– Você está sendo pressionado para reduzir os preços? – pergunta Don.

– Sim, definitivamente – diz Pete, olhando para ele. – A pressão é enorme, e temo que alguns dos meus concorrentes comecem a ceder a essa pressão, o que vai nos forçar a reduzir os preços também. Na verdade isso já começou. Para conseguir o contrato para as caixinhas de cereal, tivemos de reduzir nosso preço em 3%. Mandei um memorando para você sobre isso.

– Sim, enviou – confirmo. – Então qual será o impacto na previsão deste ano?

– Já foi levado em consideração – responde Pete. – Mas vamos enfrentar a situação. Essa redução antecipada dos preços quase eliminou todo o impacto do aumento nas nossas vendas. Este ano vamos aumentar nossa participação de mercado, mas não nosso lucro.

– Isso é um problema – digo a Pete. – Um problema real. O que você pode fazer para aumentar consideravelmente os lucros?

– A meu ver só há um jeito. Olhe os detalhes dos números. Nosso negócio de caixas está indo muito bem. O problema é o papel para balas. No ano passado as vendas deste departamento atingiram US$ 20 milhões de um total de US$ 60 milhões. Mas esses US$ 20 milhões causaram perdas de US$ 4 milhões. Temos de parar a sangria dessa parte do negócio. Ela reduziu nosso lucro total a US$ 900 mil.

– O que você sugere? – pergunto.

– Temos de conseguir pedidos grandes. Atualmente quase todo o nosso negócio de papel para balas destina-se a balas que têm pouca saída, balas vendidas em pequenas quantidades. Não conseguimos pegar pedidos para balas mais procuradas, as vendidas aos milhares; é aí que está a maior parte do dinheiro.

– O que você precisa para conseguir esses pedidos?

– Simples – ele responde. – Equipamentos mais avançados.

Ele me entrega um grosso relatório.

– Já fizemos uma pesquisa a fundo e temos uma recomendação decisiva.

Folheio as páginas à procura do número final e encontro US$ 7,4 milhões. Ele está maluco. Mantendo uma expressão impassível, aviso:

– Pete, não peça investimento nenhum.

– Alex, não podemos competir com nossas máquinas velhas.

– Máquinas velhas? Elas não têm nem cinco anos!

– A tecnologia está avançando muito mais rapidamente que no passado. Há cinco anos elas eram o melhor que havia. Mas agora tenho de competir com empresas cuja maioria tem máquinas de última geração. A impressão não é em *offset*, mas em rotogravura. Essas máquinas têm melhor resolução nas cores escuras; podem imprimir em prata e ouro, o que não posso; podem imprimir em plástico, eu só posso imprimir em papel. Mas, acima de tudo, são muito mais largas. Só a largura possibilita três vezes mais produção por hora. Essa diferença na velocidade de produção significa uma grande vantagem quando lidamos com grandes quantidades.

Olho para ele. Ele tem razão. Mas isso não importa, não diante da resolução do conselho. Decido abrir o jogo com ele. De qualquer forma, tenho de informar todos os meus presidentes sobre isso.

– Pete, na última reunião do conselho a estratégia da UniCo mudou 180 graus.

– Como assim? – pergunta Pete.

– O conselho decidiu – explico lentamente – trocar a diversificação pela concentração no *core business*.

– E...?

Ele não entendeu. Tenho de explicar.

– Então eles não estão dispostos a investir nem mais um centavo no nosso lado do negócio. Na verdade, eles decidiram vender todas as empresas do nosso grupo.

– A minha também? – pergunta Pete.

– Sim, também.

– Alex, isso é um desastre – ele diz, ficando branco.

– Acalme-se. Isso não é um desastre. Isso quer dizer que você vai trabalhar para outro conglomerado. Qual a diferença?

– Alex, do que está falando? Você não conhece o negócio gráfico? Você acha que outra empresa vai permitir que eu opere da forma que nos ensinou? Acha que eles permitirão que não gargalos fiquem ociosos de vez em quando? Que vão permitir que a gente não mantenha um estoque de produtos acabados? Sei que em todas as outras gráficas a mentalidade voltada para o custo é predominante; seremos forçados a reverter tudo o que fizemos. Sabe quais serão os resultados disso?

Sei, é claro. Sei muito bem. Já vi isso em outros lugares. Uma coisa é entregar na data certa em apenas 70% das vezes – neste caso os clientes estão acostumados e se protegem devidamente. Mas, se estão acostumados com sua entrega quase sempre pontual e seu desempenho cai, você deixa os seus clientes desprevenidos, pois eles não se protegeram com grandes estoques de matéria-prima. Eles nunca vão perdoá-lo por isso. Uma piora no desempenho se traduz imediatamente em perda de clientes. Isso causará mais demissões, e até um desempenho pior, e a empresa entrará em uma espiral descendente a uma velocidade incrível.

Não estamos falando de arrumar outro emprego para mim. Estamos falando sobre a vida das minhas empresas. Estamos falando de quase dois mil empregos.

Ficamos em silêncio por algum tempo. Então, me recomponho e continuo:

– Pete, o que você pode fazer para aumentar os lucros este ano? Substancialmente.

Pete não responde.

– E então? – pressiono.

– Não sei – ele diz. – Eu realmente não sei.

– Pete, vamos encarar a realidade. Nossa chance de reverter a resolução do conselho é igual a de um floco de neve no inferno.

– E o Granby? – Pete indaga.

– Sim, o Granby poderia fazer algo a esse respeito. Mas não podemos contar com ele. Pete, nossa única saída é aumentar os lucros da sua empresa para que, quando for vendida, ela seja uma mina de ouro tão grande que o novo dono não interfira nas suas operações.

– Sem chance – ele murmura, mas a cor está retornando a seu rosto.

– Uma coisa está clara – afirma Don. – Pete tem de estancar o sangramento do departamento de papel para balas.

– É – concorda Pete. – Mas, se você não quer me dar o dinheiro, a única forma de fazer isso é fechar todo o departamento.

É a mesma coisa em todo lugar, é apenas uma questão de escala. Em termos de corporação falamos em fechar fábricas e em termos de empresa falamos em fechar departamentos. Tem de haver uma solução melhor.

– Não, isso não vai dar certo – diz Pete. – Isso vai melhorar o resultado final, mas não vai transformar a empresa em uma mina de ouro. Isso vai apenas reduzir as possibilidades. Eu não vejo nenhuma saída.

Não sei o que dizer. Também não vejo saída, mas com Pete comento:

– Lembra-se do que lhe ensinei? Sempre há uma saída. No ano passado você e seu pessoal provaram isso muitas vezes.

– Sim – Pete responde –, mas em questões técnicas, em problemas logísticos. Não em um problema como este.

– Pete, pense sobre isso. Use as técnicas do Jonah. A solução aparecerá.

Gostaria de me sentir tão confiante quanto me mostrei.

– Até agora eu não havia percebido como é devastadora a decisão do conselho – Don comenta quando voltamos para o carro. – Esse é o perigo de se usar o bom senso quando toda a indústria não o está usando. As coisas mudam acima de você e você é forçado a voltar atrás.

Não respondo. Concentro-me em achar o caminho de volta para a estrada. Uma vez lá, digo:

– Don, você sabe que isso não é só problema do Pete, é nosso também. Se a empresa do Pete for vendida a preço de banana, ficaremos marcados. Veja bem, é por isso que fechar o departamento de papel para balas está fora de questão.

– Não vejo a conexão – diz Don depois de algum tempo.

– Em nossos livros essas impressoras gigantescas são depreciadas durante um período de dez anos. Se fecharmos o departamento, o valor das impressoras cai para o valor de venda, que é bem perto de zero. Isso vai desvalorizar ainda mais a base de ativos da empresa, o que significa que poderíamos receber um valor ainda menor por ela. Don, estamos presos em um conflito.

– Sim, agora estou vendo. E, como você me ensinou, sempre que tivermos um conflito não devemos evitá-lo tentando achar um meio-termo.

Don abre sua pasta e pega um bloco de papel.

– O primeiro passo é verbalizar o conflito com precisão. Depois podemos descobrir como quebrá-lo. – Ele começa a escrever a nuvem.

– O objetivo é vender a empresa do Pete por um bom preço.

Não concordo com o objetivo, mas prefiro não comentar.

– Um dos requisitos é "Aumentar os lucros", o que significa que temos de "Fechar o departamento de papel para balas". Outro requisito é "Proteger a base de ativos", o que significa que temos de "Manter o departamento de papel para balas operacional". Que conflito!

Olho para o que ele escreveu:

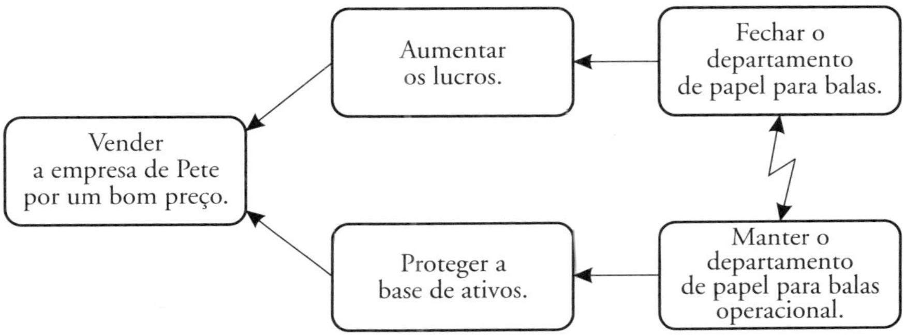

Esse é um bom ponto de partida.

– Está bem, Don. Identifique os pressupostos e desafie-os.

– Para conseguir um bom preço, precisamos aumentar os lucros, por quê...?

– Porque o lucro de uma empresa determina seu valor – identifico os pressupostos.

– Está bem – concorda Don. – Não vejo como desafiar isso, especialmente no caso do Pete. Ele não possui nenhuma tecnologia nova e promissora, ou uma patente nova que pudesse tornar os lucros atuais irrelevantes.

– Continue – digo.

– Para conseguirmos um bom preço, não devemos erodir a base de ativos, porque... Outra vez porque a base de ativos determina o preço de venda da empresa. Não vejo como o lado esquerdo da nuvem pode nos ajudar.

Como não faço nenhum comentário, ele continua:

– Para aumentar o lucro devemos fechar o departamento de papel para balas, porque...... porque o departamento está perdendo dinheiro.

– Tenho uma injeção*! – ele declara. – Vamos transformar o departamento de papel para balas em uma mina de ouro!

* Ideia que pode eliminar o pressuposto, na Teoria das Restrições. (N. do T.)

– Ha ha. – Não estou com humor para piadas.

– Está bem – conforma-se Don. – Para não corroer a base de ativos da empresa, é necessário manter o departamento operacional, porque... porque o valor contábil do equipamento é maior que seu valor de venda.

Não vejo nenhuma forma de desafiar isso.

– Uma última flecha – ele continua. – Fechar o departamento de papel para balas é mutuamente excludente em relação a mantê-lo operacional, porque... porque não podemos vender o departamento isoladamente. Espere um pouco, Alex, não poderíamos fazer isso?

– Claro que podemos. Ache um comprador desses e eu tenho mais duas pontes do Brooklyn para vender para ele.

– Estou bloqueado – ele admite.

– Verifique as flechas de novo. Geralmente há mais de um pressuposto para cada flecha. Concentre-se na flecha que mais irrita você.

– Para aumentar o lucro é necessário fechar o departamento de papel para balas. Definitivamente, essa flecha é a que mais me irrita. Por que temos de fechá-lo? Porque está perdendo dinheiro. Por que ele está perdendo dinheiro? Porque não conseguimos grandes contratos. Espere um pouco, Alex. Se nos grandes pedidos o Pete não consegue competir com as máquinas rápidas, como é que consegue competir nos de pequena quantidade? Algo não faz sentido.

– Não é que algo não faça sentido – respondo. – Deve existir algo que não sabemos. Por que você não liga para o Pete e descobre?

Don faz a ligação. Depois de alguns "ahãs" e "entendo" ele desliga.

– O mistério está resolvido – Don declara. – As impressoras em *offset* do Pete têm uma vantagem: elas precisam de muito menos tempo de preparação. Isso faz com que ele possa competir nos contratos de pequenas quantidades, mas nos negócios de grandes quantidades essa vantagem é eliminada pela velocidade das impressoras dos concorrentes.

Fazemos o resto do caminho em silêncio. Não vejo como quebrar a nuvem de Pete. Na verdade eu vejo. Há outra forma de aumentar os lucros da empresa dele. Podemos reescrever as previsões, ignorando nosso medo de que os preços venham a ser reduzidos. Isso provavelmente dobraria os lucros. Que horror! Não vou usar esses truques sujos de modo algum.

Não vejo como quebrar a nuvem de Pete. Não vejo como quebrar a minha nuvem. Vejo apenas uma coisa: a necessidade de quebrá-las. Mas como?

- 4 -

– Você pode vir aqui um minuto? – Granby pergunta.

– Sim, claro – respondo e corro para o escritório dele. Finalmente vou descobrir o que ele está planejando fazer com relação à resolução do conselho. Eu sabia que a última palavra ainda não havia sido dita; sabia que ele não iria ficar quieto e aceitar passivamente.

– Oi, Alex. – Ele se levanta de trás da sua mesa e aponta para o outro lado da sala. Melhor ainda, penso comigo mesmo, não será uma discussão formal. Afundo-me em um dos sofás. – Café, chá? – ele pergunta.

– Café, por favor – respondo, garantindo que a discussão levará mais de cinco minutos.

– Bom, Alex, tenho de cumprimentá-lo pelo que você fez com seu grupo. Não imaginava que prejuízos tão grandes pudessem ser superados em apenas um ano. Mas, na verdade, eu não deveria estar surpreso. Você fez um milagre como gerente de fábrica e um milagre ainda maior como gerente de divisão.

Sim, penso comigo mesmo, fiz milagres, mas Hilton Smyth, que não fez milagre nenhum, só mexeu alguns pauzinhos, tornou-se vice-presidente executivo dois anos antes de mim.

Para Granby eu digo:

– Estamos aqui para fazer isso.

– Diga-me uma coisa, Alex, o que podemos esperar de você este ano? Com que melhorias milagrosas você vai nos surpreender desta vez?

– Tenho alguns planos – respondo. – O Bob está trabalhando em um sistema de distribuição que, se der certo, realmente vai mudar as coisas por aqui.

– Bom, bom – ele diz. – Então qual é sua previsão atual para o resultado final?

– Agora vou desapontá-lo. Na verdade, nem sei se neste ano conseguiremos atingir a previsão.

– O quê? – ele pergunta, mas não parece surpreso.

– A pressão do mercado para reduzir os preços é enorme. Nunca vi algo assim. Sim, nós consideramos isso na previsão, mas parece que a realidade ainda será pior. A competição é tão feroz que precisamos correr o mais rápido que podemos apenas para ficar no mesmo lugar.

Se não fosse pelo café que a secretária do Granby estava servindo, tenho certeza de que a discussão acabaria neste exato momento. Espero a secretária sair e digo:

– Posso perguntar quais os seus planos com referência à resolução do conselho?

– O que você quer dizer?

– Você não vai fazer nada para impedir a venda das empresas que você mesmo comprou?

– Alex – ele responde –, tenho apenas um ano até a minha aposentadoria. Se você tivesse alguma munição para mim agora talvez eu pudesse fazer alguma coisa, mas do jeito que as coisas estão não tenho outra escolha senão colaborar.

Apesar de todo o condicionamento mental que tentei fazer, eu ainda estava extremamente surpreso. O ás que Granby tinha na manga era eu! Não há nada que possa ser feito para interromper essa decisão devastadora? Através do nevoeiro posso ouvir Granby:

– Trumann e Doughty decidiram supervisionar diretamente a venda das empresas.

Quando vê a minha expressão ele continua:

– Sim, Alex, ainda tenho influência suficiente para lutar contra isso. Poderia adiar isso por um ano. Mas qual a diferença? No ano que vem eles fariam isso e na minha ausência eu seria o alvo perfeito para toda a lama. Não, é melhor engolir o sapo agora. E que sapo! Espero não engasgar.

– Então o que eu deveria fazer? – pergunto. – Trabalhar como se tudo estivesse normal?

– Quanto às suas empresas, sim, o trabalho normal. Mas você terá muito trabalho. Trumann e Doughty já marcaram uma série de reuniões na Europa para o final do mês. Você terá de ir com eles.

– Por que na Europa?

– Metade dos investidores vem de lá e, além disso, é sempre uma boa ideia saber o que o mercado internacional está oferecendo antes de começar as negociações com os investidores locais. – Ele se levanta. – É uma pena que você não tenha outra surpresa, mas eu entendo. O mercado está cada vez mais caótico atualmente. É uma boa coisa que eu esteja me aposentando. Acho que não tenho mais o que é necessário para lidar com um mercado desses.

Enquanto me acompanha até a porta, ele acrescenta:

– Nós dois não estamos contentes com a venda do grupo diversificado. Agora todas as cobras vão sair dos covis. Espero que quando as vendas terminarem eu ainda tenha alguma reputação positiva.

Deixo-o e vou direto ao escritório de Bill Peach. Preciso ouvir a história inteira.

Bill me cumprimenta com um grande sorriso.

– Você percebeu a manobra que o nosso amigo Hilton tentou? Mas desta vez o tiro saiu pela culatra. Pilantra!

Bill tem suas razões para não gostar de Hilton Smyth. Há não muito tempo Hilton era seu subalterno, mas agora estão no mesmo nível. Hilton é um vice-presidente executivo responsável por um grupo tão grande quanto o de Bill.

– Sim, reparei – falo. – Mas o que você esperava dele?

– Ele é esperto, muito esperto. O Granby não é mais uma aposta tão boa, então ele tentou mudar, tentou pegar a posição de CEO. Eu deveria ter pensado nisso – ele diz, com um pouco de admiração.

– Bom, desta vez ele está tentando jogar contra tubarões da Wall Street – acrescento. – Ele nem faz parte da liga deles.

– Com certeza – Bill ri. – Eles o enganaram com falsas promessas e, depois que conseguiram a resolução que queriam, recuaram imediatamente e o colocaram no devido lugar, jogando todos os planos de investimento na cara dele. Eu adorei.

– Nunca achei que Hilton fosse um verdadeiro candidato para se tornar o próximo CEO – afirmo. – Você é sênior e tem um currículo melhor.

Ele me dá um tapinha nas costas.

– Muito do meu desempenho eu devo a você, Alex. Mas não, eu não me iludo. Não sou do tipo CEO. E depois daquela reunião do conselho eu não tenho a menor chance.

– O que você quer dizer? – pergunto, confuso.

– Você sabe, a decisão de vender as empresas. Eu estava altamente envolvido na compra delas, grande parte da culpa será jogada em mim. Pelo menos o suficiente para garantir que eu não serei nomeado.

Agora estou completamente perdido.

– Por que minhas empresas são um veneno político assim tão grande? Elas não são mais buracos sem fundo. No ano passado elas até ganharam um pouco de dinheiro.

– Alex – Bill sorri –, você já verificou quanto nós pagamos por essas empresas?

– Não – admito. – Mas quanto poderíamos ter pagado por elas?

– Uma baita fortuna. Granby queria tanto diversificar, e lembre-se de que as compramos em 1989, quando todos esperavam uma reviravolta no mercado, e você sabe o que aconteceu. Em vez de subir, o mercado despencou. Creio que pagamos pelo menos o dobro do que podemos esperar receber por elas agora. Alex, todos os envolvidos nessas compras ficarão marcados de alguma forma.

– Espere um pouco, Bill – digo. – Enquanto não vendermos as empresas, elas continuarão a aparecer em nossos livros com o valor de compra. Mas no momento em que as vendermos teremos de escriturar toda a diferença. Será que Trumann e Doughty prestaram atenção nisso?

– Não se engane – ele reage. – Eles prestam atenção em qualquer número que tenha um cifrão na frente. Eles sabem exatamente o que estão fazendo. Vão aguentar o baque este ano, vão melhorar a posição do caixa da empresa e então, no próximo ano, quando puserem um figurão conhecido como CEO, as ações darão um salto.

Tenho de pensar sobre isso, mas uma coisa ainda não consigo entender.

– Por que você está tão feliz com isso? – pergunto em voz alta.

– Porque agora posso relaxar.

Vendo a minha expressão de perplexidade, continua:

– Alex, eu sempre soube que eu não seria o próximo CEO, mas estava morrendo de medo de que fosse o Hilton. Se há uma pessoa para quem eu não quero trabalhar é o Hilton. Qualquer pessoa de fora é melhor. Agora, com sua última artimanha, ele perdeu o apoio de Granby e com certeza não ganhou o apoio de Trumann e Doughty. Ele está condenado.

Assim que volto ao meu escritório, peço a Don que pegue as informações sobre a compra das nossas empresas. Nós dois as analisamos. A situação é muito pior do que Bill havia dito.

De acordo com o que estimamos, a empresa de Pete pode ser vendida por no máximo US$ 20 milhões. Foi comprada por US$ 51,4 milhões. A empresa de Stacey Kaufman, a Vapor sob Pressão, atualmente não pode ser vendida por mais de US$ 30 milhões. Pagamos quase US$ 80 milhões por ela.

A pior de todas é a empresa de Bob Donovan, a I Cosméticos. Levando em consideração que mesmo hoje ela está levemente no vermelho, e tendo uma visão otimista dos seus ativos, não acredito que possamos vendê-la por mais de US$ 30 milhões. Pagamos US$ 124 milhões. Sim, US$ 124 milhões.

Agora entendo por que Granby quer que as vendas ocorram enquanto ele ainda está no controle. Ele iniciou e autorizou as compras pessoalmente. Quase US$ 225 milhões. Sem contar os outros US$ 30 milhões, mais ou menos, que investimos nelas desde então. Para todo esse investimento, desde as compras, acumulamos perdas adicionais que totalizam US$ 86 milhões. E agora, de todo esse dinheiro, o máximo que vamos recuperar não passa de US$ 80 milhões. Isso é que é uma decisão errada!

– Veja, Don – digo a ele –, é isso o que acontece quando você interpreta erroneamente a tendência do mercado. Agora entendo por que todo mundo, até o J. Bartholomew Granby III, está tentando se proteger. Há lama suficiente para enterrar um elefante.

– O que vai acontecer conosco?

– Não se preocupe, Don. Se o golpe for muito forte, não terei problema algum em conseguir um bom cargo para você. Nenhum problema mesmo. Mas vamos deixar de lado nossas preocupações. Temos de cuidar de outra coisa agora mesmo.

– E eu que achava que as grandes apostas só aconteciam em Las Vegas ou na Wall Street – ele diz, atônito.

– É verdade, mas vamos deixar isso de lado. – Conto a ele sobre minha próxima viagem à Europa.

– Você acha que eu deveria agendar uma reunião com todos os presidentes das nossas empresas para falar sobre isso? – ele pergunta.

– Boa ideia, mas escalone as reuniões. Quero passar meio dia com cada um. Agora vamos ver de que documentos preciso para a viagem.

Levamos quase duas horas para terminar a longa lista de documentos que Don terá de preparar para mim. Nessa viagem não levarei pouco peso em todos os sentidos.

– 5 –

– Dentro de duas semanas – informo da maneira mais casual que consigo – irei à Europa.

– Uau! – Sharon pula da cadeira. – Você tem de me trazer umas camisetas do "Hard Rock Café".

– Por quanto tempo? – pergunta Julie. Ela não parece muito feliz.

– Mais ou menos uma semana – respondo. – Tenho de encontrar alguns compradores em potencial para as empresas.

– Entendo – diz Julie, parecendo ainda mais infeliz.

– Papai, e as minhas camisetas?

– Sharon, que tipo de camisetas você quer? – pergunto. Acabo ouvindo um longo discurso sobre esse tipo de camiseta. Quando eu era criança, colecionávamos figurinhas de beisebol. Agora são camisetas engraçadas. Acho que cada geração de crianças é seduzida para colecionar algo inútil. A única diferença é o preço. Essas camisetas são absurdamente caras. Prometo a Sharon que vou me esforçar, mas deixo claro que vai depender das restrições da minha agenda.

– E você? – pergunto a Dave. – O que você quer?

– Não precisa me trazer nada. – Ele sorri. – Quero algo que você já tem. Posso usar o seu carro enquanto você estiver viajando?

Deveria ter adivinhado. Dave é louco pelo meu carro, qualquer ocasião é uma boa desculpa para pedir para usá-lo e quando é apropriado eu cedo. Mas por uma semana inteira? De jeito nenhum.

– Eu pago a gasolina – ele acrescenta rapidamente.

– Muito obrigado.

– E a revisão de dez mil quilômetros, que precisa ser feita, eu cuido disso também.

Realmente não são argumentos decisivos. Desde que tirou sua carteira de motorista há pouco mais de um ano, ele se tornou um maníaco por carros. Acho que ele fica mais tempo desmontando e montando o seu carro velho do que estudando.

Para não arruinar o jantar, digo:

– Deixe-me pensar sobre isso.

Ele não insiste no assunto. Dave é um bom garoto. Passamos o resto do jantar falando sobre os lugares que vou visitar: Frankfurt e Londres. Julie e eu estivemos lá uma vez, antes de as crianças nascerem, e elas, especialmente a Sharon, estão interessadas em ouvir nossas lembranças românticas.

Depois do jantar ligo a televisão. Não há nada para ver. Desisto e a desligo. Julie está cuidando de seus arquivos.

– Estou entediado – digo. – Vamos a algum lugar?

– Tenho uma ideia melhor. – Ela sorri. – Por que não conversamos sobre seu compromisso?

– Que compromisso?

– O compromisso que você acabou de assumir com Dave. Você respondeu: "Deixe-me pensar sobre o assunto".

Pode contar com Julie para transformar qualquer problema em potencial em uma situação ganha-ganha. Ela está se referindo ao fato de que sempre que respondemos "Deixe-me pensar no assunto" estamos na verdade assumindo um compromisso. Estamos nos comprometendo a usar nosso tempo para pensar no assunto, seja qual for "ele".

– É uma boa ideia – concordo, sabendo que de outra forma eu não voltaria a pensar no pedido de Dave. Isto é, até que ele o fizesse de novo e então eu teria de atirar sem tirar o revólver do coldre preso no cinto. Uma coisa que aprendi é que não sou John Wayne. Sempre que tento atirar assim, geralmente acerto meu pé.

É estranho. Levo meus compromissos a sério e sei que, quando falamos para alguém "Deixe-me pensar no assunto", geralmente a pessoa que teve a bendita ideia volta e pede uma resposta. Apesar disso, muitas vezes me vejo em uma situação embaraçosa porque não dediquei tempo algum para pensar realmente sobre o assunto.

Não é apenas porque é difícil verbalizar claramente a nossa intuição, mas também porque é desagradável criticar a ideia de outra pessoa. Todos nós sabemos que, se criticarmos a ideia de um inventor, sua reação geralmente será contra-atacar e ficar ressentido. Se há algo que irrita as pessoas mais que a crítica é a crítica construtiva.

Jonah nos ensinou a transformar essas situações delicadas em ganha--ganha. Dá um pouco de trabalho e exige alguma reflexão, mas certamente compensa. Para falar a verdade, apesar de funcionar como uma mágica, o esforço envolvido faz com que eu seja mais cauteloso com a frase: "deixe--me pensar sobre isso". Provavelmente não sou suficientemente cauteloso.

– Muito bem, vamos seguir as regras – digo. – Quais são os pontos positivos do pedido de Dave para usar o meu carro enquanto eu estiver viajando? Estou bloqueado. Não vejo nenhum. Ele é um bom motorista e é bem responsável para sua idade. Mas meu carrão novo? – Escrevo desesperadamente: a revisão será feita no tempo certo.

– Você não consegue encontrar algo mais convincente? – Julie está se divertindo.

– Francamente, não. – Rio. Mas deve haver mais alguma coisa ou eu teria dito "não" na hora.

Ela concorda com meu pensamento:

– Então por que você não disse não na hora?

– Porque me preocupei com a reação dele. Ele teria ficado magoado e teria achado que eu o estava tratando como uma criança.

– Sim – responde Julie. – Na idade dele é muito importante sentir que o pai confia nele.

– Não sei se confio nele a esse ponto – acrescento. Mesmo assim escrevo: "Fortalecer a confiança entre mim e meu filho".

– O que mais?

– Isso já é o bastante – falo. – Esta é uma boa razão. Agora vamos para a parte fácil, os pontos negativos. Tenho milhões deles.

– Alex, você sabe o que geralmente acontece – observa Julie, sorrindo. – Antes de escrever parece que temos inúmeras razões para dizer não, mas, quando as colocamos no papel, descobrimos que são relativamente poucas, e pior ainda, em sua maioria elas são desculpas esfarrapadas.

– Está bem, vamos ver se esse é o caso, mas acho que não é.

– Comece a escrever.

Sem hesitação coloquei as duas primeiras razões que me vieram à mente. Primeira, "Grande risco de estragar o carro". Segunda, "Alto risco de Dave se ferir em um acidente".

– Espere um pouco – Julie interrompe. – Você não tinha dito que Dave é um bom motorista? Você o deixa guiar seu carro de vez em quando. De qualquer forma, se você está tão preocupado em aumentar o risco de estragar seu querido brinquedo, por que vai com ele à cidade?

Penso sobre isso por alguns instantes. E quanto à alternativa de estacioná-lo no aeroporto?

– Você tem razão – concordo, e anulo o primeiro item.

Olho para a segunda razão. Admito que meu carro é muito mais seguro que a velharia do Dave, por isso também anulo a segunda razão.

– Sim, isso acontece – diz Julie sorrindo. – Quando você verbaliza e examina cada ponto negativo, muitas vezes percebe que eram apenas preconceitos infundados.

Não estou convencido. Não quero emprestar meu carro para Dave. Não quero dividi-lo com ninguém. Ele é meu.

– Está bem, tenho uma razão para valer – digo. – "Dave se acostumar a usar meu carro." Não, isso não é forte o bastante. – Apago e substituo por: "Dave achar que tem o direito de usar meu carro".

– Sim, as crianças se acostumam muito depressa com as coisas – concorda Julie. – Ele vai dirigi-lo por uma semana e você terá um sócio para seu carro.

– Isso é um grande ponto negativo.

– Há outro – completa Julie. – Lembra-se do sonho dele de ir até o México? Seus feriados de primavera serão na semana que você vai estar na Europa.

– Levar meu carro ao México! – Pulo da cadeira. – E então ele arrumará alguma encrenca lá e eu terei de ir resgatá-lo. – Posso ver claramente essa cena horrível.

– Como você vai escrever isso?

– Ter de interromper minha viagem de negócios na Europa para vir resgatar o Dave.

– Você não está exagerando?

– Julie, que Deus não permita, mas, se ele for parado em algum vilarejo do México, se precisar da assinatura de um dos pais por qualquer razão, lembre-se de que ele ainda é menor de idade, você irá até lá?

– Prefiro não ir.

México, meu Deus, que ideia.

– O que mais?

– Por que você não coloca o que vai acontecer no final de tudo? – sugere Julie. – Deterioração do relacionamento entre você e o Dave.

Examino a lista de novo. Ela é bem curta, mas é suficiente. Agora começamos a parte divertida, provando solidamente com relações de causa e efeito que emprestar o carro a Dave levará efetivamente aos efeitos negativos previstos. Divertimo-nos construindo o "ramo negativo", como Jonah o chama. É ainda mais divertido quando reescrevemos tudo para que seja menos ofensivo e mais convincente quando eu mostrá-lo a Dave. Uma noite agradável, e estou pronto para Dave.

Bem que gostaria que fosse tão fácil resolver meus problemas no trabalho.

– 6 –

– O que temos na agenda? – pergunto a Don.

– Você tem a reunião com o Bob às 8h30 e às 12h com Stacey. Os dois estão esperando por você.

– Os dois? – pergunto. – Está bem, mande-os entrar.

Bob Donovan e Stacey Kaufman são bons amigos. Trabalharam para mim quando eu era gerente de fábrica; Bob como gerente de produção e Stacey como gerente de materiais. Juntos aprendemos como dar a volta por cima em uma fábrica; juntos aprendemos com Jonah como administrar uma empresa. Eles eram meu braço direito quando eu era gerente de divisão. Por isso, quando assumi o grupo diversificado e vi a situação calamitosa em que ele se encontrava, insisti para que Bob fosse nomeado presidente da I Cosméticos e Stacey presidente da Vapor sob Pressão. Ambos são muito capazes e confiáveis. São um pouco mais velhos que eu, mas isso nunca perturbou nosso relacionamento.

Bob deixa Stacey entrar primeiro e, de trás dela, diz com seu vozeirão:

– Oi, Alex! Pronto para a viagem à Europa?

– Ainda não, mas com sua ajuda ficarei. – Retribuo seu sorriso.

– É só dizer do que precisa e nós fazemos – diz Stacey.

É bom estar com velhos amigos, pessoas em quem posso confiar. Em tom de brincadeira digo:

– O que realmente preciso é de um tremendo milagre.

– Sem problema. – Bob ri. – Milagre é a nossa especialidade.

E, virando-se para Stacey:

– Eu disse que ele ia achar uma forma de resolver as coisas.

– Não duvidei disso em momento algum – ela responde. – Está bem, Alex, estamos ouvindo.

– Ouvindo o quê?

– Seu plano – ambos respondem. E Stacey acrescenta:

– Como vamos convencer o conselho a não vender nossas empresas. Don se recusa a dar qualquer dica.

Olho para eles. Eles confiam demais em mim. Demais mesmo. Como não sabia o que dizer, pergunto:

– Por que vocês dois estão tão preocupados com isso?

– Não é óbvio? – Stacey sorri. – Somos pessoas conservadoras, não gostamos de mudanças.

– Sim – concorda Bob. – E, além do mais, onde vamos encontrar um chefe como você? Alguém que é tão burro a ponto de nos deixar fazer o que quisermos.

– Obrigado, Bob. Mas, falando sério, por que vocês estão preocupados? Vocês são gerentes brilhantes, conhecem as técnicas de Jonah a fundo. Vocês acham que terão alguma dificuldade em convencer qualquer chefe, quem quer que ele seja, a deixá-los em paz? Deixar que administrem suas empresas do jeito que vocês quiserem?

– Isso é algum tipo de teste? – Stacey pergunta em um tom seco.

– Acalme-se, Stacey – Bob diz. – Você não vê o que o Alex está fazendo? O Alex está desapontado, e com razão. Ele esperava que encontrássemos a resposta sozinhos, que descobríssemos qual é o seu plano.

Voltando-se para mim, continua:

– Então agora você vai fazer perguntas direcionadas até nós, os burrinhos, descobrirmos sozinhos? Sem problema!

Don se inclina para a frente. Ele já me assediou várias vezes para saber qual era meu plano e se recusa a acreditar que não tenho nenhum.

– Pode repetir sua pergunta de novo? – Stacey sorri.

Esta situação está ficando cada vez mais embaraçosa, mas agora caí em uma armadilha.

– O que há de tão singular em trabalhar para a UniCo? – pergunto. – Que diferença faz se a UniCo decidir vendê-los para outro conglomerado?

Isso os faz parar por um momento.

– Na verdade – responde Stacey, hesitante –, se você continuar a ser nosso chefe, não nos importamos.

– Vamos parar com a bajulação – digo. – Fale sério.

– Mas estou falando sério. Veja bem, você conhece nossa situação. Sabe que assumimos essas empresas há apenas um ano e qual era a situação delas. Mas com alguém que não saiba dessas coisas, nem se importe e, principalmente, não compreenda nossa forma de administrar, você acha que teremos alguma chance?

Bob continua:

– Eles só vão olhar para o resultado final e ver que minha empresa ainda está perdendo dinheiro e que a empresa de Stacey mal consegue ganhar algum. Então você sabe o que vai acontecer. Vão passar o facão. Começarão a cortar despesas. Seremos forçados a entrar no mundo dos custos. Pediremos demissão e nossas empresas serão destruídas.

Don balança a cabeça concordando. O que todos eles querem de mim? Por quem me tomam? Por que acreditam que, só porque eu sou o chefe, sei as respostas?

– Se nossas empresas fossem muito lucrativas – Stacey acrescenta –, então a situação seria diferente, eles nos deixariam em paz. Ninguém mexe em uma mina de ouro. Mas, como Bob disse, não chegamos lá; pelo menos ainda não.

Ela tem razão.

– Se fôssemos muito mais lucrativos... – repito suas palavras.

– Então essa é a sua solução! – Stacey diz, surpresa. – Você realmente está pedindo um milagre.

– Quanto tempo temos? – pergunta Bob.

– Quanto tempo até o quê? – respondo com outra pergunta.

– Até mudarmos de proprietário, até sermos vendidos, até termos de nos reportar a outro proprietário?

– Mais de três meses – respondo.

– Já vimos isso antes. Já passamos por isso – diz Stacey, rindo secamente.

– Sim, mas desta vez estamos em uma situação melhor. Agora temos mais tempo, mais de três meses – Bob acrescenta com sarcasmo.

Eles estão falando do tempo em que trabalhamos juntos em Bearington, em uma fábrica que era um buraco sem fundo. Tínhamos exatamente três meses para mudar as coisas, ou... Foi então que conhecemos Jonah e começamos a aprender seus Processos de Raciocínio. Foi então que fizemos o impossível; nós realmente mudamos as coisas em três meses.

– Podemos fazer isso? – Don pergunta, com hesitação.

Acho que não, mas, se Bob e Stacey estão dispostos a aceitar o desafio, darei todo meu apoio. De qualquer forma, que outra escolha temos?

– Don, você ainda não trabalhou muito tempo com o Alex. – Stacey desconsidera a colocação dele e então se volta para mim. – Muito bem, chefe. Qual o primeiro passo? Você quer uma revisão da nossa situação atual?

– Com certeza – respondo e olho para Bob. – Vá em frente, o palco é todo seu.

– Lembram-se das árvores lógicas que construímos para saber como lidar com a distribuição? – ele começa. – Bem, nós as aplicamos. Surpreendentemente nós não encontramos nenhum problema de verdade. O estoque central foi estabelecido e começamos a rearranjar os estoques regionais. Até agora está tudo bem.

– Bom – digo. – Muito bom. Então vocês endireitaram a produção e agora a distribuição. Qual o próximo passo?

– A engenharia – Bob responde confiante. – Mas acho que vai levar mais de três meses. Muito mais.

– Não são as vendas? – pergunta Don, parecendo surpreso.

– Não de acordo com minha análise – diz Bob.

– Como assim? – pergunta Don. – O mercado não é a sua restrição? Pensei que suas melhorias tinham resultado em capacidade suficiente para dobrar a produção. Seu problema não é como vender isso?

– Don, você está certo – intervenho. – O problema do Bob é como aumentar as vendas, a restrição está no mercado. Mas o fato de a restrição estar no mercado não quer dizer que o problema-raiz está em vendas. A principal razão que está impedindo mais vendas pode estar em qualquer lugar dentro da empresa.

– Exatamente – concorda Bob. – E é por isso que acho que meu próximo passo deveria ser tratar da engenharia.

Voltando-se para mim, ele continua:

– Sabe, em nosso ramo, cosméticos, se você quiser aumentar vendas, na verdade se você quiser apenas proteger suas vendas, você tem de criar novas linhas de produtos. No passado uma boa linha de produtos era suficiente para sustentar a empresa por quatro ou cinco anos. Esse não é mais o caso. A coisa tornou-se uma corrida contra o tempo. Estimo que precisaremos lançar uma nova linha de produtos todos os anos.

– Chegou a esse ponto? – pergunto.

– Isso é uma visão otimista; provavelmente vai piorar. De qualquer forma, temos problemas enormes para conseguir criar novos produtos rápido o bastante. A pesquisa é muito lenta e pouco confiável. Além do mais, mesmo quando dizem que um produto está completo, e começamos a colocá-lo na produção, descobrimos que o que a engenharia chama de completo não é aquilo que a produção chama de completo. Começamos a produzir um novo produto e imediatamente surge um monte de problemas.

– Atualmente a engenharia leva mais tempo no chão de fábrica que em seus laboratórios. Você pode imaginar como isso gera surpresas desagradáveis quando chegamos ao mercado. Temos enormes dificuldades para sincronizar a propaganda das novas linhas com o que as lojas estão realmente oferecendo.

– Então por que você se preocupou com a distribuição? – pergunta Stacey.

Ele vira-se para ela.

– Stacey, quando você tem mais de três meses de estoque de produtos acabados, sem levar em conta o que está nas lojas, você sabe o que é lançar um produto novo que está substituindo outro já existente? Você compreende a magnitude de ter de dar baixa no estoque?

– Posso imaginar – ela responde. – Todo o estoque do produto a ser substituído torna-se obsoleto. Você deve ter um problema tremendo para decidir quando, e até mesmo se, deve lançar um novo produto. Graças a Deus, não tenho de lidar com uma situação caótica assim. Meus produtos são relativamente estáveis.

– É isso que venho falando há muito tempo – diz Bob, rindo. – Eu devia ter ficado com a divisão da Vapor sob Pressão, ela está muito mais afinada com meu caráter.

Não é só com o caráter dele, ele até parece uma locomotiva a vapor.

– Então, Stacey, você quer trocar?

– Bob, tenho meus próprios problemas. Não ofereça isso sem pensar bem, eu posso aceitar. – Todos nós rimos. – Gostaria de ouvir mais sobre seu sistema de distribuição – Stacey diz e, depois que aceno com a cabeça, ela continua: – Por um lado você acrescentou estoques centrais, mas por outro fez tudo isso para reduzir o estoque total. Quero entender isso melhor.

– Sem problemas – responde Bob. – Estamos fornecendo cerca de 650 produtos diferentes a milhares de lojas em todo o país. Anteriormente, nós mantínhamos estoque para uns três meses, e nunca era suficiente. Quando uma loja fazia um pedido (e lembrem-se, eles não pedem um único produto, mas vários de uma só vez), nós geralmente não tínhamos alguns itens. Só cerca de 30% das vezes nós podíamos entregar um pedido completo. Vocês podem imaginar quanto custava ter de expedir, mais tarde, os itens que faltavam. Com o novo sistema, agora podemos atender uma loja em um dia, com pedidos completos em mais de 90% das vezes. Os estoques estão diminuindo rapidamente, mas esperamos estabilizá-los no nível de seis semanas.

– Como é que você conseguiu esse milagre? – Stacey está surpresa.

– Simples – Donovan responde. – Nós costumávamos ter todo o estoque nos armazéns regionais.

– Por quê? – interrompo.

– A velha síndrome da otimização local – responde Bob. – As fábricas eram tratadas como centros de lucro. Do ponto de vista de um gerente de fábrica, uma vez expedido o estoque, ele sai de sua jurisdição e torna-se problema da distribuição.

– Aposto que as medidas formais refletiram isso – Don diz.

– Refletiram e realçaram – concorda Bob. – Assim que um produto era expedido da fábrica, isso era registrado nos livros da fábrica como uma venda. Você pode imaginar que assim que a fábrica acabava de produzir um produto, no mesmo dia ele era mandado para um dos armazéns regionais.

– Naturalmente – confirma Don. – Então o que você está fazendo de diferente?

– Agora nós mantemos os estoques nas próprias fábricas. Nos armazéns regionais planejamos manter apenas o que prevemos vender nos próximos vinte dias. Isso é suficiente, pois agora reabastecemos cada estoque regional a cada três dias.

– Não estou entendendo – admite Stacey. – Mas, em primeiro lugar, como é que essas mudanças levaram a uma melhora no atendimento dos pedidos, com menos estoque? Eu não vejo a ligação.

– É simples – interrompo. – É tudo uma questão de estatística. Nosso conhecimento do que uma loja vende de cada item não é muito preciso. Em um dia pode vender dez unidades de um produto e no dia seguinte, zero. Nossa previsão é baseada em médias.

– Claro – diz Stacey.

– Agora, que previsão será mais precisa? – pergunto. – A previsão de vendas de uma loja ou a previsão agregada das vendas de cem lojas?

– A previsão agregada – ela responde.

– Você está certa, é claro. Quanto maior o número, mais precisa é a previsão agregada. A regra matemática é que, à medida que nós agregamos mais e mais lojas, a precisão da previsão melhora na proporção da raiz quadrada do número de lojas agregadas. Veja, quando Bob mudou a maior parte de seu estoque de 25 regiões para as próprias fábricas, sua previsão ficou mais precisa por um fator de cinco.

– Alex, você e suas estatísticas – Bob interrompe. – Nunca as entendi. Deixe-me explicar do meu jeito. Stacey, quando você manda produtos para um armazém regional e tem, em média, um estoque para três meses no sistema, esse estoque será vendido, em média, três meses depois que a fábrica o expediu. Certo?

– Desde que você tenha produzido a coisa certa para princípio de conversa, caso contrário isso será ainda pior – concorda Stacey. – Agora entendo; desde que as fábricas tenham expedido imediatamente o que quer que tenham produzido, suas entregas para os armazéns foram baseadas na previsão do que será vendido nessa região durante três meses. Conhecendo a precisão dessas previsões, especialmente quando estamos lidando com mais de 600 produtos, posso imaginar o que estava acontecendo.

– Não esqueça – Bob acrescenta – que, além dos 650 produtos, tenho 25 armazéns regionais. Isso contribui consideravelmente para a falta de sintonia.

Todos concordamos e Bob resume:

– Quando um armazém regional vai atender o pedido de uma loja, alguns itens estão sempre faltando. Ao mesmo tempo temos esses itens, em boa quantidade, mas em outros armazéns regionais. Agora começa a loucura. O gerente do armazém pressiona as fábricas para fazerem uma entrega imediata e, se não conseguir, começa a ligar para os outros armazéns. Vocês não acreditariam na quantidade de remessas efetuadas entre os armazéns. É um horror.

– É fácil de acreditar – diz Stacey. – O que você pode esperar quando as fábricas enviam os produtos três meses antes do consumo? Você acaba tendo muito produto em um lugar e pouco em outro. Agora compreendo o que você fez, acabou com as considerações locais e decidiu manter o estoque na origem, na fábrica.

– Onde a agregação é maior – acrescento. – Onde a previsão é mais precisa.

– Mas você ainda precisa dos armazéns regionais – Stacey diz pensativamente.

– Sim – concorda Bob. – Já que queremos atender rapidamente aos pedidos das lojas e cortar os custos de transporte. Caso contrário eu teria de mandar cada pedido de cada loja diretamente da fábrica. A Federal Express iria adorar isso!

– Entendo – ela diz. – Então como você determina qual o estoque que precisa ser mantido em cada armazém regional?

– Ah-ha! Essa é a pergunta de US$ 64 mil. – Bob está radiante. – Na verdade, é muito simples. Tive apenas de extrapolar o que aprendi sobre proteger uma restrição física. Stacey, você é provavelmente muito paranoica com respeito à existência de pulmões de estoque antes de um gargalo.

– Sim, claro – concorda Stacey.

– Como você calcula o tamanho do pulmão de um gargalo?

– Já fizemos isso na fábrica de Bearington. – Ela sorri. – O tamanho do pulmão é determinado por dois fatores: o consumo esperado e o tempo de reabastecimento previsto.

– É isso mesmo – diz Bob. – E foi exatamente isso que eu fiz com o meu sistema de distribuição. Trato os depósitos regionais como pulmões para as verdadeiras restrições físicas: as lojas e os consumidores. O tamanho de cada estoque regional é determinado, como você disse, de acordo com o consumo (das lojas que ele atende) e com o tempo de reabastecimento; que, no caso, é de aproximadamente uma vez e meia o maior tempo de remessa da fábrica, ou o intervalo entre as remessas. Veja bem, na distribuição uso as regras que desenvolvemos na produção, com os devidos ajustes, naturalmente.

– Continue – ela diz.

– Como faço remessas a cada três dias, e para a maior parte das regiões o tempo de transporte é de cerca de quatro dias, tenho de manter estoque suficiente em um armazém regional para cobrir as vendas reais da semana seguinte. Uma vez que não sei exatamente o que será vendido nos próximos quatro dias, já que o consumo das lojas está flutuando por todo lado, tenho de ser cauteloso. Lembrem-se, o prejuízo por não ter o estoque é maior que o de mantê-lo em maior quantidade. Então decidimos ter em cada armazém regional o equivalente a vinte dias da média de vendas para a região.

– Entendo que você tem de ser um pouco paranoico, mas me parece que inflar uma semana para três semanas não é paranoia, está beirando a histeria.

– Você me conhece. – Bob ri. – Ninguém nunca me acusou de ser histérico.

– Então, por que tanto assim? Por que vinte dias?

– Por causa da forma como as lojas estão fazendo seus pedidos, em grandes volumes – responde ele. – Acho que se acostumaram a fazer isso porque, no passado, nós e nossos concorrentes éramos pouco confiáveis. Para garantir que não perderão muitas vendas por falta dos artigos, não se atrevem a ter apenas o que precisam para o futuro próximo. Alguns exageram a ponto de fazer pedidos para seis meses. Obviamente isso causa picos na demanda dos nossos armazéns regionais. Agradeço a Deus que em cada região há muitas lojas cujo consumo semanal não é totalmente errático, caso contrário, nem vinte dias seriam suficientes.

– Se as lojas fizessem os pedidos de acordo com o que realmente vendem, se apenas repusessem o estoque – Stacey pensa em voz alta –, então sua vida seria muito mais fácil. Você já fez algo para convencê-las a mudar?

– Sim, claro – responde Bob. – Nossos gerentes de distribuição mandaram uma carta para elas dizendo que estamos dispostos a reabastecê-las diariamente, mas a maioria não está aproveitando esse serviço. Acho que toda mudança é lenta, especialmente quando tentamos mudar hábitos de compra que existem há décadas.

– Então, como você sabe que vinte dias serão suficientes? – pergunta Stacey.

– Esse número não é baseado na experiência, mas em cálculos – admite Bob. – De acordo com os padrões atuais de pedidos das lojas, vinte dias serão suficientes para garantir mais de 90% de resposta imediata. Neste momento estamos em transição. Já estamos repondo o estoque regional duas vezes por semana, mas não drenamos totalmente as montanhas de mercadorias que ainda temos lá. Como resultado, o desempenho atual é bom demais, podemos entregar imediatamente mais de 99% dos pedidos.

– Não há necessidade de dar uma resposta assim tão excepcional. Se em 90% dos casos todo o pedido é imediatamente atendido, sabemos que nos 10% remanescentes as lojas vão esperar uma semana pelo restante.

– Isso é um paraíso quando comparado com o que nós e nossos concorrentes oferecíamos até agora. Na realidade, para não os acostumar mal, baixamos deliberadamente nosso desempenho para 90%. Sim – ele diz confiante –, nós podemos reduzir os estoques com segurança para um máximo de vinte dias. Mas, de qualquer forma, em quatro ou cinco meses vamos ter certeza.

– Quanto você tem agora nos armazéns regionais? – pergunta Don.

– Já caiu para quarenta dias e continua encolhendo rapidamente. Claro que, com o passar do tempo, esse declínio vai diminuir. Lembrem-se, estávamos tão fora de controle que, em alguns dos nossos depósitos, tínhamos um estoque de certos produtos para mais de nove meses.

– Nada mau – concluo –, nada mau mesmo. Então você aumentou sua pontualidade de entrega de 30% para 90%, reduzindo os estoques de noventa para quarenta dias, e ainda está melhorando. Muito bom.

– Quarenta dias é o que ele tem atualmente nos armazéns regionais – Stacey me lembra desnecessariamente. – Para garantir que o tempo de reabastecimento para os armazéns regionais dependa apenas do transporte, e não da disponibilidade, Bob também precisa ter produtos acabados adicionais nas fábricas, seus estoques centrais, como ele os chama.

– Sim, claro. – Bob ri. – Gostaria que o estoque total dos produtos acabados fosse apenas para vinte dias. Com o estoque da fábrica eu faço a mesma coisa. Nesse caso, o tempo de reposição é determinado pela capacidade da fábrica para produzir a sua gama de produtos; as melhorias que fizemos no ano passado diminuíram esse tempo consideravelmente. Nas fábricas, tenho um estoque de produtos acabados para vinte dias. Isso é o suficiente.

– Entendo – resume Stacey. – Antes, você estava enviando os produtos assim que eram produzidos, com base em uma previsão de três meses adiante. Não é de admirar que você acabasse tendo os produtos errados nos lugares errados. Agora você envia para uma região específica apenas quando as lojas realmente consumiram o produto. Isso é inteligente. Tenho de pensar mais sobre isso. – Stacey está tentando digerir a ideia. – Pode me dar as árvores lógicas detalhadas?

– Claro – ele responde entusiasmado –, será um prazer.

Don parece totalmente confuso. Não acho que tenha entendido tudo. Ele não analisou as árvores lógicas com o Bob, e não é um especialista em logística como Stacey.

– Don, você tem alguma pergunta? – digo a ele.

– Muitas. Mas estou particularmente interessado no que aconteceu com os custos de transporte.

– Agora estamos repondo os estoques regionais regularmente – Bob explica, com paciência. – Isso nos permite enviar apenas caminhões com cargas completas. Além do que, nunca precisamos mandar uma pequena quantidade por via aérea para um armazém regional, e os armazéns não têm de fazer entregas entre eles. Não é de admirar que os custos de transporte tenham caído.

– Vimos muita coisa – digo. – Vamos fazer uma pausa para almoçar. Stacey, depois do almoço vamos falar sobre sua empresa, está bem?

– Claro, chefe.

– 7 –

Não vou almoçar com eles. Preciso de tempo para pensar. Bob já reduziu em trinta dias o seu estoque e vai continuar a reduzi-lo. Operacionalmente isso faz muito sentido, mas há um problema. Um enorme problema. A redução do estoque de produtos acabados tem um impacto negativo a curto prazo no resultado final.

Mantemos os estoques em nossos livros ao preço de custo; custo calculado pela contabilidade de custos. Isso significa que o estoque de produtos acabados não está registrado como o custo da matéria-prima, mas como o custo da matéria-prima mais o valor agregado; mão de obra e custos indiretos. Durante o período que reduzirmos o estoque de produtos acabados, todo o valor agregado na parte que reduzimos atinge o resultado final como perda.

Tento estimar os números no caso de Bob. Ele vai reduzir o seu estoque em mais ou menos cinquenta dias de vendas. Atualmente sua empresa está vendendo cerca de US$ 180 milhões por ano; então cinquenta dias quer dizer, aproximadamente, US$ 25 milhões. Nos livros não constará o estoque reduzido em US$ 25 milhões, já que os produtos acabados são lançados na contabilidade pelo valor de custo e não pelo de vendas. O estoque aparecerá reduzido em aproximadamente US$ 17 milhões. E o impacto no lucro? Para saber isso é preciso subtrair deste número o dinheiro que pagamos pelas matérias-primas, digamos, cerca de US$ 7 milhões. Meu Deus, o prejuízo dele vai aumentar em US$ 10 milhões.

Estou tentando não entrar em pânico. Claro que isso é apenas dinheiro imaginário, distorções da contabilidade de custos; e sim, mais tarde será mais que compensado por dinheiro real, pelas economias reais advindas de menos obsolescência e também, espero, pelo aumento das vendas. Mas como vou explicar isso para um possível comprador? Mesmo que entenda tudo perfeitamente, ele fingirá que não entende. Isso será um trunfo para ele reduzir substancialmente o preço da empresa.

Há pontos positivos? A obsolescência vai diminuir. Devido à redução dos estoques, a introdução de novos produtos não exigirá a eliminação dos estoques antigos. Qual o preço disso? Folheio o orçamento de Bob. Ele estimou US$ 18 milhões para a obsolescência do estoque de produtos acabados. Será que ele faturou, no novo cenário, quando os estoques foram reduzidos? Encontro o desempenho dele no ano passado. Não, graças a Deus. No ano passado foram US$ 18 milhões, ele apenas copiou esse valor de um ano para o outro.

Se os estoques forem reduzidos em cerca de 50%, a obsolescência cairá ainda mais. Especialmente porque é muito mais fácil monitorar a introdução de novos produtos quando metade do estoque é mantida em um único lugar, em vez de ficar espalhada por todo o país.

Muito bem, o que tudo isso significa? Bob estará à frente pelo montante do estoque que não precisar eliminar, cerca de US$ 1 milhão por mês; vamos supor, US$ 12 milhões. Quanto mais eu conseguir retardar a venda da empresa, tanto melhor estaremos. Se puder adiá-la até o final do ano... Mas isso é impossível.

Quando os analistas dos compradores começarão a nos examinar com uma lupa? Mesmo que eu quebre a cabeça e utilize todos os truques possíveis para retardar a venda, isso acontecerá em dois ou três meses. Que droga, justo no pior momento possível. Justamente quando os estoques tiverem sido reduzidos, mas o impacto da menor obsolescência ainda estiver começando.

O que vou fazer? Uma coisa é tentar vender uma empresa que está quase dando lucro. Outra coisa completamente diferente é tentar vender uma empresa que está perdendo mais de US$ 10 milhões com vendas de US$ 180 milhões. Pedir que o Bob volte ao antigo sistema de distribuição? De jeito nenhum. Além do que, isso não ajudaria. Bob e Stacey estão absolutamente certos, se não encontrarmos um meio de fazer com que as empresas se tornem muito lucrativas, antes de trocarem de mãos, estaremos todos condenados. Eu, eles e as empresas. Tudo irá por água abaixo.

Precisamos encontrar uma forma de aumentar as vendas imediatamente. Essa é a única saída. E não podemos fazer isso do modo normal. Pete não pode ter as novas impressoras mais avançadas de que precisa desesperadamente. Bob não tem tempo para aprimorar sistematicamente o departamento de engenharia. Temos de nos mover com muito mais rapidez. Malditos tubarões da Wall Street que colocaram essa pressão devastadora sobre nós. Por que eles não nos deixam em paz?

Eles voltam do almoço.

– Alex – começa Don –, durante o almoço nós discutimos o impacto que o novo sistema de distribuição do Bob causará no resultado final.

– Bem devastador – observo, em tom casual.

– Então você também percebeu? – Don pergunta, um tanto desapontado.

– O que você esperava? Que ele não percebesse? – Bob interrompe Don, depois olha para mim e continua. – O que devo fazer? Ignorar isso, ou inflar os meus estoques centrais? Você sabe que com minha capacidade ociosa posso fazer isso facilmente.

Penso por um instante. Inflar os estoques centrais, mas não os regionais, não afetará a capacidade de Bob de responder rapidamente às necessidades das lojas. A introdução de novos produtos será afetada, mas não muito. Por outro lado, ele não vai sofrer os efeitos negativos da distorção decorrente da forma como hoje avaliamos os estoques em nossos livros. A tentação é grande.

– Não, Bob. Não faça isso – decido.

– Achei que essa seria a sua reação. Você nunca quis usar o caminho mais fácil, jogar com os números. Mas achei que deveria pelo menos perguntar.

– Obrigado. Muito bem, Stacey – digo –, é a sua vez.

– Surpreendentemente, quando olhamos o quadro geral, não é muito diferente – ela começa. – No último ano também descobri muita capacidade ociosa; ela salta aos olhos; temos ainda mais que Bob. Nosso problema, como você já deve imaginar, são as vendas. Como vocês sabem – continua –, nós não vendemos para lojas, mas sim para indústrias que precisam de vapor sob alta pressão. Em nossa área, há cada vez mais avanços tecnológicos e alguns novos produtos, mas nada chega perto do que acontece com Bob; alguns dos nossos *designs* têm dez anos. O problema é que a concorrência é tão acirrada que, muitas vezes, para garantir o cliente, temos de vender o equipamento inicial pelo custo da matéria-prima. Nosso dinheiro vem cada vez mais de produtos adicionais e peças sobressalentes. Esses itens ainda são bem lucrativos.

– O seu suprimento de peças sobressalentes é adequado? – pergunta Don.

– Não – admite Stacey –, de modo algum. Temos montanhas de peças sobressalentes, em todo lugar. Mas é frequente não termos a peça certa no lugar certo, e os clientes ficam nos cobrando.

– Será que o sistema de distribuição de Bob também poderia ajudá-la?

– Talvez. Por isso pedi as árvores lógicas que explicam o sistema. Teríamos de fazer vários ajustes; nossa situação é bem diferente. Atender prontamente a 90% dos pedidos não é o suficiente. Veja, sempre que um cliente precisa de uma peça sobressalente e não podemos entregar imediatamente, estamos parando parte da operação dele. Tenho de melhorar minha resposta atual, de cerca de 95% para quase 100%.

– Está claro que podemos ter um desempenho melhor. Temos de reexaminar os níveis mantidos em nossos estoques regionais. Acredito que se seguir os conceitos de Bob posso melhorar muito.

Voltando-se para mim, ela acrescenta:

– Alex, um serviço melhor com as peças sobressalentes não vai resolver meu problema de vendas. Preciso de uma ideia realmente inovadora.

– Você disse que os preços para as peças sobressalentes são bem lucrativos – Don começa, hesitante.

– Sim, disse – confirma Stacey.

Quando percebe que Don reluta em continuar, ela o encoraja:

– Vamos, fale. Muitas vezes alguém de fora pode ter uma ideia que nós, que estamos tão presos ao modo como as coisas sempre são feitas, somos incapazes de ver.

– Provavelmente não é nada importante – ele continua –, mas achei que você vendesse o equipamento básico apenas pelo custo da matéria-prima, só para pôr um pé na porta.

– Isso também é correto.

– Isso quer dizer que a empresa que vende o equipamento básico para um cliente tem praticamente um monopólio das peças sobressalentes de que esse cliente vai precisar? – Don parece muito mais confiante.

– Você está absolutamente certo – responde Stacey. – Cada empresa tem seus projetos exclusivos. Você vende o sistema básico e o cliente está obrigado a comprar produtos adicionais e peças sobressalentes de você.

– Bem, você consegue obter projetos de seus concorrentes? Presumo que tecnicamente você pode produzi-los. A diferença entre os deles e os seus não pode ser muito grande.

– Então é sobre isso que você está pensando – Stacey parece desapontada. – Don, para responder sua pergunta, não só podemos obter os projetos deles, como já fizemos isso. E podemos técnica e legalmente produzir as peças sobressalentes deles. Então, o que você está sugerindo?

– Que você ofereça aos clientes deles as peças sobressalentes apropriadas – ele responde com muito menos convicção. – Mas é óbvio que você já pensou nisso. Por que não funciona?

– Don, é muito simples – ela responde. – Por que os clientes deles comprariam de nós? Por que nosso preço é um pouco menor?

– Estou entendendo – ele a interrompe. – E então seus concorrentes fariam a mesma coisa com você e o resultado seria uma guerra de preços.

– E se há algo – Stacey conclui – que temos de evitar a todo custo é uma guerra de preços.

– Desculpe, foi uma ideia tola.

– Não tão tola assim. – Stacey sorri para ele. – Se tivermos sucesso em implementar corretamente o equivalente ao sistema de distribuição de Bob e tivermos tempo para estabelecer uma ótima reputação no fornecimento de peças sobressalentes, então sua ideia pode funcionar. O problema é que construir uma reputação dessas leva anos, e nós temos apenas alguns meses.

– Meus amigos – digo lentamente –, precisamos de ideias de marketing. Algo que nos diferencie, que torne nossas ofertas muito mais atraentes que as de nossos concorrentes. Algo que possamos pôr em prática rapidamente.

– Sim – concorda Stacey –, mas não podemos nos arriscar a fazer isso reduzindo os preços.

– O que significa – acrescento – que essas ideias só devem ser aplicadas nos produtos que já produzimos. Talvez com pequenas modificações, mas nada muito importante.

– Certo – Bob entra na conversa. – Precisamos de ideias realmente inovadoras.

– Sim. – E, para mim mesmo, acrescento: "três delas, uma para cada empresa".

– 8 –

Estamos prestes a terminar o jantar quando o inevitável acontece.

– Pai, e quanto ao carro? – pergunta Dave.

Nada mau, o garoto tem paciência. Esperava que o ataque começasse assim que eu entrasse na casa. Julie provavelmente o aconselhou a esperar até que eu tivesse relaxado e comido um pouco. De alguma forma isso me provocou:

– O que tem ele? – respondo.

– Posso usar o seu carro enquanto você se diverte na Europa?

– Diversão? – contesto.

– Desculpe, não é diversão, é trabalho duro. Posso usar o seu carro enquanto você estiver fora?

– Dê-me uma boa razão para eu fazer isso. – Não gosto do tom de voz dele, ele não está pedindo, está praticamente exigindo.

Ele não responde.

– E então? – pressiono.

– Se você não quiser emprestar o carro, não empreste – ele murmura para o prato.

Posso deixar as coisas como estão. Eu realmente não quero emprestar meu carro para ele, e agora não preciso fazê-lo. Está tudo bem.

Julie e Sharon estão conversando. Dave e eu continuamos a comer em silêncio. Não, não está tudo bem. O resultado negativo que me fez hesitar no primeiro momento agora se tornou realidade. Dave está carrancudo, ele está magoado, mas o pior de tudo é que está convencido de que é impossível se comunicar comigo. Adolescentes.

– Você disse que pagaria a gasolina e levaria o carro para a revisão? – digo finalmente.

Dave levanta os olhos do prato e olha para mim.

– Sim, foi isso – Dave diz, hesitante.

E, então, com um ímpeto crescente, continua:

– E durante essa semana, sempre que mamãe tiver de levar a Sharon para algum lugar, eu a levo.

– Boa tática – digo, rindo. – Continue assim, Dave, manobrando sua mãe e sua irmã para o seu lado e me encurralando.

– Não foi isso que eu quis dizer. – Ele enrubesce.

– Espere um pouco. – Sharon não é uma menina para deixar passar uma oportunidade dessas. Não leva muito tempo para ela dizer: – Oba, espere até eu contar para a Debbie, ela não vai acreditar nisso.

– Nem eu – Dave corta a euforia dela. – Papai ainda não concordou em me emprestar o carro.

– Papai, por favor? – Sharon faz o que Dave esperava que ela fizesse.

– Não sei – digo. – Ainda não decidi.

– Mas você prometeu pensar nisso – Dave geme.

– Sim, prometi.

– E...

– E tenho algumas preocupações não resolvidas.

– Sim, claro. – Dave está visivelmente irritado.

– Filho – falo com voz firme –, prometi pensar sobre isso e realmente pensei. Não é de surpreender que eu tenha algumas preocupações. Se você me tranquilizar a esse respeito, pode usar meu carro enquanto eu estiver na Europa. Se ignorá-las, como se fossem meus problemas e não seus, recusarei seu pedido sem vacilar. Estamos entendidos?

– Sim, pai. – Ele fica mais calmo. – Quais são os problemas?

– Vou mostrar a você – respondo e vou até o escritório pegar meus papéis.

Ao voltar, entrego-lhe a primeira página.

– Na lista das coisas positivas tenho de adicionar mais uma coisa – digo. – Sua promessa de ser motorista de sua irmã.

– Não é exatamente o que eu chamaria de positivo – ele resmunga e então lê em voz alta o último ponto, "Fortalecer a confiança entre mim e meu filho". Pensa por alguns instantes e depois comenta: – Isso significa que o que eu prometer devo ter absoluta certeza de que vou cumprir.

Com um suspiro, conclui:

– O que é justo é justo. Está bem, pai, quais são os problemas?

– Acho que o primeiro já está resolvido. Mesmo assim, vamos vê-lo outra vez. Vou para a Europa exatamente por ocasião de seus feriados da primavera, e todos sabemos que você quer muito ir ao México…

– Papai, não se preocupe com o México. – Sharon interrompe imediatamente. – Dave prometeu dirigir para mim todos os dias e pode estar certo de que não vou deixá-lo se safar dessa.

– Esperava que pudéssemos fazer um acordo sobre isso – Dave desabafa. – Mas está bem, papai, sem grandes viagens. Prometo.

Mais relaxado, viro a página seguinte:

– Leia você – digo a Dave. – Comece pelas afirmações que estão no final.

– Quando eu estiver fora – ele começa a ler –, o carro estará à sua disposição.

Confusa, Sharon pergunta:

– Isso significa que o papai resolveu emprestar o carro para você?

– Eu gostaria que fosse – ele responde –, mas infelizmente significa apenas que ele está tentando descobrir quais serão os resultados negativos se fizer isso.

– Ah.

– Continue – encorajo-o.

– “Estarei fora por um grande período.”

Dave continua a ler e depois acrescenta sua interpretação:

– Uma semana não é tanto tempo assim.

– Fale por você – Julie diz.

– Está bem, mãe, não vou mais fazer comentários desse gênero. Vou ler a frase seguinte: “Por um longo período você poderá usar o carro quando quiser”.

– Não – interrompo. – Você não está lendo uma lista de afirmações, mas uma árvore lógica. Leia de acordo com as flechas.

Para demonstrar, aponto para a primeira afirmação e começo a lê-la da forma correta:

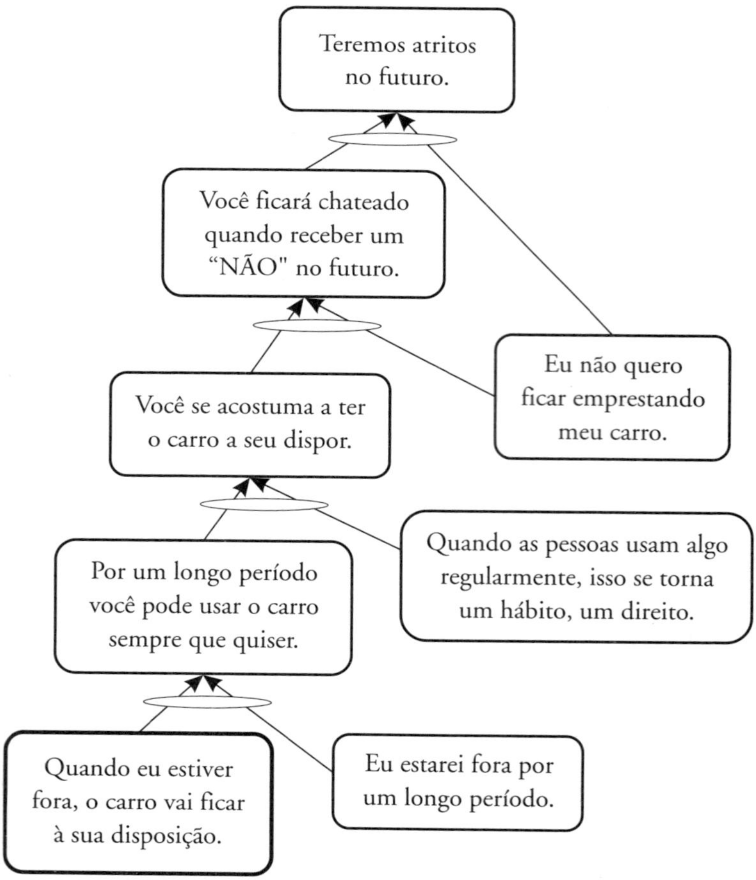

– Se, "quando eu estiver fora, o carro vai ficar à sua disposição" e... – o dedo na segunda afirmação – ... e "eu estarei fora por um longo período"... – aponto para a afirmação mais acima –, então "por um longo período você pode usar o carro sempre que quiser".

– Isso é óbvio. – É o único comentário de Dave.

– Agora leia a entrada seguinte – digo e sorrio para Julie. Ela retribui o sorriso. Nós dois nos lembramos do que Jonah ensinou: "Quando a resposta é 'óbvio' ou 'apenas bom senso', isso significa que você está comunicando".

Dave continua a ler:

– "Quando as pessoas usam algo regularmente, isso se torna um hábito, um direito."

– Certo? – pergunto.

– Sim, isso geralmente acontece. Agora posso ler o próximo nível?

– Sim, mas tente ler a relação de causa-efeito. Use "se... então..."

– Se, "por um longo período – ele lê lentamente –, você pode usar o carro sempre que quiser", e "quando as pessoas usam algo regularmente, isso se torna um hábito, um direito, então você se acostuma a ter o carro a seu dispor". Agora vejo o porquê de sua preocupação, mas...

– Dave – interrompo –, antes de você começar a minimizar isso com promessas precipitadas, prefiro que você perceba quanto é importante minha preocupação. Por favor, leia até o fim.

– Está bem, vou ler. A entrada adicional primeiro: "Eu não quero ficar emprestando meu carro".

– Agora o derivativo inevitável. Se... e... então, por favor.

– Se "você se acostuma a ter o carro a seu dispor" – ele lê sem muito entusiasmo – e "eu não quero ficar emprestando meu carro", então "você ficará chateado quando receber um 'NÃO' no futuro".

– Certo? – pergunto.

– Sim – ele admite. – Percebo como isso pode resultar em um atrito.

– E então?

– Não sei. O que quer que eu diga agora pode ser interpretado como se eu apenas quisesse ignorar o problema.

Estou realmente contente de ter tido o trabalho de escrever isso com tantos detalhes. Estou prestes a sugerir uma solução quando Julie me lança um olhar a tempo. Engulo minhas palavras e em vez disso digo:

– Não se apresse, Dave. Minha viagem é só na semana que vem.

Dave dá uma demonstração convincente de um peixe, abrindo a boca para dizer algo e se arrependendo. Finalmente diz:

– E se eu prometer não pedir para usar seu carro por... dois meses?

Isso é muita coisa. Além do que, não acredito que Dave seja capaz de manter uma promessa dessas; ele está muito apaixonado por meu carro.

– Por que você acha que isso funcionaria? – Julie pergunta a ele.

– Simples – responde Dave. – Se uma semana basta para eu me acostumar, então dois meses devem ser suficientes para reverter isso.

– O que você acha? – Julie me pergunta.

– Acho que dois meses é muito tempo, um mês é suficiente.

Julie está trabalhando em seus arquivos, construindo árvores para entender melhor e resolver os problemas de seus clientes. Assim ela pode restabelecer relações estremecidas em três ou quatro sessões em vez de deixar que os problemas se arrastem por meses a fio. Quando menciono que ela é paga por hora e não pelos resultados, ela simplesmente ri e aponta para a longa lista de espera.

Ela está muito envolvida em seu trabalho, mas isso não a deixa estressada. Você sempre a vê ocupada, mas nunca sem tempo.

Gosto dessas noites pacíficas, quando Julie murmura seus casos enquanto tento pôr meus papéis em dia. Ao fundo, Simon e Garfunkel, com sua música, estão nos contando outra vez seus problemas com Cecília. As crianças estão em seus quartos, provavelmente no sétimo sono.

– Gostei do modo como você lidou com Dave. – Julie sorri para mim.

– Lá na UniCo chamamos isso de "comprar a paz industrial". – Sorrio também.

– Como assim?

– Julie – tento explicar –, não me entenda mal. Estou em paz com minha decisão, mas, francamente, olhe objetivamente o que aconteceu: Dave pediu o carro, e eu emprestei, fim da história.

– Querido, você realmente não se sente bem com sua decisão? – ela pergunta com delicadeza.

– Não, de modo algum. Sinto-me bem com o que fiz.

Ela me beija na face.

– Então, dizer que o que aconteceu foi simplesmente que Dave conseguiu o que queria é, na melhor das hipóteses, apenas uma descrição parcial.

Penso sobre isso. Não é que não quisesse que meu filho conseguisse o que ele tanto queria. É que eu não queria que outras coisas relacionadas com isso acontecessem, como Dave achar que tem direito de usar o meu carro. Do modo como arranjamos as coisas, tenho certeza de que isso não vai acontecer. E também surgiram alguns resultados colaterais desejáveis. Julie perderá menos tempo, e Sharon, em vez de ficar com inveja, está totalmente a favor da ideia.

– Você tem razão. – Abraço-a. – Ninguém imaginaria que Dave concordasse em não pedir o carro mesmo durante duas semanas, imagine durante dois meses! Sabe, o conselho de Jonah de apresentar o ramo negativo sem tentar sugerir uma solução acertou na mosca. Se eu tivesse sugerido isso, na melhor das hipóteses ele teria tratado minha sugestão como uma exigência ofensiva e injusta.

Sorrindo, Julie concorda com a cabeça.

– Os métodos de Jonah funcionam. Eles sempre resultam em soluções ganha-ganha.

– Eu gostaria de ter a sua segurança – digo em voz baixa. – Julie, atualmente tenho tantas nuvens importantes no trabalho... Nem sei se há alguma boa solução ganha-ganha para, pelo menos, uma delas.

– Conte-me mais – ela pede, na mesma voz calma.

Não sei o que dizer. Não adianta eu ficar reclamando de minha nuvem pessoal. Isso só serviria para perturbar Julie e me deixar em um estado de autopiedade devastador.

– Você já descobriu como pode proteger suas empresas? – pergunta ela.

– Na verdade, não. – Suspiro. Conto sobre o "plano" que foi discutido hoje com Stacey e Bob. – Na verdade, é como tentar achar uma agulha em um palheiro – concluo.

– Por quê?

– Julie, que chance temos de encontrar uma ideia de marketing inovadora que faça nossas vendas darem um salto em poucos meses?

– Essas coisas acontecem – ela tenta me animar.

– Sim – admito –, mas raramente. Acontece que temos de fazer isso sem novos produtos e sem nenhum dinheiro para a publicidade.

Depois de uma pausa acrescento:

– E precisamos de mais que uma dessas soluções milagrosas. Precisamos de três. É completamente impossível.

– Não, não é completamente impossível – ela rebate com firmeza. – Pode ser difícil, mas não impossível.

– Ora, deixe disso.

– Alex, ouça. Jonah nos ensinou um método especialmente para tais situações, quando parece que não há saída, quando parece que a única coisa que resta é desistir. Meu bem – ela continua –, sei do que estou falando. Enfrento situações como essas quase todas as semanas.

– Eu não tinha percebido. – Levanto as sobrancelhas para mostrar até que ponto ela está exagerando.

– Não, não pessoalmente, seu bobo. Estou falando de meus clientes. Alguns levaram o casamento a tal impasse que realmente parece impossível consertar.

E depois, com uma voz pensativa, ela diz:

– Você sabe qual é a diferença entre nós? Você quase nunca usa os métodos de Jonah.

Começo a protestar, mas ela continua:

– Sim, sei que você usa partes dele diariamente; em negociações, na estruturação de equipes e mesmo quando precisa planejar uma reunião importante. Mas, Alex, qual foi a última vez que você tentou usá-los por completo? Para analisar uma situação difícil e construir uma solução ganha-ganha que vai revertê-la?

Quero dizer que fiz isso mês passado, no problema da distribuição. Mas não fui eu que fiz. Foi Bob Donovan e seu pessoal.

– No meu trabalho – ela continua a martelar –, enfrento constantemente situações novas; tenho de usar todos os Processos de Raciocínio com muita frequência. Não é de admirar que eu tenha tanta confiança em seus resultados. É difícil. Requer muito trabalho duro, mas está funcionando. Você sabe disso.

Quando percebe que não pretendo responder, ela dá o golpe final:

– Alex, você está vivendo das soluções genéricas que desenvolveu no passado. Você não pode mais fazer isso. Precisa desenvolver uma solução para sua situação atual.

– O que você quer dizer? – Estou irritado. – Você acha que eu posso desenvolver um processo genérico para descobrir soluções de marketing?

– Sim, é isso mesmo que quero dizer.

Nem me dou ao trabalho de responder.

-9-

– Acho que descobrimos uma forma de tornar o departamento de papel de balas ainda mais lucrativo que o de caixas.

Pete está entusiasmado, e eu também. No ano passado o departamento de papel de balas causou um prejuízo de US$ 4 milhões, reduzindo o lucro total da empresa para menos de US$ 1 milhão. Se Pete estiver certo, se descobriu uma solução de marketing inovadora que torne os papéis de bala tão lucrativos quanto o resto do negócio, então... Nossa! Se eles apenas estancarem o prejuízo, o lucro será de US$ 5 milhões!

Não posso acreditar. É muito bom para ser verdade. Será que Pete, com sua ânsia de impedir a venda da sua empresa, pensou em alguma manobra arriscada, artificial?

– Comece do começo, não se apresse – digo a ele. – E prepare-se para um profundo escrutínio de suas ideias.

– É isso que eu quero. – Ele dá um grande sorriso. – As coisas se encaixaram depois do telefonema de Don.

– Meu telefonema? – Don pergunta, surpreso. – Não me lembro de ter dado nenhuma ideia.

– Sim, você deu – insiste Pete. – Uma grande ideia.

– É muito gentil de sua parte dizer isso – Don está claramente confuso –, especialmente na frente do meu chefe. Pete, desculpe, mas, pelo que me lembro, perguntei por que você não consegue competir com as impressoras rápidas nas grandes quantidades e pode nas pequenas.

– Exatamente! – Pete está se divertindo com a expressão de Don. – Você nos fez parar de lamentar nossas desvantagens aparentes e começar a nos concentrar nas vantagens que temos.

– Entendo – diz Don. Mas depois de um instante acrescenta: – Não, não entendo. Não vejo como sua habilidade de fazer preparações rápidas pode ajudá-lo a competir nas grandes quantidades.

– Don, você não está percebendo a questão – digo. – Pete não disse que está tentando conseguir os pedidos grandes, ele só disse que eles decidiram se concentrar nos mercados em que têm uma vantagem. Parabéns, Pete. Eu sabia que, se você vencesse a sua obsessão de que muito dinheiro só pode ser ganho nas grandes quantidades, você descobriria que há muitos mercados lucrativos que requerem pequenas quantidades. Então diga, quais são esses mercados? – pergunto, satisfeito.

Pete não responde, apenas limpa a garganta, embaraçado. Começo a gargalhar, parece que quem não entendeu fui eu e não o Don.

– Está bem, Pete, conte-nos sua brilhante ideia. Como a preparação rápida pode ajudá-los a conquistar o mercado de grandes quantidades, apesar da velocidade das impressoras de seus concorrentes?

– Simples – ele responde. – Na verdade não é tão simples assim. Deixe-me começar descrevendo a nuvem de nossos clientes.

– Por favor.

Pete vai até o quadro e começa a desenhar a nuvem.

– O objetivo do comprador é seguir as diretrizes de sua empresa. Para segui-las, o comprador tem de tentar obter o melhor acordo financeiro com os fornecedores. Na nossa indústria, onde o tempo de preparação é longo, a única forma de obter um desconto no preço é fazer pedidos de grandes quantidades. Então, para obter o melhor acordo financeiro com os fornecedores, o comprador precisa pedir grandes quantidades.

– Isso está claro.

– Por outro lado – continua Pete –, para seguir as diretrizes de sua empresa, o comprador precisa tentar reduzir os estoques. Não preciso dizer até que ponto a cultura corporativa mudou com relação à sua tolerância para manter grandes estoques.

– Não, não precisa dizer – concordo sinceramente.

– Isso significa – Pete completa a nuvem – que, para tentar reduzir os estoques, o comprador precisa pedir pequenas quantidades com mais frequência.

– O conflito está claro – observa Don. – Mas a pressão para conseguir preços mais baixos é predominante, não é?

– Sim – concorda Pete.

– Você vê alguma razão para isso mudar? – Don continua a fazer perguntas.

– Talvez – responde Pete. – À medida que a concorrência no mercado fica mais feroz, estou falando do mercado dos meus clientes, sua previsão fica menos precisa. Isso faz com que os grandes pedidos sejam um risco para o comprador. As regulamentações governamentais também são de grande ajuda para nós, os gráficos; elas aperfeiçoam sistematicamente as regulamentações referentes a como a listagem dos minúsculos ingredientes dos alimentos devem aparecer na embalagem. Qualquer mudança faz com que todo o estoque fique obsoleto. Mas o verdadeiro problema é gerado pela concorrência acirrada, nossos clientes surpreendem seus próprios compradores com campanhas de marketing mais frequentes, que quase sempre envolvem alguma mudança de impressão no papel de bala.

– A comunicação interna deles é tão má assim? Eles não informam o comprador sobre as próximas campanhas de marketing? – pergunta Don.

– Não é tanto um problema de comunicação interna. No mercado atual nossos clientes têm de reagir muito mais rápido que antigamente. Muitas vezes eles têm de lançar uma nova campanha específica de marketing em dois ou três meses.

– Então – conclui Don –, você espera que, com o passar do tempo, os compradores fiquem mais inclinados a comprar quantidades menores?

– Sim e não. Essa tendência já começou, e provavelmente vai ser acelerada, mas não temos tempo para esperar por esse processo gradual. Temos de ajudá-lo.

– Como? – pergunto.

– Ajudando os nossos compradores a quebrar suas nuvens – responde Pete.

Com certeza essa é a abordagem correta.

– Que flecha você pretende quebrar? – pergunto.

– A que afirma que, para se obter o melhor acordo financeiro com os fornecedores, o comprador precisa pedir em grandes quantidades – ele responde.

– Continue – eu o encorajo.

– Espere um pouco – interrompe Don. – Se queremos examinar a solução de Pete a fundo, por que não tentamos quebrar a nuvem?

– Boa ideia – Pete sorri. – Quanto mais soluções forem propostas e invalidadas, mais vocês ficarão impressionados com a minha solução.

Ele com certeza está seguro com relação à sua solução. Isso é promissor.

– O pressuposto por trás desta flecha – Don segue as diretrizes para quebrar uma nuvem – é que, por causa do longo tempo da preparação, um comprador só pode obter preços mais baixos se ele pedir grandes quantidades. Como podemos desafiar esse pressuposto? Você tem preparações relativamente rápidas... Espere um pouco, por que precisamos pensar como todo mundo, por que você tem de cobrar de acordo com o tempo que leva para imprimir? Você tem muita capacidade ociosa, qualquer preço que seja maior que o preço de sua matéria-prima é melhor que deixar os recursos ociosos.

– Don, você está recomendando uma guerra de preços? – Pete não acredita no que está ouvindo.

– Não, de jeito nenhum. – Don está ficando entusiasmado. – O que estou sugerindo é que você cobre o mesmo preço que seus concorrentes para as grandes quantidades.

Pete tenta falar algo, mas Don não para.

– Você pode fazer isso apesar de suas impressoras serem mais lentas, já que você tem tanta capacidade sobrando. Isso vai funcionar. A pressão cada vez maior sobre os compradores para reduzirem o tamanho dos lotes vai garantir isso. Você já calculou quanto pode aumentar seu lucro com isso? Lembre-se de que o montante de capacidade em excesso que você tem é limitado.

– Não, Don, isso não pode ser a solução – digo.

– Por que não?

– Em primeiro lugar, não vejo como o fato de cobrar o mesmo preço dos concorrentes para grandes quantidades poderá permitir que o comprador compre em lotes menores. O preço por unidade de um pedido grande ainda será menor que para um pedido pequeno.

– Eu me enganei – concorda Don. – Mas, mesmo assim, minha solução ainda é válida. Pete poderá concorrer nesses pedidos, e o fato de ser mais barato para pequenas quantidades lhe dará uma vantagem. Os compradores preferem trabalhar com menos fornecedores sempre que possível.

– Don – digo pacientemente –, sua solução não quebra a nuvem do comprador, então é óbvio que não é a solução para Pete. Além do que, Pete não viria aqui, todo entusiasmado, para apresentar uma solução baseada na utilização de sua capacidade ociosa para diminuir preços. Ele precisa ter uma solução muito melhor. Não é, Pete?

– Sim, claro.

E, voltando-se para Don, acrescenta:

– Diminuir os preços para igualar os da concorrência não é apenas arriscado, o montante de capacidade ociosa que temos não seria suficiente para tornar o departamento de papel de balas lucrativo.

– Por que é arriscado acompanhar os preços da concorrência?

– Don, você já levou em conta que os mesmos clientes que compram grandes quantidades de papéis para balas populares também compram pequenas quantidades para balas menos populares? – responde Pete, sorrindo. – São os mesmos compradores.

Don pensa por alguns instantes. Pete e eu esperamos.

Finalmente ele responde:

– Deixe-me ver. Os compradores esperam que, quanto maior o volume, menor o preço por unidade.

– Exatamente – Pete o encoraja –, essa é a chave para a questão.

– Isso significa que – Don continua um pouco mais confiante – o comprador não só compara seus preços com os da concorrência, mas também compara seu preço por unidade para pedidos maiores com seu preço unitário para pedidos menores. Agora vejo onde está o problema. Se você reduzir o preço unitário para grandes quantidades, o comprador exigirá uma redução proporcional nas pequenas quantidades, mesmo que, para essas quantidades, você já esteja cobrando menos que os concorrentes.

– É isso mesmo. – Pete sorri. – Como já é hábito, os compradores fariam pressão para reduzirmos todos os preços. Isso arruinaria nosso negócio.

– Isso está claro – concorda Don. – Eu não vejo outra solução. E você, Alex?

– Vou tentar – começo. – A flecha que estamos examinando é "para obter o melhor acordo financeiro com os fornecedores; o comprador precisa fazer pedidos grandes", porque grandes quantidades possibilitam preços mais baixos, o que melhora a lucratividade. Como posso desafiar isso?

Por um momento não vejo como, mas então encontro o ponto fraco, as palavras "desempenho financeiro" e "lucratividade". O lucro é apenas um dos desempenhos financeiros em que a empresa está interessada. Há outro, que algumas vezes é mais importante que lucro: o fluxo de caixa.

– Pete – pergunto –, alguns de seus clientes têm problemas sérios com o fluxo de caixa?

– Sim, alguns têm – responde Pete. – O fluxo de caixa é uma grande preocupação para alguns deles, mas com certeza não todos. Porém, não vejo como usar isso para fazê-los pagar preços mais altos.

– Não vê? Fazer pedidos de pequenas quantidades com mais frequência significa menos dinheiro aplicado em estoque. Mesmo que o comprador tenha de pagar preços mais altos por pedidos menores, seu fluxo de caixa fica muito melhor.

– Mas apenas a curto prazo – Pete não concorda plenamente.

– Pete – continuo –, você não sabe que, quando o fluxo de caixa é um problema, só há considerações a curto prazo?

Pete pensa no assunto.

– Sim, talvez isso funcione... algumas vezes... para alguns dos meus clientes. Mas em qualquer caso, isso reforçará os argumentos que usarei com os compradores para apoiar minha proposta. Obrigado.

– De nada.

– Quer tentar outra ideia? – ele pergunta.

– Não, Pete – digo, rindo. – Mesmo que tivesse alguma, o que não é o caso, estou muito ansioso para ouvir a sua.

– Nossa solução – Pete começa – é baseada em um ataque direto ao pressuposto de que fazer pedidos em grandes quantidades dá ao comprador um preço mais baixo por unidade.

– Mas não é isso que acontece em sua indústria? – pergunta Don.

– Não, não é. – Essa é a resposta surpreendente de Pete.

– Como assim? – Estou perplexo.

Pete está visivelmente satisfeito.

– Vamos usar um caso recente em que perdemos a venda para um de nossos concorrentes.

Ele pega um monte de papéis de sua pasta e, apontando para a primeira página, diz:

– Esta foi nossa cotação. A primeira coluna é a quantidade e a segunda é o preço.

Vira, então, a próxima página e explica:

– Esta é a cotação de nosso concorrente.

Comparamos as duas páginas. No alto, onde as quantidades são pequenas, os preços de Pete são significativamente mais baixos, mas, à medida que as quantidades aumentam, a situação muda gradualmente. Perto do final da página os preços de Pete são quase 15% mais altos. Não é de admirar; devido ao menor tempo de preparação de Pete, temos preços mais baixos para quantidades menores, mas, como os concorrentes têm impressoras mais rápidas, seus preços são baixos para grandes quantidades.

– Não consigo entender você – declara Don. – Você acabou de afirmar que grandes quantidades não oferecem um preço menor por unidade, e agora nos mostra uma lista de preços real que prova exatamente o oposto. Sua lista e a de seu concorrente têm apenas uma coisa em comum: nas duas cotações, o preço por unidade cai quando o tamanho do pedido aumenta.

– Continue – digo a Pete.

– O cliente decidiu pedir esta quantidade. – Pete aponta para um número perto do final da página. – Como para essa quantidade nossos concorrentes têm preços muito mais baixos, é claro que perdemos o pedido. Mas – acrescenta em tom triunfal – o que vocês não sabem é que, para esse cliente, essa quantidade representa a sua necessidade para os próximos seis meses.

– Mas agora sabemos. E daí? – interrompe Don, impaciente.

– Daí que eu acabei de falar. – Pete sente prazer em irritar Don. – As previsões de nossos clientes estão ficando rapidamente menos confiáveis, e sua ânsia de lançar mais e mais campanhas de marketing faz com que mudem parte da impressão dos papéis de bala com muito mais frequência.

– Sim, você nos contou, mas ainda não vejo qual a relevância disso.

– Qual é a chance de que o cliente vá usar realmente tudo que pediu? – indaga Pete. – Lembrem-se, seu pedido é teoricamente suficiente para os seis meses seguintes. Vocês fazem ideia de quantas mudanças podem acontecer até lá?

– Não – responde Don. – Mas você também não sabe.

– Talvez você não saiba, mas todos nessa indústria têm uma boa ideia disso – Pete continua a provocá-lo. – Os jornais de nossa indústria estão cheios de estatísticas; vejam estas aqui.

E então nos apresenta outra página. É uma cópia de alguma revista. Apontando para um gráfico um pouco confuso, diz:

– Na média, a chance de você usar a quantidade para seis meses é de apenas 30%.

Examino o gráfico. Já vi isso antes, mas mesmo assim é surpreendente. Olho para meu relógio. Em pouco menos de uma hora terei outra reunião. Pete terá achado ou não uma solução efetiva para seu problema de marketing? A segurança dele indica que sim. Com a velocidade de lesma em que estamos avançando, é bem possível que eu tenha de cancelar minha próxima reunião. Será que eu deveria fazer isso agora?

– Já estou chegando lá – Pete garante. – Nossa solução é baseada no fato de que a possibilidade de não se usar o total do pedido é muito menor quando o pedido se destina a cobrir apenas os dois meses seguintes. De acordo com este gráfico, ela é de apenas 10%. Veja, o que precisamos fazer é convencer o cliente de que, se ele considerar a obsolescência, como deveria fazer, e comprar lotes para dois meses de nossa empresa, isso lhe proporcionará um preço por unidade mais baixo do que comprar lotes para seis meses de nossos concorrentes.

– Em outras palavras – tento simplificar o conceito que Pete acabou de apresentar –, o que você está sugerindo é que o comprador não considere o preço unitário de compra, mas sim o preço unitário do que ele tem possibilidade de usar. Faz sentido.

Analiso as duas primeiras páginas outra vez. Pete não escolheu dois meses por acaso. Para esse pedido relativamente pequeno (um terço do que realmente foi pedido), nossos preços são mais baixos que os do concorrente. Isso é inteligente.

– Vejo um grande problema nisso. – Don está muito cético. – Não com relação ao conceito, que considero sensato, mas em relação ao impacto. Aceito que em 30% dos casos não é usado o pedido inteiro, mas quanto não é usado? Acho que tudo depende dos números.

– O que você quer dizer com "tudo depende dos números"? Claro que tudo depende dos números. – Pete levanta-se para defender sua solução.

– Meu instinto me diz que – agora é a vez de Don caçoar de Pete – em quase todos os casos, infelizmente, você não vai poder demonstrar economias reais.

Geralmente gosto de ver a queda de braço amigável entre Pete e Don. Mas hoje não tenho tempo e, além do mais, a questão é muito importante.

– Don, compare os dois casos – interrompo com certa impaciência. – É óbvio que, quando o pedido é para seis meses, em 10% dos casos mais de dois terços dele ficam obsoletos.

Como é de seu feitio, Pete não continua, mas sim dá explicações a Don.

– O fato de que em dois meses há uma chance de 10% de que algo inesperado torne os papéis de bala obsoletos mostra que, em 10% dos casos, a quantidade adicional pedida para os quatro últimos meses seria refugada.

– Entendo – diz Don. – Então, baseado nessa lógica, você computou o preço por unidade para a parte usável do pedido?

– Sim.

– Qual é o valor da diferença entre a oferta do seu concorrente e a sua? – pergunto.

– A minha ainda é um pouquinho mais cara, cerca de 0,5% – responde Pete.

– Então, por que essa felicidade toda? – indaga Don.

– Considerando a pressão sofrida pelo comprador para reduzir os estoques de matérias-primas e o fato de que nenhum deles gosta de ficar com estoque obsoleto, acho que tenho uma boa chance de vencer uma diferença de preço de 0,5%. Mas minha ideia é fazer mais do que isso. Meu plano é oferecer ao cliente a opção de pedir quantidades para dois meses, que lhe serão enviadas a cada duas semanas.

– Você quer dizer – tento entender – que o preço será baseado em quantidades para dois meses, mas o cliente não receberá sua totalidade em um só carregamento; durante dois meses ele receberá quantidades menores a cada duas semanas.

– Exatamente – confirma Pete. – E, depois do primeiro carregamento, ele pode cancelar o resto quando quiser, sem nenhuma penalidade.

– Isso é generoso – observa Don. – Generoso demais.

– Não – corrijo. – Isso é inteligente. O cliente está pagando por quantidades para dois meses, mas o risco de obsolescência é como se tivesse comprado apenas para duas semanas. Isso baixará o preço por unidade usável para o mínimo absoluto.

– E, além disso – Pete está radiante –, o comprador terá estoques bem baixos, menos de 5% comparado com o que tem hoje.

– Uma quebra perfeita da nuvem do comprador – concluo. – O preço é menor do que ele atualmente paga até pelas grandes quantidades e, ao mesmo tempo, ele terá estoques menores do que hoje poderia esperar se comprasse em quantidades que considera pequenas. Da perspectiva do comprador, isso é como atingir dois objetivos com uma só medida.

– Vocês veem algo negativo? – pergunta Pete, satisfeito.

– Apenas o óbvio – respondo. – E esses vocês provavelmente já levaram em consideração.

– Não esteja tão certo disso – diz Pete. – Vamos ouvi-los.

– Tenho um – declara Don. – Se entendi direito, você vai guardar o restante do pedido no seu estoque, por sua conta e risco. Isso vale a pena? Lembre-se de que em 10% dos casos você vai ficar com parte do estoque.

– Don, essa não é uma grande preocupação – intervenho.

– Por quê?

– Em primeiro lugar, você concorda que a oferta de Pete não levaria a uma guerra de preços?

– Sim. Os concorrentes não podem competir com isso. Para diminuir os preços, eles precisam aumentar as quantidades, mas aí o risco de guardar o estoque do cliente é muito alto. – Don começa a se entusiasmar com a ideia de Pete. – Isso, na verdade, quer dizer que Pete ganha o mercado de grandes quantidades com preços de média quantidade. Não é de admirar que ele possa se dar ao luxo de absorver o prejuízo decorrente de um pouco de obsolescência. E a perda é bem pequena; não vamos esquecer que o risco de obsolescência para nós é muito menor que para nossos clientes. Para eles, custa o preço de venda; para nós, desde que tenhamos capacidade ociosa, custa apenas o custo da matéria-prima. Boa solução, realmente gostei.

– Já calculei o risco. – Pete está visivelmente lisonjeado, mas tenta esconder de nós. – Para tais pedidos, isso vai nos custar, em média, menos de 2%.

– Você não acha que alguns compradores podem abusar de sua oferta? – pergunto.

– Como assim?

– Como você vai ter certeza de que um cliente que precisa de uma quantidade relativamente pequena não vai fazer um pedido grande para conseguir preços menores e depois do primeiro carregamento vai cancelar o resto? De acordo com sua sugestão, eles podem fazer isso sem nenhuma penalidade ou mesmo sem explicação.

– Não pensei nisso – responde Pete e, depois de alguns momentos, acrescenta: – Acho que podemos pensar em um modo de fechar essa brecha sem ofender nossos clientes.

– Sim, tenho certeza – digo. – Então você vai oferecer ao mercado o melhor preço, alívio no caixa, menores estoques e quase nenhuma obsolescência. Junte-se a isso sua ótima confiabilidade nos prazos de entrega e alta qualidade e teremos o sonho de um comprador. Qual será o impacto no seu resultado final?

– Como eu já disse no começo, se conseguir vender toda minha capacidade ociosa a esses preços, o departamento de papel de balas será mais lucrativo que o resto da operação. Isso significa um lucro de cerca de US$ 9 milhões. Muito dinheiro. Então, Alex, gostou? Você vê algum problema?

– Gostei. Claro que gostei. Mas vejo um problema. Tão grande que pode transformar sua solução brilhante em uma tremenda decepção.

– Qual é ele? – Pete está preocupado.

– Sua solução é boa demais e complicada demais para explicar. Acho que não vai ser fácil você convencer um comprador de que sua oferta é real, que ele realmente vai obter todos esses benefícios. E, mesmo que ele veja os benefícios, não se esqueça de que um comprador quando vê uma oferta muito generosa fica desconfiado. Isso vai ser um problema.

– Só isso? – Pete parece aliviado.

– Só.

– Não se preocupe, Alex. Acho que podemos vender essa oferta. Talvez eu tenha mais confiança nos nossos compradores do que você, mas realmente acho que não teremos problemas em vender isso.

– Vou confiar em você. Isso tudo soa muito bem, muito bem mesmo. Pode ir em frente.

– Claro, chefe. Muito em breve teremos uma ideia muito melhor de como isso vai funcionar.

Enquanto o acompanho até a porta, ele acrescenta:

– Amanhã vamos apresentar duas ofertas destas e, semana que vem, eu e meu gerente de vendas vamos ter uma reunião com esses compradores.

– Ótimo trabalho. – Aperto a mão dele. Ele realmente fez um ótimo trabalho, sua solução é uma verdadeira solução ganha-ganha, mas não sei se ele poderá vendê-la. Enquanto os pedidos não começarem a entrar, não vou revisar as previsões.

Um minuto depois ele põe a cabeça na porta para dizer a Don:

– A propósito, enquanto tivermos capacidade ociosa, não temos a menor intenção de imprimir lotes de dois meses e guardá-los.

- 10 -

É a primeira vez que estou cruzando o Atlântico na primeira classe. Como vice-presidente executivo, tenho direito de voar de primeira classe, mas no último ano simplesmente não precisei ir à Europa. Na verdade, não acho que eu precisasse ir agora e, se dependesse de mim, eu não iria. Não penso que devamos vender minhas empresas. Acho que é um erro. Na minha opinião, a única razão para a venda é que o conselho quer mostrar a Wall Street que está fazendo alguma coisa, que tem um plano de ação decisivo. Conversa fiada. Eles nem sabem o que vão fazer com o dinheiro que vão receber.

Trumann, o homem que está por trás desse teatro enorme e sem sentido, está sentado do meu lado. Na grande poltrona de couro da primeira classe, grande o bastante para acomodar dois turistas, a poltrona mais cara do mundo. O preço atual é de mais de US$ 3 mil por sete horas.

Começam a servir o jantar. Você precisava ver a opção de aperitivos. Patê de *foie gras*, patas de lagostas, caviar do mar Cáspio. Você alguma vez já pediu caviar do mar Cáspio de aperitivo? Eu não. Pelo menos não até agora. Menos de 29 gramas dessas bolinhas pretas custam US$ 50. É como comer prata pura. Tem um gosto horrível. Agora entendo por que eles servem isso com vodca. Sinceramente, prefiro pizza e cerveja.

Trumann realmente sabe como lidar com o caviar. Você devia ver como ele o espalha rapidamente sobre a pequena torrada triangular com gema de ovo e cebola picadinhos. Um verdadeiro profissional. Como é que alguém que não produz nada, que não contribui com nada, vive com tanto luxo? Acho que sempre foi assim; os capatazes de escravos sempre viveram em melhores condições que os escravos.

– Você faz parte de quantos conselhos? – pergunto.

– Atualmente só de doze.

Atualmente só doze, penso comigo mesmo. Provavelmente, no mês passado, fecharam uma empresa e venderam outras duas.

– Por que pergunta? – Trumann levanta os olhos do *consommé*.

Erro grave. Da forma como o avião está balançando, e com essas colheres rasas, ele pode derramar sopa na gravata de seda. Mas isso não acontece.

– Só queria saber – respondo.

– Queria saber o quê? Se tenho tempo suficiente para saber o que realmente está acontecendo nas empresas de cujo conselho faço parte? Ou queria saber qual é o meu trabalho?

– Na verdade, as duas coisas.

– Alex – ele sorri para mim –, você é relativamente novo nesse jogo, não é? Não me lembro de tê-lo ouvido falar nas reuniões do conselho.

Trumann é um homem poderoso. Quando minhas empresas forem vendidas e eu perder meu emprego, vou precisar dele. Você não consegue arrumar um emprego como executivo respondendo a um anúncio de jornal. Precisa de contatos. Precisa conhecer e ser conhecido pelas pessoas certas. Graças a Granby, eu agora tenho essa oportunidade. Uma semana inteira é tempo suficiente; tenho de deixar uma boa impressão em Trumann, ele tem de me conhecer melhor.

– Diferentemente de outras pessoas – respondo, pensando em Hilton Smyth –, prefiro fazer em lugar de falar.

– Ah – seu sorriso aumenta –, então é assim que você vê o meu trabalho; só conversa, nenhuma realização.

Antes de eu ter uma oportunidade de corrigir a sua impressão correta, ele continua:

– Imagino que um trabalhador da produção preso à sua máquina durante oito horas por dia fale a mesma coisa de você.

Faço força para sorrir de volta. Mas, apesar de todos os "sinais de alarme", não consigo continuar esse jogo.

– Não concordo – respondo secamente.

– Por quê? Qual é a diferença?

Há uma diferença, uma diferença enorme, mas por alguma razão não consigo achar as palavras para demonstrar isso claramente. O que será que esse sanguessuga está pensando? Que participar de reuniões de conselho pode ser comparado a ter a responsabilidade de administrar uma empresa? Será que sabe quanto é difícil e absorvente resgatar um negócio que está dando prejuízo?

– Você sabe que no último ano eu endireitei três empresas?

– Alex, não me entenda mal. Apesar de você nunca se vangloriar nas reuniões de conselho, Doughty e eu estamos bem cientes das suas conquistas. Nós lemos os relatórios com muito cuidado, inclusive o que está nas entrelinhas.

– E então?

– Então você não respondeu minha pergunta. Qual a diferença entre o seu trabalho e o meu? Você produz algo com suas próprias mãos? Não é verdade que todo seu trabalho é feito por meio de conversas?

– Sim, claro. – Estou começando a ficar irritado com minha falta de habilidade para me expressar. – Eu penso, converso e decido. É assim que o trabalho é feito.

– Por que você acha que para mim é diferente? – Trumann continua gentil e calmo. – Eu também penso, converso e decido.

Ele faz isso; pelo menos as duas últimas coisas. Ele conversa e decide. Ele falou na reunião do conselho e decidiu. Decidiu vender minhas empresas. Só não sei se ele pensa. Vender minhas empresas não faz sentido algum. Então começo a perceber. Há uma diferença. Uma grande diferença. Como poderei expressá-la sem ofendê-lo? Começo lentamente:

– Acho que não sei o bastante sobre o seu trabalho.

– Aparentemente não.

– Eu tenho a responsabilidade de administrar empresas. Você é responsável pelo quê?

– Eu administro dinheiro.

Penso sobre isso. Acho que ele está certo. Mas como uma pessoa administra dinheiro? Provavelmente investindo em empresas, e então…

– Então o seu trabalho é ser um cão de guarda, observando as empresas nas quais investiu?

Acho que poderia ter escolhido minhas palavras com mais cuidado. Ele desata a rir.

– Sim, acho que você poderia descrever assim. Meu trabalho é determinar em que empresas investir e depois ser o cão de guarda. Ficar de olho em ótimos locais.

Isso atiça minha curiosidade.

– Ótimos locais? – repito.

– Alex, você sabe quantos altos executivos esquecem que a meta de sua empresa é ganhar dinheiro? Eles se concentram na produção, nos custos, nas estratégias e, muito frequentemente, esquecem que essas coisas são apenas os meios; não a meta. Vamos tomar a UniCo como exemplo. Você sabe há quanto tempo os altos executivos se comportaram como se a meta da UniCo fosse oferecer a eles empregos bem remunerados? Algumas vezes tenho a impressão de que os altos executivos esquecem que a empresa não é deles; é dos acionistas.

Não respondo.

– Veja o seu grupo, por exemplo. Nós investimos quase US$ 300 milhões nele. Até agora não recebemos nada por isso. E agora teremos sorte se pudermos vendê-lo pela metade disso. De quem você acha que é esse dinheiro? Quem pagou por isso?

– Meu grupo não está mais perdendo dinheiro – digo. – Dê-me mais algum tempo e vou torná-lo muito lucrativo. Por que vender agora?

– Alex, até quando você pode tornar lucrativo o grupo diversificado? Já vi sua previsão para este ano. Você percebe que a inflação existe? Para protegermos o valor do dinheiro, e levando em conta como isso é arriscado, temos de investir apenas em empresas que têm uma possibilidade real de ganhar mais do que a inflação.

Entendo aonde ele quer chegar. Não posso garantir que minhas empresas vão dar um retorno maior que a inflação. Mesmo assim...

– Essa é a parte mais desagradável do meu trabalho – ele continua. – Algumas vezes a administração toma uma decisão errada; isso é inevitável. Mas, quando insiste em proteger essa decisão, nós temos de interferir. Esse é o nosso trabalho. Lembre-se, a meta é ganhar dinheiro. Suas empresas têm de ser vendidas, Alex, isso é inevitável.

Trumann não precisa me dizer que a meta da minha empresa é ganhar dinheiro. Esse tem sido o meu lema desde que me tornei um gerente de fábrica. Mas ao mesmo tempo tomei cuidado para não fazer isso à custa do meu pessoal. Nunca acreditei que a maneira de ganhar mais dinheiro fosse decepando partes da organização. Essa é a forma de trabalhar de Hilton Smyth. Para economizar alguns centavos, ele manda embora qualquer um.

– Não acho que no meu caso – tento escolher minhas palavras com cuidado – seja uma questão de proteger uma decisão errada. Não tenho o que proteger. Não estive envolvido na decisão de diversificar. Mesmo assim, não estou convencido de que é correto vender minhas empresas.

– Por que não?

– Porque não estamos lidando apenas com dinheiro. Também estamos lidando com pessoas. Acredito que os altos executivos também têm responsabilidade com seus funcionários, não apenas com os acionistas.

Talvez eu tivesse acabado de assinar minha sentença de morte, mas, afinal, há um limite até onde posso aceitar esse jogo de dinheiro deles. Vou dizer o que realmente penso.

– Algumas vezes, do meu ponto de vista, parece injusto pôr a pressão sobre os funcionários, que investiram suas vidas na empresa, apenas para que algumas pessoas ricas ficassem ainda mais ricas... A meta da nossa empresa é ganhar dinheiro, mas essa não é a história toda.

Trumann não parece surpreso. Ele já ouviu isso antes, apesar de eu duvidar que ele tenha ouvido de um de seus executivos. Talvez de um ex-executivo.

– Algumas pessoas ricas se tornam ainda mais ricas. – Ele repete minhas palavras. – Alex, de onde você acha que vem o dinheiro que eu invisto? Investidores ricos? Bancos? Você não sabe que a maior parte do dinheiro pertence a fundos de pensão?

Sinto o rubor em meu rosto. Claro que sei disso.

– As pessoas economizam a vida inteira para quando ficarem velhas. – Trumann explica o óbvio para mim. – Elas estão economizando agora para que daqui a vinte ou trinta anos possam se aposentar com tranquilidade. O nosso trabalho é garantir que quando elas se aposentarem o dinheiro esteja à sua disposição. Não dólar por dólar, mas poder de compra por poder de compra. Nós não estamos guardando o dinheiro de pessoas ricas, mas das mesmas pessoas com as quais você está preocupado: os empregados.

– Nuvem interessante – concordo plenamente.

– Não menospreze o que estou falando. – Trumann parece desapontado. – Não estou falando de nuvens, estou falando de fatos da vida.

Em vez de tentar explicar, pego minha caneta e começo a desenhar a nuvem.

– O objetivo é servir os *stakeholders*. Você tem algum problema quanto a isso?

– Não. Só tenho problemas com as pessoas que se esquecem disso.

– Para conseguir isso, precisamos nos assegurar de que duas condições necessárias diferentes sejam satisfeitas. Uma é proteger os interesses dos nossos acionistas e a outra é proteger os interesses de nossos funcionários.

Espero para que ele discorde, mas ele balança a cabeça em sinal de concordância.

– Para proteger o interesse dos acionistas, você insiste em vender as empresas diversificadas.

– Você não concorda?

– Concordo que em razão das atuais circunstâncias, para proteger os interesses dos acionistas, deveríamos vender as empresas. Mas isso não significa que eu concorde que deveríamos vendê-las.

– Alex, você está falando como um político. Você concorda ou não?

– Há um outro lado nessa pergunta; acompanhe meu raciocínio. Nós também dissemos que precisamos proteger os interesses de nossos funcionários. Mas para fazer isso é necessário não vendermos as empresas.

Acho que ele não vai concordar com isso, que vai dizer que vender as empresas não tem nenhuma relação com os interesses dos funcionários. Mas ele não diz uma palavra. Ele pega o guardanapo e examina a nuvem.

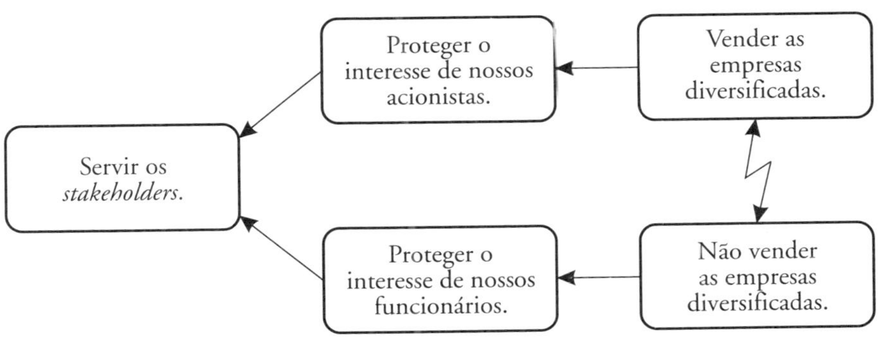

– Você está em uma posição fácil – observo. – Para você é óbvio que nós deveríamos vender o grupo diversificado. Olhe para o resultado final, para as previsões, e eles lhe dão a resposta. Não há dinheiro suficiente nem agora nem no futuro; vamos vender. Não é de admirar, você olha apenas para um lado da equação, que, aliás, é o que tem de fazer. Tudo bem, isso é compensado pelos funcionários e os sindicatos que também só olham para um lado da equação. Só nós, os executivos, estamos divididos. Estamos no meio. Temos de satisfazer os dois lados. Ponha-se no meu lugar e tente responder a sua pergunta: vender ou não vender as empresas. Está vendo, não é tão fácil responder.

Ainda olhando para a nuvem, ele diz:

– Nós examinamos os dois lados da equação. Talvez no passado não tenhamos feito isso, mas agora fazemos definitivamente. Nenhum investidor prudente está investindo olhando só para os números. Aprendemos do modo mais difícil que o fator-chave são as pessoas. Se não estão satisfeitas com seu trabalho, se não sentem orgulho de sua empresa, então é apenas uma questão de tempo e a empresa começará a perder dinheiro.

– Acho que o mesmo é verdade para os sindicatos. Eles sabem que não há segurança de emprego em uma empresa que dá prejuízo, independentemente do que nós, executivos, prometamos a eles. Cada vez mais eles nos pedem que mostremos nossos planos de investimento, antes de começarem a considerar qualquer concessão.

Ele levanta os olhos da nuvem e olha para mim.

– No nosso caso, acho que é.

– É o quê?

– Acho que é fácil responder que deveríamos vender suas empresas. Não, não se exalte, deixe-me acabar. Veja, você sabe qual é nossa classificação de crédito. Você sabe que ela está quase no pior nível.

Sei mesmo. Pagamos 2% acima da taxa de mercado.

– Todos estão tentando me animar com a recuperação do mercado. Mas os mercados oscilam, depois dessa recuperação virá uma queda. A última queda quase deixou a UniCo de joelhos. Não temos mais reservas para nos manter durante outro período de queda, e não acho que poderemos juntar reservas suficientes no período atual, que é bom. Ninguém sabe quanto tempo vai durar, e todos estão me dizendo que não será fácil ganhar dinheiro neste período de recuperação da economia, que a pressão para reduzir preços vai continuar.

Começo a entender o ponto de vista dele.

– Alex, mesmo que eu esqueça meus chefes por um minuto, mesmo que me concentre nos interesses dos funcionários da UniCo, chego à mesma conclusão: temos de vender uma parte para proteger as outras. E o grupo diversificado é a única alternativa; temos de proteger o *core business.*

– Mas por que vender agora? Por que não acumular lucros enquanto o mercado está bom?

– A hora tem muito pouca relação com a aposentadoria de Granby – Trumann responde à minha preocupação não expressada. – Este é o momento em que provavelmente poderemos obter o melhor preço, quando todos estão olhando esperançosamente para o futuro.

– Compramos as minhas empresas em circunstâncias parecidas, em 1989, quando todos estavam esperando uma recuperação. E definitivamente pagamos preços exagerados.

– É exatamente o que penso. – Ele suspira.

– Isso é interessante – ele observa depois de algum tempo. – Onde é que você aprendeu essa técnica de apresentação?

– Ela é concisa. Em meia página podemos ver todo o quadro.

– Certo. O conflito salta aos olhos, não há como ignorar a verdadeira questão. É uma forma poderosa de apresentação.

– Não é apenas uma técnica de apresentação – comento. – Essa técnica afirma que não devemos tentar chegar a um meio-termo. Ela advoga que devemos examinar os pressupostos sob as flechas para poder eliminar o conflito.

– O que você quer dizer?

Jonah afirma que qualquer nuvem pode ser quebrada, mas ele está errado. Se eu conseguisse achar uma forma de quebrar esse conflito, não teria de vender as minhas empresas. Agora, por falar demais, tenho de defender essa técnica.

– Olha esta flecha, por exemplo – digo a Trumann. – Para proteger o interesse dos acionistas, é necessário vender as empresas. O pressuposto aqui é que elas não são suficientemente lucrativas. Se conseguirmos achar uma forma de torná-las mais lucrativas, uma forma que garanta que elas possam vender muito mais produtos sem aumentar as despesas operacionais, então a nuvem é quebrada. Não teremos de vender as empresas. Protegeremos, simultaneamente, o interesse dos acionistas e o dos funcionários.

– Você sabe como fazer isso? Você tem alguma ideia de como aumentar as vendas dos produtos sem aumentar a despesa operacional?

– Não – admito. – Não vejo nenhuma forma de fazer isso.

– Então, mesmo que em teoria o conflito possa ser eliminado, na prática temos de viver com ele. – Ele sorri. – Acho que há uma grande distância entre boas teorias e a dura realidade.

Tenho de concordar com ele.

- 11 -

À primeira vista, os táxis de Londres parecem estranhos, mas, quando se entra neles, parecem mais estranhos ainda. Atrás há apenas um banco, no qual só cabem duas pessoas. Mais dois assentos podem ser desdobrados da parte que separa o motorista dos passageiros. Mesmo em um trem não gosto de sentar de costas para a direção que se está andando. Em um táxi, olhando de frente para Trumann e Doughty, gosto menos ainda.

Estamos voltando de uma reunião na qual negociamos a venda da empresa de Pete. Na realidade, essa não é uma descrição precisa. Não negociamos nada, apenas conversamos; na verdade, quase só eu falei. Quatro pessoas fizeram perguntas e, devido à natureza delas, Trumann e Doughty deixaram que eu respondesse. A maioria das perguntas se concentrou nas razões do desempenho operacional excepcional (que não deve ser confundido com um desempenho financeiro excepcional, o que não é o caso da empresa de Pete).

Levou um bom tempo para eu explicar como o índice de entrega no prazo é tão alto, enquanto os estoques são tão baixos. Não é fácil explicar isso para pessoas cujo ponto de partida é tão diferente. Pessoas que acham que os gerentes devem se concentrar em extrair o máximo de cada elo, e que fazendo isso estão prejudicando o desempenho da corrente, sem querer. Tive de provar por que esforços como economizar o tempo de preparação das impressoras ou otimizar o trabalho de cada técnico na pré-impressão levam exatamente ao oposto: a bolsões de ociosidade disfarçada e à degradação no desempenho geral.

Devo dizer que eles acompanharam com interesse, fizeram muitas perguntas e ouviram com atenção minhas explicações cada vez mais elaboradas. Não apenas os britânicos; Trumann e Doughty estavam tão atentos quanto os outros. Acho que ganhei alguns pontos com eles.

Fomos embora depois de cinco horas de pressão, deixando para trás um pouco de lição de casa; cerca de nove centímetros de relatórios financeiros. A batalha sobre termos e condições só vai começar na próxima reunião. Mas isso é dor de cabeça para Trumann e Doughty, não terei de participar. Se eles forem bem-sucedidos em fazer com que os compradores em potencial concordem com a base da transação, os compradores mandarão seus auditores para a empresa. É aí que a dor de cabeça de Pete vai começar.

– Que tal nos encontrarmos daqui a meia hora no bar? – Trumann sugere quando chegamos ao hotel.

Boa ideia. Certamente poderei tomar um gole. Ou dois. Chegando ao quarto, tento ligar para Don. Como os hotéis europeus estão acrescentando 400% às ligações telefônicas, uso meu cartão telefônico. Finalmente estou com Don na linha, depois de três longas filas de números e dois erros.

– Alguma novidade? – pergunto.

– O que quer ouvir primeiro? – Don está animado. – As boas ou as más notícias?

– Comece com as más.

– A má notícia é que você estava errado em achar que Pete teria problemas para apresentar a oferta dele aos clientes.

– Não achei que Pete fosse ter problemas em apresentar sua oferta. – Sorrio. – Achei que os clientes iriam ter problemas em aceitá-la. Então a má notícia é que eu estava errado e a boa notícia é que Pete estava certo?

– Exatamente. Pete disse que eles ficaram bem entusiasmados. Mal pode esperar para contar a você como foi tudo bem. Por que você não liga para ele?

Esqueci de usar a tecla automática para fazer ligações e, assim, depois de cinco minutos e mais de trinta dígitos, consigo falar com Pete, que está entusiasmado.

– Não, não estou com os pedidos em mãos. Tenho algo ainda melhor.

– A única coisa melhor que um pedido em mãos – digo com sarcasmo – é o dinheiro do cliente em nossa conta. Pete, entendo que você teve duas boas reuniões de vendas, mas será que você pode ser um pouco mais específico?

– Comecei apresentando a "nuvem do comprador". Você se lembra? O conflito entre a necessidade de se obter preços menores e a necessidade de se ter estoques menores?

Estou ansioso para saber que negócio ele fechou; quero saber qual a reação dos compradores à oferta não convencional dele, mas minha impaciência só serviu para que Pete entrasse nos menores detalhes. Percebendo que o caminho mais rápido era deixar Pete contar as coisas da maneira dele, confirmo que lembro da nuvem do comprador.

– Então estabeleci a diferença entre preço por unidade e preço por unidade utilizável. Você sabe, usei o gráfico da possibilidade de obsolescência em função do horizonte de tempo do pedido...

Ele continua assim por algum tempo, contando, passo a passo, o que apresentou, como apresentou, por que apresentou daquela forma etc. Consulto meu relógio. Dentro de cinco minutos tenho de estar no bar; sem mencionar que estamos em uma ligação transatlântica.

Finalmente conclui:

– Em cada reunião, o comprador gostou tanto de minha oferta que pediu uma proposta para o total de sua necessidade de papel de balas. Você ouviu? O total de sua necessidade de papel de balas.

– Pete, o que isso significa em dólares?

– Ainda estamos no processo de preparação das ofertas; vai demorar pelo menos até amanhã à tarde. Mas em cada caso estamos falando de grandes negócios, mais de meio milhão por ano.

– Quais são as suas possibilidades reais de fechar esse negócio? – tento acalmá-lo.

– Muito boas. Extremamente boas.

Emito alguns sons para indicar meu ceticismo.

– Alex, você não está vendo? Agora o comprador tem uma referência tangível. Pode comparar minha oferta com o que realmente está pagando por ano. Não há maneira melhor de demonstrar o conceito de preço por unidade usável. Estou fadado a ganhar.

Ele tem razão, mas...

– Alex, tenho reuniões marcadas com esses dois clientes no final desta semana. Teremos tempo suficiente para analisar detalhadamente nossas ofertas.

Essa é uma boa ideia: não mandar pelo correio, mas discutir cara a cara com o comprador. Isso pode evitar muitos desentendimentos, especialmente neste caso, em que a oferta não é nem um pouco convencional.

– Então saberemos até o final da semana?

– Teremos uma ideia melhor, mas não espero receber a ordem de compra até lá; eles precisam de algum tempo para digeri-la. Eles também vão pedir uma contraoferta para seus atuais fornecedores; pelo menos é o que eu faria. Mesmo assim, acho que teremos os pedidos antes do final do mês. Nossa oferta é simplesmente muito boa, e vou continuar a ficar em cima deles.

Digo como estou satisfeito com o trabalho que ele tem feito e corro para o bar. No elevador percebo que tenho um novo problema. Gostei da solução de Pete desde o começo. Minha única dúvida era se os compradores iriam gostar dela. Agora que ele já testou a oferta com dois clientes difíceis, e em ambos os casos eles a entenderam a ponto de pensar em dar-lhe todos os pedidos, minhas dúvidas acabaram. Sim, ainda precisamos esperar para ver se os compradores vão mesmo fechar o negócio, mas agora é apenas uma questão de refinar a apresentação, e não se a solução vai funcionar ou não.

Então qual é o meu problema? Credibilidade. Hoje, quando expliquei o desempenho da fábrica de Pete, enfatizei que o departamento de papel de balas precisaria de altos investimentos para se tornar lucrativo. Agora, como vou explicar que esse buraco sem fundo, de repente, se tornou uma mina de ouro? Tenho de pensar em uma solução.

Não é um bar, mas sim um típico *pub* inglês, lotado de pessoas que param ali a caminho de casa.

– Aqui está o meu salvador. – Trumann acena para mim. – O que vai tomar?

– Uma caneca de cerveja, por favor. – Tento me ajustar ao ambiente.

– Vou querer mais uma – Doughty grita atrás de Trumann, que agora está indo em direção ao bar.

– Que salvador? Do que ele está falando?

Doughty apenas me entrega um guardanapo. Está todo rabiscado. Mal consigo reconhecer a nuvem que desenhei no avião. Então é isso que Trumann quer, que eu explique a Doughty o dilema de proteger os acionistas e os funcionários. Começo a explicar. Trumann chega com três grandes canecas e as coloca silenciosamente diante de nós. Quando termino, Trumann está sorrindo olhando para a nuvem:

– Bom, o que você acha agora?

– É um jogo interessante e impraticável. – Doughty não está impressionado.

– Sim, sei o que é que você quer dizer. – Trumann dá um tapinha nas costas dele. – Às vezes fico com esse humor cínico, quando tudo parece não passar de um jogo. Brutal, muitas vezes injusto, e o que quer que façamos, o jogo continuará, com ou sem nossa participação. Anime-se, rapaz, beba sua cerveja.

Doughty sorri, coloca o guardanapo em volta de sua caneca e a levanta.

– Ao jogo. – Fazemos um brinde.

– E eu ainda afirmo – ele pisca para mim – que todos os diagramas, concisos como este ou tão elaborados quanto os relatórios financeiros, não nos ajudam a jogar melhor. No final tudo é apenas intuição, palpite.

– Você e os seus palpites. – Trumann abaixa a caneca. – Mas uma coisa admito, essa nuvem, como Alex a chama, tem muito poucas ramificações práticas, se é que tem alguma. – Vendo a minha expressão, ele pergunta, surpreso: – Você não concorda?

Vejo uma oportunidade de ouro para contar a notícia boa, mas embaraçosa, sobre a empresa de Pete, e decido agir.

– Não, não concordo.

Como era de esperar, eles mordem a isca.

– O que se pode fazer com um diagrama desses a não ser usá-lo como um bom passatempo em um bar? – Doughty diz em tom de dúvida.

– Na verdade – decido ser um pouco arrogante –, só deveríamos escrever uma nuvem se tivéssemos intenção de usá-la. É claro que, se depois de escrever o problema com precisão, depois de escrever a nuvem, não tentarmos resolver o problema, então tenho de concordar que é impraticável. O verdadeiro valor da nuvem é que ela oferece um jeito simples de resolver o problema, de eliminar o conflito.

– Você está afirmando que esse diagrama – Doughty tira o guardanapo de sua caneca, cuidadosamente – pode ser usado para nos dar resultados tangíveis?

– Sim, é exatamente isso que estou afirmando.

– Isso pode ser usado para nos ajudar a ganhar o jogo? – Trumann continua com sua metáfora.

– Sim.

– Então prove – Doughty me desafia com firmeza.

Em um instante sinto-me como se estivesse sob um microscópio, passando por algum tipo de teste importante. Mas não tenho por que me preocupar. Estou bem preparado.

– Vamos pegar um exemplo, o assunto de que tratamos o dia inteiro: minha empresa gráfica. – Ajeito cuidadosamente o guardanapo. – Para proteger nossos acionistas, estamos tentando vender essa empresa, porque não é suficientemente lucrativa para justificar o investimento.

– Ela não é suficientemente lucrativa agora e, de acordo com seus relatórios, ela será apenas marginalmente lucrativa em um futuro previsível – Trumann me corrige.

– Sim – concordo. – Esse é o nosso pressuposto. Examinamos cuidadosamente a situação. Como vocês sabem, a chave para aumentar substancialmente os lucros é fazer algo a respeito do departamento de papel para balas.

– Se você está tentando nos convencer a investir em novas impressoras... – Trumann interrompe minha explicação.

Não hesito em fazer o mesmo com ele:

– E já que sabemos que investimentos adicionais estão fora de questão, temos de encontrar uma forma de elaborar uma nova oferta para o mercado. Uma oferta baseada no equipamento atual, muito atraente para o mercado e muito lucrativa para nós.

– Resumindo – diz Doughty –, missão impossível.

– Aparentemente, sim. – Sorrindo, tomo devagar um pouco de cerveja da minha caneca.

Ambos olham para mim. Depois de algum tempo Trumann pergunta:

– Você está querendo dizer que encontrou um jeito de fazer isso?

– Aparentemente, sim. – Saboreio o momento.

– Alex, vou trazer outra caneca para você, mas que Deus o proteja se estiver brincando.

Trumann espera Doughty ir até o bar.

– O que está acontecendo, Alex? Durante a viagem você me disse que não tinha a menor ideia de como aumentar as vendas de suas empresas sem aumentar as despesas. Houve alguma mudança nos últimos dois dias? Ou você está tentando uma jogada suicida para sabotar a venda de suas empresas?

– Nada disso – asseguro. – Sei como os últimos cinco minutos devem ter soado estranhos para você, mas não estou fazendo nenhum truque. Admito que ainda não sei o que fazer com as outras duas empresas, mas, quanto à gráfica, acabei de ter uma confirmação por telefone de que nossa ideia inovadora funciona.

– Quero ouvir tudo sobre isso. – Trumann está tão firme quanto Doughty.

Espero Doughty voltar e então começo a expor a solução de Pete, naturalmente dando o crédito a quem merece.

– Então, como podem ver – termino uma explicação de quinze minutos –, eu não podia contar isso antes para vocês. Não poderia esperar que levassem a sério. Francamente, até uma hora atrás, nem eu tinha certeza se estava levando essa possibilidade a sério.

– Teremos de esperar para ver se os dois grandes negócios serão realmente concretizados, mas devo admitir que isso é encorajador.

– Teremos de adiar nossas negociações para vender a empresa gráfica – Doughty diz calmamente. – Pelo menos até a situação ficar mais clara.

– Sim – concorda Trumann –, e é melhor nos prepararmos para mais alguns possíveis compradores. Se o que o Alex nos contou se tornar realidade, o jogo passa a ser totalmente diferente. E não podemos voltar aos mesmos compradores com tamanha mudança em nossa história. Por mais que a explicássemos, a nossa credibilidade ficaria abalada. Alex, não se preocupe com isso, ficaremos felizes se sua solução realmente funcionar. É muito mais divertido vender uma empresa que tem um lucro de 15% do que uma que mal chega ao ponto de equilíbrio.

Eles começam a calcular quanto deveriam pedir pela empresa de Pete. Sim. Eles pretendem continuar com os planos de vender a empresa. Não admira; a maior preocupação deles é a classificação de crédito da UniCo. Mas, se a ideia de Pete funcionar mesmo, e estou cada vez mais convencido de que ela vai funcionar, então o seu futuro estará seguro. Ninguém vai mexer com uma galinha que bota ovos de ouro. E pensar que nosso ponto de partida era investir uma pequena fortuna para substituir nossas impressoras cuja preparação é rápida. Como pudemos ser tão tolos?

Doughty interrompe meus pensamentos.

– Alex, estes diagramas foram usados para construir essa solução inteligente?

– Sim, definitivamente. Sem eles não teríamos a menor chance. Com eles, quase não conseguimos.

– Humm – é a única resposta.

- 12 -

Muitos viajantes reclamam da culinária inglesa, mas para mim os restaurantes ingleses têm uma coisa que compensa tudo: o modo como eles servem café. Eles nos levam para outra sala, mobiliada com grandes sofás de couro, mesinhas baixas e uma lareira de verdade.

Sou facilmente persuadido a provar um brandy de 1956. Brandon e Jim também são persuadidos tão facilmente quanto eu. Olho fixamente para o fogo, tentando digerir o que aprendi nos últimos dois dias. Como você deve ter notado, eles não são mais Trumann e Doughty. Depois de duas canecas de cerveja e duas garrafas de vinho tinto, é muito natural que eu tenha passado a chamá-los por seus primeiros nomes.

Comecei a respeitar Trumann no voo, quando consegui entender melhor seus motivos. Nesta noite aprendi a apreciar o outro lado de sua personalidade, o "lado Brandon", como penso nele. Ele é um ser humano sincero e interessado. Tão diferente do estereótipo de tubarão sem coração que eu atribuíra a ele. Mas a grande surpresa foi Jim. Ele não é um peixe frio. Depois do expediente, Jim é bem diferente do Doughty do horário de trabalho. Não que seja muito falante ou otimista, mas ele é amigável e tem um senso de humor encantador, mas um pouco cínico.

Quando Brandon percebe que voltei à realidade, diz:

– Alex, há uma coisa que nos preocupa. Você disse que essa solução de marketing inovadora que vocês estão testando na empresa gráfica não foi inventada por acaso, mas com o uso sistemático de diagramas lógicos. Mas você tem outras duas empresas, maiores e com mais problemas. Como é que você não foi bem-sucedido em encontrar soluções de marketing para elas?

Eles estão começando a ficar parecidos com Julie. Mas o que posso dizer a eles? Que não tentei? Sim, essa é a resposta verdadeira. Mas por que não tentei? Porque tenho certeza de que seria apenas uma perda de tempo.

– A lógica, sozinha, não é suficiente – explico. – Você também precisa ter intuição. Pete passou a vida inteira no ramo gráfico; ele tinha intuição suficiente na qual se apoiar. Foi por isso que, trabalhando com os Processos de Raciocínio, conseguiu encontrar uma solução inovadora para sua empresa. Mas Bob Donovan e Stacey Kaufman são relativamente novos em suas empresas.

– Então voltamos à intuição. – Brandon parece desapontado. – Se é assim, qual é a grande vantagem de usar esses diagramas lógicos?

Posso demonstrar quanto os Processos de Raciocínio são importantes. Eles nos forçam a verbalizar o que sentimos e possibilitam a liberação de nossa intuição, nos dão a habilidade de checá-la. Mas, se eu fizer isso, eles poderão se voltar contra mim, perguntando por que não fiz isso com a I Cosméticos e a Vapor sob Pressão. Então, em vez de responder, simplesmente acabo de tomar meu delicioso brandy.

Jim interpreta o meu silêncio como uma resposta e resume:

– Se você não tem intuição, nenhum método poderá ajudá-lo. Se tem intuição, não precisa de um método.

Isso me provoca, pois está totalmente errado.

– Se você não tem intuição – respondo –, nenhum método poderá ajudá-lo. Concordo com isso. Mas mesmo tendo intuição você ainda poderá falhar. A intuição é uma condição necessária para encontrar soluções, mas, segundo minha experiência, está longe de ser suficiente. É preciso ter um método para liberar, focar e criticar sua intuição, se você quiser encontrar soluções simples e práticas.

– Talvez – diz Jim Doughty.

– Não, talvez não. Definitivamente. Você já se encontrou em uma situação na qual se sentia como se estivesse em uma piscina cheia de bolinhas de pingue-pongue e seu trabalho fosse segurar todas elas embaixo da água? A sensação de que você passa quase todo seu tempo apagando incêndios?

– Se eu já estive em uma situação dessas? – Ele ri. – Essa é a história da minha vida, especialmente nos últimos cinco anos.

– Veja, em situações como essa, o simples fato de saber como lutar contra os incêndios locais indica claramente que você tem intuição. Contudo, você não encontrou nem o começo do novelo para ajudá-lo a desatar o nó.

– Concordo – Brandon diz. – Mas, se não encontro o começo do novelo, como posso escrever a nuvem relevante?

– Ah, sinto muito. Eu dei a impressão errada a você. A nuvem nem sempre é o primeiro passo. Você só deve usar a nuvem depois que a situação existente estiver bem organizada em sua cabeça.

– O que você quer dizer?

– Se estiver apagando incêndios constantemente, você tem a impressão de estar cercado por muitos, muitos problemas.

– Estou mesmo – confirma Jim.

– Os Processos de Raciocínio afirmam que esses problemas não são independentes uns dos outros, mas que há fortes ligações de causa e efeito entre eles.

– Sim, eu também acreditava nisso quando frequentava a escola dominical. O que a vida me ensinou é que os problemas estão ligados pelas desculpas.

Ignoro a piada dele.

– Até que essas ligações de causa e efeito estejam estabelecidas, nós não temos um quadro suficientemente claro da situação. Logo, o primeiro passo é usar um meio muito sistemático de construir o que é chamado de Árvore da Realidade Atual, diagramando as relações de causa e efeito que ligam todos os problemas predominantes de uma situação. Depois de fazer isso, você percebe que não precisa lidar com muitos problemas, porque na raiz há apenas uma ou duas causas.

– O que você está nos dizendo é que atrás de qualquer situação há apenas um ou dois problemas-raiz? – Brandon acha difícil acreditar nisso.

– Exatamente. Apenas um ou dois problemas-raiz que são a causa de todos os outros. Por isso não chamo os sintomas de problemas, chamo-os de efeitos indesejáveis. Eles são derivados inevitáveis do problema-raiz.

– Isso é importante – Brandon diz, pensativo. – Se o que você está dizendo é possível, o que duvido, então temos a chave para dirigir nossos esforços para a causa-raiz, não para os sintomas.

– Você entendeu! – Sorrio. – E os Processos de Raciocínio nos dão uma receita passo a passo de como fazer isso. Você começa com uma lista de efeitos indesejáveis, entre cinco e dez. Depois segue a receita e acaba com uma clara identificação dos problemas-raiz. Além do que, isso intensifica sua intuição, o que é vital para o próximo passo, que é dirigir sua atenção para encontrar uma solução para o problema-raiz.

– Isso tudo parece simples demais – observa Jim.

Por que faço isso comigo mesmo? Repito as afirmações de Jonah como se fossem minhas, mas, se eu realmente acreditasse nelas, usaria os métodos dele com mais frequência. Por exemplo, desde a última reunião do conselho tenho a impressão de que estou afundando, de que estou me agarrando a qualquer coisa para não naufragar, e só Deus sabe quanto preciso de uma solução sólida. Mas a verdade é que não acredito o bastante na teoria de Jonah para experimentá-la agora.

– Você já usou esses métodos? – pergunta Brandon. – Em situações que pareciam desesperadoras?

Penso um pouco. Como gerente de fábrica não usei os métodos de Jonah. Usei suas conclusões. Era de se esperar, naquela época eu não conhecia os Processos de Raciocínio, o núcleo da Teoria das Restrições de Jonah. Quando me tornei diretor de divisão, Jonah insistiu para que eu aprendesse seus métodos para não precisar depender dele, e ser capaz de ajudar a mim mesmo. Desde então tenho usado muitas vezes partes de seus métodos, na maioria das vezes para capacitar meu pessoal a resolver conflitos e construir um espírito de equipe. Mas, pelo menos em três situações, usei os Processos de Raciocínio por completo.

– Sim, usei – tenho de admitir –, mais de uma vez.

– E?

– E funcionou… surpreendentemente bem. – Para justificar as coisas para mim mesmo acrescento: – O que você precisa é de intuição sobre o assunto e força de vontade para fazer o trabalho meticuloso.

– Quanto tempo leva? – pergunta Jim.

– Depende. Umas cinco horas mais ou menos.

– Cinco horas? – Jim ri. – Isso é menos do que estou perdendo de sono em uma noite por causa desses problemas.

Ele não entende a dificuldade. Não é uma questão de tempo. A questão é ter a força de vontade para fazê-lo.

– Vamos tentar – sugere Brandon Trumann. – Vamos escolher um assunto sobre o qual todos nós temos intuição, e depois você o demonstra para nós.

Olho para meu relógio. São quase onze da noite.

– Não acho que seja prático. Já está tarde e temos duas reuniões importantes amanhã. Além disso, que assunto podemos escolher? Não acho que haja um assunto sobre o qual cada um de nós tenha intuição suficiente.

– Claro que há – diz Trumann. – Você tem muita experiência em administrar empresas e colocá-las na linha. Nós temos muita experiência em controlar empresas. E se há uma coisa que deixa todos nós malucos é a questão de como aumentar as vendas.

– Sim – concorda Jim Doughty. – E não precisamos fazer tudo hoje à noite. Vamos apenas fazer o primeiro passo; dar a você uma lista de problemas, efeitos indesejáveis, para usar a sua terminologia. Mais tarde você pode nos mostrar como ligar uns aos outros, se é que isso é possível.

O que posso fazer? Caí na armadilha. Brandon Trumann pega sua caneta, procura outro guardanapo, pega o que está debaixo dos chocolates e anuncia o efeito indesejável.

– "A concorrência está mais acirrada que nunca." Estou cansado de ouvir isso em todas as empresas de que participo.

– Sim – diz Jim, e acrescenta: – "Há uma pressão crescente do mercado para reduzir preços".

– Essa é muito boa – concorda Brandon. – Não importa que a demanda seja alta, mesmo assim você ainda ouve as mesmas desculpas. Chegou a tal ponto que nós, diretores externos, ficamos com medo de pedir que aumentem as vendas. Eles geralmente conseguem fazer isso, mas reduzindo os preços.

É interessante ver como isso é visto pelo ângulo deles.

– Continuem – digo. – Precisamos de cinco a dez efeitos indesejáveis.

– Que outras desculpas a gente ouve o tempo todo? – Brandon está realmente gostando desse jogo. – Ah, lembrei de uma: "Cada vez mais, os preços que o mercado está disposto a pagar não deixam margem suficiente".

– Você chama isso de uma desculpa? – Não consigo esconder a minha surpresa.

– Definitivamente. Acho que o verdadeiro problema, se é que podemos chamá-lo assim, é que mais do que nunca o mercado pune os fornecedores cujo desempenho não está de acordo com as expectativas.

– Está bem – admito meio desesperado. – Coloque-o na lista.

– Acho que o problema real – declara Jim – é a falta de uma visão geral. O que vejo são soluções *ad hoc*, apagar incêndios, mas não uma estratégia geral sólida apoiada em um plano tático razoável e detalhado.

– Posso escrever um discurso inteiro para expor um efeito indesejável? – pergunta Brandon.

– Está bem – diz Jim. – Vou resumir o máximo que puder. Acho que o problema verdadeiro é que "os gerentes estão tentando administrar suas empresas para atingir ótimos locais".

– Sim, essa é boa. – Brandon está ocupado escrevendo. – É isso que eles estão tentando fazer e, como resultado, o que vemos, como observadores externos, é que as várias funções dentro da empresa estão culpando umas às outras pelo fraco desempenho. A culpa é sempre do outro departamento.

– Escreva isso também – observo. – Esse comportamento com certeza é um problema.

– Estou escrevendo – informa Brandon. – Alex, você não quer incluir um problema da sua perspectiva?

– Sim, vou mencionar um, e vocês conhecem a fonte desse problema muito bem. "Há uma pressão sem precedentes para se tomarem medidas que aumentem as vendas."

Eles riem, e Jim completa:

– E, julgando pelos resultados, a pressão não tem sido suficiente.

– Mas, falando sério – continua Brandon –, esquecemos algo que é realmente preocupante. Estou falando da necessidade de lançar novos produtos com uma frequência sem precedentes. Lembram-se do tempo em que a vida útil de um produto era de mais de dez anos? Esses dias já acabaram. Cada vez mais nas indústrias das quais participo a vida útil de um produto no mercado não passa de três anos e em alguns casos é até menor que um ano.

Lembro-me do que Bob Donovan falou sobre seus produtos cosméticos e concordo plenamente com Brandon.

– Há um outro problema causado por isso. "Essa introdução constante de novos produtos confunde e estraga o mercado."

Quando acaba de escrever, Brandon pergunta:

– Jim, você tem algo a acrescentar nesse tópico?

– Você sabe que sim – responde Jim. – Você já sabe de meu ceticismo em relação ao impacto positivo de novos produtos. Muitos deles não dão certo. A maioria não justifica o investimento no seu desenvolvimento, mas, mesmo quando o novo produto ou o produto melhorado é bem-sucedido, ele quase sempre canibaliza as vendas dos produtos existentes. Na verdade, isso não acontece apenas com os novos produtos; com os novos pontos de venda também.

Estou pensando se deveria dar minha opinião sobre o que ele acabou de dizer, quando Brandon o apoia:

– Na semana passada ouvi uma história em que vocês não vão acreditar. Infelizmente aconteceu em uma empresa na qual temos muitos investimentos. Há seis meses eles relataram um grande sucesso; haviam assinado um grande contrato com uma cadeia de clubes. Na semana passada descobri que a queda das vendas que vimos no último trimestre deveu-se ao fato de que as vendas nos clubes comeram uma boa parte das vendas das lojas.

Como recentemente aconteceu a mesma coisa conosco na UniCo, prefiro acabar com essa discussão o mais rápido possível. Por isso sugiro:

– Por que você não escreve: "A maioria dos novos pontos de venda e dos produtos novos/melhorados canibaliza as vendas dos pontos de venda/produtos existentes"?

– Assim está bom.

Conto rapidamente a lista de Brandon.

– Está bem, temos dez. Isso é suficiente.

– Não, não – discorda Jim. – Você não vai conseguir se safar com essa lista. Ela coloca a maior parte da culpa no mercado e muito pouca nas empresas. Deixe-me acrescentar mais algumas coisas.

Voltando-se para Brandon, ele diz:

– Escreva: "Uma grande parte da força de vendas existente não tem habilidade de venda suficiente".

Interrompo-o antes que ele continue, tentando dar uma visão mais equilibrada do quadro.

– O pessoal de vendas está sobrecarregado. – Certifico-me de que isso foi incluído na lista.

Jim continua:

– A produção e a distribuição não apresentam melhorias significativas ou com rapidez suficiente.

– Esperem, esperem – pede Brandon. – Deixem-me escrever... Pronto, podem continuar.

– A engenharia – acrescenta Jim.

– Qual é o problema dela? – pergunto, como se eu não soubesse.

Ambos sorriem para mim e Brandon escreve: "A engenharia não é capaz de entregar produtos novos com a rapidez suficiente".

– E nem com suficiente confiabilidade – completa Jim.

– Está bem, já tenho o suficiente – digo. – Realmente não há necessidade de continuar.

Jim sorri para mim.

– Deixe-me fechar a lista com um último problema que vai lembrá-lo do que estamos tratando aqui. Escreva isto corretamente – ele pede a Brandon. – "As empresas não criam ideias inovadoras de marketing suficientes."

Jim Doughty espera eu digerir bem o lembrete e então pergunta:

– Alex, você realmente acredita que vai conseguir ligar tudo que está na lista com relações rigorosas de causa e efeito?

– E lembre-se – acrescenta Brandon Trumann –, conforme você disse, essa sua receita deve nos levar à identificação de apenas um ou dois problemas-raiz que causaram esta lista. Isso parece impossível. Alex, talvez fosse melhor esquecer essa ideia. Você tem muitas coisas com que se preocupar nesta semana.

– Não – meu orgulho me faz recusar isso. – Entregue-me a lista.

– Está bem – diz Doughty, de modo impessoal. – Mas antes de voltarmos para os Estados Unidos gostaríamos de ver o que você fez com ela.

– É claro – respondo, sentindo que, mais uma vez, estou passando por um teste importante. Por que não desisti quando tive oportunidade?

- 13 -

Estamos em uma reunião discutindo a venda da Vapor sob Pressão. É uma reunião estranha. Não é com uma empresa (como a reunião de ontem), ou com investidores (como a reunião desta manhã). Tenho a clara impressão de que estamos falando com um trambiqueiro. Isso me deixa nervoso.

– Muito bem – diz o sr. Fala-Mansa depois de algum tempo –, vamos discutir a verdadeira questão, os ativos da empresa. – Ele abre o balanço patrimonial.

– O verdadeiro ativo da empresa é seu pessoal. – Não consigo deixar de lembrar o óbvio a essa pessoa.

Ele olha para o meu cartão de visitas e depois sorri para mim.

– Você é o responsável por essa empresa?

– Sou – respondo com firmeza.

– E sua empresa está tendo um lucro líquido menor que US$ 250 mil com vendas de, vamos ver... – ele consulta suas anotações – US$ 91,6 milhões? Não está muito bom. O que estou tentando descobrir agora é qual o seu lucro sobre os ativos líquidos.

O sr. Escorregadio sorri para mim.

– Se puder colocar um preço em dólares no seu pessoal, acho que isso vai diminuir o seu retorno sobre o ativo. Vamos continuar a determinar o valor real do ativo líquido da empresa?

Estou gostando cada vez menos disso.

O sr. Cobra olha de novo para o meu cartão.

– Sr. Rogo, no seu balanço patrimonial o equipamento da empresa está lançado com o valor de US$ 7,21 milhões. Qual é o valor real?

– Como assim? – Estou confuso e irritado. – Na UniCo nós não forjamos nossos livros contábeis.

– Eu sei. – Ele me deixa ver seus dentes mais uma vez. – Tenho certeza de que a sua contabilidade é mantida de acordo com todas as regulamentações contábeis. Mas é por isso mesmo que fiz a pergunta. Em seus livros – explica pacientemente –, o equipamento é registrado pelo valor de compra menos a depreciação desde a data da compra.

– Para a depreciação estamos usando um período de dez anos – explico. – Está escrito em uma das notas de rodapé.

– Nota de rodapé número 21, para ser exato. – Ele demonstra que conhece meu balanço patrimonial melhor que eu. – Mas essa não é a questão.

Ele olha para Brandon e Jim pedindo ajuda, mas eles não dizem uma só palavra.

– Sr. Rogo – ele tenta de novo. – Uma máquina que a sua empresa comprou há dez anos agora aparece no seu balanço patrimonial como tendo valor zero.

– Claro, agora ela já foi totalmente depreciada.

– Sim, mas ela ainda pode ter algum valor. Quando nós a vendermos, poderemos receber um bom preço por ela.

Antes que eu possa comentar, ele continua:

– Por outro lado, uma máquina comprada há apenas um ano, que portanto aparece quase com o seu preço total de compra, muitas vezes só pode ser vendida por muito pouco. Veja, o balanço patrimonial não me dá uma ideia do verdadeiro valor do seu equipamento.

– Não vejo qual a relevância disso – protesto –, mas hipoteticamente, se pusermos apenas as máquinas à venda, não vamos receber muito dinheiro. Muitas delas são bem velhas e a maioria foi construída para atender nossas necessidades especiais. Há poucas fábricas que podem usar o nosso equipamento.

– Então quanto podemos receber por elas?

– Não sei.

Sob pressão, acrescento:

– Menos de US$ 7,21 milhões, com certeza.

A cobra provavelmente percebe que não pretendo dar-lhe uma resposta melhor, então, como Brandon e Jim não dão nenhum sinal de que vão dar mais esclarecimentos, ele anota alguma coisa em seu bloco e vai para o próximo item.

– Em quanto deveríamos estimar o valor do estoque? – ele pergunta.

– Por que não usa o valor do livro contábil?

– Porque, sr. Rogo, seus livros são escriturados de acordo com os regulamentos legais.

Aposto que os seus não são, penso comigo mesmo. Não, não gosto nem um pouco desse homem. Em voz alta, digo:

– O que há de errado nisso?

– Nada, a não ser pelo fato de que fornecem informações inúteis. Seu estoque é avaliado de acordo com seu preço de custo. Eu estou interessado no preço de venda. O senhor concorda que os dois são bem diferentes?

– Não, não concordo. Pelo menos não no nosso caso.

Ele lança um olhar desesperado para Brandon e Jim.

– Por quê? – Brandon me pergunta.

– Porque temos muito pouco estoque em processo – explico. – A maior parte do nosso estoque é de peças sobressalentes prontas, cujo preço de venda é no mínimo o nosso custo, mesmo se vendermos por atacado. O resto é matéria-prima comum.

Brandon olha para ele.

– Faz sentido – ele responde. – E o terreno?

Sei o que ele está querendo dizer. Geralmente o número que aparece nos livros é algum valor histórico que não tem nada a ver com o valor corrente.

– Não há nenhuma surpresa aqui – afirma Brandon. – O terreno foi reavaliado quando compramos a empresa há quatro anos. Desde então, o valor dos imóveis naquela região tem permanecido praticamente estável.

– Prefiro ter uma avaliação atual.

– Claro – concorda Brandon.

Não entendo o que está acontecendo. Esse homem está fazendo tudo errado. A empresa é lucrativa, é uma empresa em atividade. Por que Trumann e Doughty estão deixando que ele a avalie pelos seus componentes? Dessa forma vamos conseguir um valor muito baixo. Logo obtenho a resposta.

Brandon diz:

– Vamos falar sobre o ativo real da empresa? A sua fatia de mercado? Temos cerca de 23% do mercado norte-americano e nossa participação é muito estável.

A cobra vira-se para mim.

– Qual é o grau de dificuldade para penetrar nesse mercado?

– Alto – dou minha avaliação sincera. – O mercado é dominado por quatro empresas, todas mais ou menos do mesmo tamanho, todas estão nesse negócio há mais de quarenta anos.

– Entendo. – Ele morde o lápis. Odeio quando alguém morde o lápis.

– Por quê? – ele pergunta.

– Muitas razões – respondo calmamente. – Primeiro, a fidelidade do cliente. Esse negócio é na verdade um negócio de peças sobressalentes. Você vende o equipamento básico ao cliente e ele passa a ser obrigado a comprar os adicionais e as peças sobressalentes de você.

– Entendi – ele diz.

– E – continuo – não é simples construir esse equipamento. Cada pedido é diferente; você tem de customizá-lo de acordo com as necessidades específicas do cliente. É mais um artesanato que qualquer outra coisa. Leva muito tempo para se adquirir a habilidade necessária. – Mal consigo me segurar para não falar: "O verdadeiro patrimônio da empresa é seu pessoal".

– Há muita capacidade ociosa nessa indústria? – ele pergunta.

De onde ele tirou essa pergunta? Então entendo.

– Sim, há – respondo. – Todas as empresas que fabricam caldeiras usam a tecnologia do CNC e CAD, então não admira que haja muito excesso de capacidade. Mas todas tomam muito cuidado para não começar uma guerra de preços. Um extremo cuidado. Como já disse, todas estão no negócio há muitos anos, estão aí para ficar. Não vejo perigo algum de uma guerra de preços.

– Ótimo – ele diz. Voltando-se para Brandon e Jim ele pergunta: – Quanto?

Para minha surpresa eles respondem:

– US$ 100 milhões.

Esse é um número muito alto. Incrivelmente mais alto que o valor real da empresa de Stacey. Talvez esse espertalhão não seja tão astuto quanto imaginei, pois sua única resposta é:

– Deixe-me dar uma estudada. Volto a falar com vocês no próximo mês.

Não, esse número inflado é apenas um ponto de partida. É melhor que eu me lembre de que o mercado de comprar e vender empresas tem uma semelhança visível com um bazar oriental.

Enquanto descemos, não conversamos. Não gosto desse tipo de reunião. Não gosto dessa pessoa. Estou aborrecido com toda a situação. Analisando o valor de uma empresa como se ela fosse apenas uma coleção de máquinas, estoques, terrenos e fatia de mercado. Tudo tão errado, tão distorcido.

E o famoso balanço patrimonial, que piada! Até agora eu não havia percebido até que ponto é inútil. O verdadeiro ativo, como a perícia das pessoas, a fatia de mercado, a reputação etc., nem aparece. E os números que aparecem – o valor das máquinas, dos estoques e dos terrenos – têm apenas uma remota semelhança com seus valores reais.

Quero sair desse mundo de números artificiais. Quero voltar para casa.

- 14 -

O dia hoje não começou muito bem e, do jeito que está agora, vai acabar pior ainda. Estavam marcadas duas reuniões para negociarmos a venda da empresa de cosméticos de Bob. O problema é que eu ainda não havia decidido o que fazer com o novo sistema de distribuição dele. Esse sistema representa uma melhora notável no serviço e no nível dos estoques, mas a redução dos estoques leva a uma perda a curto prazo de cerca de US$ 10 milhões.

Os relatórios financeiros que mandamos aos compradores em potencial são do trimestre passado, por isso o impacto do novo sistema não aparece neles. Será que posso deixar de mencionar isso? Qual a melhor forma de divulgar isso?

A caminho de nossa primeira reunião conversei com Brandon Trumann e Jim Doughty. Posso garantir que eles não ficaram muito contentes com a surpresa que lhes fiz.

– Um novo sistema de distribuição? Uma diminuição do estoque de US$ 17 milhões? A perda esperada é US$ 10 milhões a mais que a atual? Alex, a esta altura já devíamos estar acostumados com você. Mas, da próxima vez, avise com um pouco mais de antecedência.

Graças a Deus que era uma corrida rápida de táxi. Caso contrário acho que eles falariam muito mais sobre quanto gostam de ter surpresas como essa no último minuto. Premidos pelo tempo, não tiveram a oportunidade de dizer o que realmente gostariam de fazer comigo. Em vez disso, deixaram claro para mim quanto é importante expor o assunto em todos os seus detalhes.

– Se há uma coisa que pode arruinar um negócio – afirmou Brandon – é uma surpresa de última hora. Essa é nossa primeira reunião com possíveis compradores para a I Cosméticos. Exponha tudo para eles, não esconda nada.

Até no elevador continuaram recomendando que eu enfatizasse os benefícios, mas que eu fosse bem explícito quanto aos esperados efeitos negativos de uma redução rápida dos estoques.

Segui as instruções deles e minha explanação foi bem recebida. Parece que a maioria dos investidores está ciente dos lucros e perdas fictícios associados a uma mudança no nível do estoque.

Os compradores potenciais não estavam preocupados com a queda dos lucros a curto prazo. Pelo contrário, ficavam impressionados com as mudanças que implementamos e a rapidez com que as fizemos. Receberam isso tão bem que Trumann insistiu que o esperado impacto negativo a curto prazo não deveria ser um fator para determinar o preço. Para minha surpresa, em ambas as reuniões os compradores concordaram com isso.

Naturalmente eles me questionaram em profundidade. Mas os conceitos do nosso novo sistema de distribuição são tão lógicos, e fazem tanto sentido, que não tive nenhuma dificuldade em convencê-los da validade do que estamos fazendo. A única pergunta que não pude responder foi: "Por que vocês não fizeram isso antes?".

Acho que essa é sempre a pergunta que é feita diante de uma solução nova e de bom senso.

Será que sou muito paranoico com relação à venda de minhas empresas? Talvez o mundo tenha mudado e não seja mais tão influenciado por números a curto prazo como era antes. Se todos forem como as pessoas com que conversei hoje, acho que Bob e Stacey terão permissão para administrar suas empresas de seu modo.

Não, isso não está correto. É só uma tentativa de me persuadir de que é certo colaborar na venda das minhas empresas. Conheço muito bem as distorções decorrentes da pressão para se cumprir o orçamento. Essa pressão de trimestre a trimestre, de mês a mês, que força até os altos executivos mais prudentes a interferir. Se a venda das empresas se concretizar, Bob e Stacey não terão a menor chance. Tenho de encontrar uma forma de impedi-la.

Mas agora nem posso pensar nisso. Tenho algo urgente a fazer. Dentro de uma hora tenho de estar na suíte de Trumann.

Jogo minhas roupas na cama e vou para o chuveiro. Está quente aqui em Londres. Muito quente, em vários aspectos.

Não, não é o que você está pensando. Eles não têm intenção de me enforcar pelo que parece ser minha tentativa descarada de sabotar a venda. Há outra questão. Alex Rogo, o campeão mundial de se colocar em situações impossíveis, fez isso de novo.

Veja, quando a última reunião acabou, Doughty e Trumann realmente me colocaram contra a parede. Brandon disse:

– Alex, quero saber mais sobre esse novo sistema de distribuição.

– É apenas bom senso, nada mais que isso. – Tentei evitar o que estava vindo na minha direção.

– Apenas bom senso, nada mais que isso – Brandon repetiu, com sarcasmo. – Você já percebeu que sua solução é muito estranha? Na sua solução, as fábricas não são mais julgadas pelo que são tradicionalmente responsáveis: sua produção.

– Mas isso não significa – apressei-me em corrigir a impressão dele – que elas não sejam medidas com base em algo que esteja essencialmente sob seu controle. É responsabilidade das fábricas ter um estoque suficiente de cada item.

– O que apenas me leva ao próximo ponto – Brandon continuou. – Para reduzir estoques, você aumentou os estoques nas fábricas de menos de um dia para vinte dias. Além disso, para responder rapidamente às necessidades das lojas, você agora atrasa as entregas até o último minuto possível. Alex, permita-me dizer, tudo isso, cada detalhe, vai contra a prática comum.

Não sabia como responder a essa linha de ataque. Achei que eles tivessem entendido a solução da distribuição. Meu problema, eu achava, era que eles também entendiam o motivo de eu só ter contado isso a eles no último minuto.

Será que eu deveria começar a explicar a solução da distribuição desde o começo? Não. Os comentários deles nas reuniões indicaram claramente que eles tinham entendido completamente a solução. Então o que está acontecendo?

Com cautela, eu disse:

– Sim, nossa solução para a distribuição é contrária à prática comum. Mas é de bom senso.

– É exatamente isso que nos incomoda – observou Doughty.

Agora eu estava totalmente confuso.

– Como você fez isso? – Brandon Trumann perguntou. – O que permitiu que você ignorasse a tradição tão radicalmente? Mudar o que sempre foi feito a ponto de ser capaz de desenvolver um sistema tão simples e poderoso?

Então eles gostaram da nossa solução!

– Não fui eu que a desenvolvi. – Dei o crédito a quem merecia. – Foi Bob Donovan e o seu pessoal.

– E a solução de vendas para a sua empresa gráfica? A que torna possível você competir com as impressoras rápidas, pedindo preços maiores para grandes quantidades. Isso também não foi você quem fez, mas sim o Pete e a equipe dele?

– Sim, foi desenvolvido por eles – insisti.

Brandon não desistiu:

– E a mudança surpreendente na divisão de Vapor sob Pressão, que, em apenas um ano, fez com que parasse de ter prejuízos enormes e passasse a ter um pequeno lucro? Suponho que isso não foi feito por você, mas por Stacey e o pessoal dela.

– Exatamente.

– E a quem você vai atribuir as realizações fenomenais na sua antiga divisão?

Eu teria ficado lisonjeado se não fosse o tom de voz dele. Parecia que eles tinham algo contra mim.

– O que vocês querem? – perguntei finalmente.

– Não é óbvio? – Jim Doughty não foi menos agressivo. – Parece que você e seu pessoal têm um método, um sistema que os capacita a se livrarem das amarras das práticas comuns.

– Processos de Raciocínio que possibilitam construir e comunicar bom senso – ouvi-me repetindo as palavras de Jonah.

– É isso que achamos difícil de acreditar.

– E a outra alternativa – comecei a rir – é que sou um tipo de gênio da administração. Nessa é ainda mais difícil de acreditar.

Foi divertido. Realmente divertido.

Eles não pareciam estar se divertindo.

– Achamos difícil acreditar que você tem realmente um sistema, mas não podemos nos dar ao luxo de descartá-lo. – Jim estava sério.

Dei de ombros.

Ele olhou bem nos meus olhos e disse:

– Alex, você vai ter de nos mostrar isso.

E Brandon acrescentou:

– Francamente, não acreditei que você pudesse encontrar nenhum sentido naquela pilha de problemas que despejamos em você há dois dias. Não levei suas afirmações a sério, a afirmação de que você pode encontrar um só problema-raiz como causa de todos os problemas que listamos. Mas agora não tenho mais tanta certeza. Talvez você tenha um sistema desses, por mais estranho que possa parecer.

Então, em menos de uma hora tenho de ir à suíte de Trumann e mostrar a eles como achar o problema-raiz. Para isso terei de construir a Árvore da Realidade Atual do assunto mais envolvente com que já me deparei. Não tenho a menor chance.

Visto-me às pressas. Qual foi a última vez que construí uma Árvore da Realidade Atual? Usei todos os outros Processos de Raciocínio em muitos casos e ajudei Bob no trabalho da distribuição, mas a última vez que me defrontei com a construção de uma Árvore da Realidade Atual foi há mais de dois anos. Não tenho certeza nem se lembro das diretrizes de Jonah para fazer isso. Eu tinha de abrir minha boca. Como é que consigo me colocar nessas situações impossíveis?

Pego o guardanapo com os rabiscos de Brandon. A julgar pela caligrafia, ele deveria ser médico. Mal consigo decifrar o que ele escreveu. Primeiro terei de copiar tudo para ficar legível. Enquanto decifro, começo a ver algumas conexões. Talvez possa fazer algo com isso.

EFEITOS INDESEJÁVEIS

1. A concorrência está mais acirrada que nunca.
2. Há uma pressão crescente do mercado para reduzir preços.
3. Cada vez mais, os preços que o mercado está disposto a pagar não deixam margem suficiente.
4. Mais do que nunca o mercado pune os fornecedores cujo desempenho não está de acordo com as expectativas.
5. Os gerentes estão tentando administrar as suas empresas para atingir ótimos locais.
6. Várias funções na empresa culpam umas às outras pelo fraco desempenho.
7. Há uma pressão sem precedentes para se tomarem medidas que aumentem as vendas.
8. É necessário lançar novos produtos com uma frequência sem precedentes.
9. A introdução constante de novos produtos confunde e estraga o mercado.
10. A maioria dos novos pontos de venda e dos produtos novos/aperfeiçoados canibaliza as vendas dos pontos de venda/produtos existentes.
11. Uma grande parte da força de vendas existente não tem habilidade de vendas suficiente.
12. O pessoal de vendas está sobrecarregado.
13. A produção e a distribuição não melhoram de modo suficientemente rápido e significativo.
14. A engenharia não é capaz de entregar novos produtos com rapidez e confiabilidade suficientes.
15. As empresas não criam ideias inovadoras de marketing suficientes.

- 15 -

– O próximo passo – digo com segurança – é descobrir uma relação de causa e efeito entre pelo menos dois dos efeitos indesejáveis que estão na lista.

Bem que gostaria de estar tão seguro quanto pareço, mas pelo menos me lembro do próximo passo.

– Não importa quais? – pergunta Jim.

– Não. Diferentemente de outros métodos, a priorização dos efeitos indesejáveis não faz parte do processo.

– Isso é bom – ele diz. – Brandon e eu nunca concordaríamos em quais efeitos indesejáveis são mais devastadores. A propósito, dizer "efeitos indesejáveis" é muito comprido, não seria mais fácil chamá-los de problemas?

– Prefiro chamá-los de efeitos indesejáveis e usar a sigla EIs. De alguma forma acho que isso é uma descrição melhor.

Eles sorriem educadamente e se debruçam sobre a lista.

Estou encrencado. Não é uma questão de me lembrar dos passos, acho que me lembro de todos. É uma questão de executar todos meticulosamente. É muito difícil converter a intuição em verbalizações precisas. Nunca consegui construir uma Árvore da Realidade Atual sem passar por um período de fracassos. Agora tenho de fazer isso sob a vigilância de Trumann e Doughty. Espero que eles sejam pacientes, caso contrário vou acabar parecendo um completo idiota. De qualquer forma, tentar construir uma Árvore da Realidade Atual na frente deles não é a melhor maneira de impressioná-los; e tenho de impressioná-los.

– Como devemos fazer? – pergunta Brandon.

– Como devem fazer o quê?

– Como devemos fazer para encontrar uma relação de causa e efeito entre dois efeitos indesejáveis?

– É só revisar a lista e usar a sua intuição. As ligações surgirão em sua mente.

Então percebo que estou salvo. Eles estão dispostos a fazer o trabalho; eu serei o professor. Desta forma, qualquer confusão vai parecer ser deles, não minha. Até certo ponto, obviamente. Desde que sintam que estão fazendo algum progresso, que não estejam tentando a esmo.

"Deus me ajude", sussurro e mergulho em meu novo papel.

– Bem, algum de vocês encontrou pelo menos dois efeitos indesejáveis (EIs) que possam ser ligados?

– Sim, mais de um par – responde Brandon.

– Então, qual o problema? Diga quais são.

– Não me sinto muito confortável com qualquer ligação. Parecem muito fracas – ele diz.

Conheço muito bem essa sensação. Você examina a lista e muitas ligações aparecem em sua mente. Você tenta colocá-las no papel e nenhuma é substancial. Mas para lidar com isso Jonah me ensinou as categorias de ressalvas legítimas. Isso significa converter uma ligação intuitiva em algo tão sólido que todos se referirão a ela como bom senso.

– Não se preocupe – digo, encorajando Brandon –, dê-me um par, qualquer par.

– Parece-me – ele começa hesitante – que o fato de que "Há uma pressão sem precedentes para se tomarem medidas que aumentem as vendas" leva ao fato de que "É necessário lançar novos produtos com uma frequência sem precedentes". Mas não me sinto confortável com isso. Não que não esteja correto, mas...

Pego dois *post-its* amarelos. Em um escrevo seu primeiro EI, o EI número sete, o que fala da pressão para aumentar as vendas, e no outro escrevo o segundo EI, o que fala da necessidade de lançar novos produtos. Colo os dois em uma grande folha de papel branca e ligo-os com uma flecha.

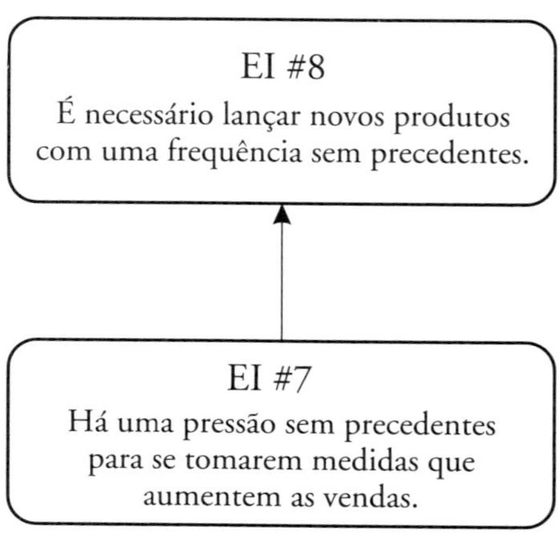

– Está faltando um pouco de clareza – concordo. – Esses dois efeitos parecem estar ligados por uma flecha muito longa.

– Uma flecha transatlântica. – Doughty ri.

– Tente esclarecer a ligação de causa e efeito inserindo um passo intermediário – aconselho Brandon.

Como isso não funciona, tento de novo:

– Qual a ligação entre a pressão para aumentar as vendas e o lançamento de novos produtos?

– Não é óbvio? – Ele parece surpreso. – A pressão para aumentar vendas se traduz em pressão para desenvolver novos produtos, que então têm de ser lançados no mercado.

– Faz sentido – digo, e em um terceiro *post-it* escrevo: "Há uma pressão sem precedentes para se desenvolverem prontamente novos produtos". Colo o novo *post-it* na folha de papel branca, entre os outros dois. Todos nós examinamos o resultado.

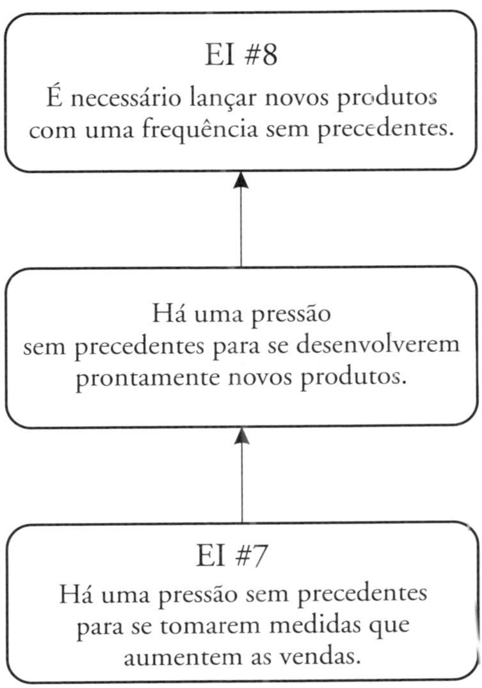

– Faz mais sentido – concorda Doughty. – Mas ainda está faltando algo.

– Sim, chamamos isso de "insuficiência". Então deixem-me acrescentar o que acho que está faltando.

Eles esperam, enquanto escrevo outra nota e a colo ao lado da que está embaixo. Leio o que acabei de incluir:

– "Uma das formas mais eficazes de aumentar as vendas é desenvolver produtos novos e aperfeiçoados." Concordam?

Eles concordam.

– Então, se "Há uma pressão sem precedentes para se tomarem medidas que aumentem as vendas" e "Uma das formas mais eficazes para se aumentarem as vendas é desenvolver produtos novos e aperfeiçoados" – leio a nota intermediária –, "Há uma pressão sem precedentes para se desenvolverem prontamente novos produtos". Agora, se "Há uma pressão sem precedentes para se desenvolverem prontamente produtos novos e aperfeiçoados", então, em pouco tempo, "É necessário lançar novos produtos com uma frequência sem precedentes". E agora, como está?

Eles gostaram.

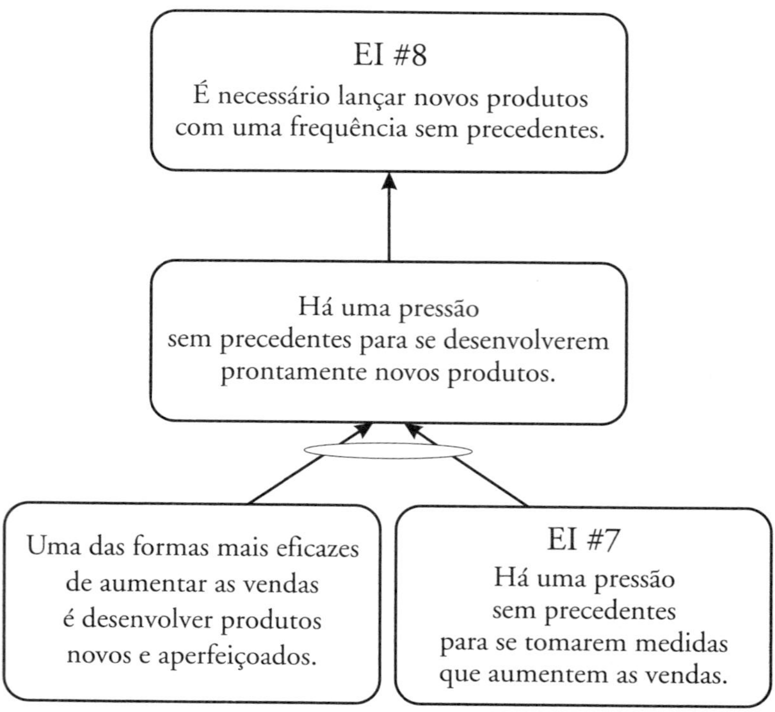

Eu não gosto.

– Meus caros – digo –, algo ainda está errado. Em quase todas as indústrias há uma pressão sem precedentes para se tomarem medidas que aumentem as vendas, mas apenas algumas indústrias estão lançando novos produtos com uma frequência sem precedentes.

– Não concordo – interrompe Brandon. – Quase toda indústria está lançando novos produtos com uma frequência maior que nunca. Até os bancos estão constantemente criando novos programas.

– Há uma diferença – observa Jim. – Será que realmente podemos comparar o que está acontecendo em indústrias como as de cosméticos, tacos de golfe ou qualquer coisa relacionada com artigos eletrônicos com o que acontece nos bancos? Nessas indústrias a vida média de um produto é menos de dois ou até de um ano. Elas têm de substituir quase todos os seus produtos a cada dois anos. É isso que eu chamo de frequência sem precedentes.

– Acho que você tem razão – concorda Brandon.

– Estão vendo o problema? – digo. – Na base da árvore temos afirmações que estão certas para toda a indústria. No topo da árvore temos uma conclusão que é correta apenas para algumas indústrias. Está faltando algo na base da árvore – concluo. – Logo, se queremos que a árvore fique correta, temos de acrescentar na sua base o elemento que só existe para algumas indústrias, que possibilita que elas desenvolvam novos produtos em um ritmo tão frenético.

Finalmente digo:

– Deixem-me sugerir algo – e acrescento um outro *post-it* à base da árvore: "Há indústrias nas quais o rápido desenvolvimento de novos materiais possibilita o desenvolvimento de novos produtos".

– Ele está certo – observa Jim, pensativo. – Um engenheiro eletrônico medíocre que trabalhe com os componentes hoje disponíveis produzirá um produto muito melhor que o melhor dos engenheiros poderia fazer há dez anos. Então, o que vamos fazer com isso? Como vamos corrigir nossa árvore?

– Como porcos-espinhos fazendo amor, com muito cuidado – respondo. – Primeiro precisamos arrumar um nome para essas indústrias especiais. Vamos chamar as indústrias nas quais o rápido desenvolvimento de novos materiais possibilita o desenvolvimento de novos produtos de "indústrias de materiais avançados", para não perder tempo.

– Agora temos de reler o que escrevemos e fazer as correções necessárias. Se "Há indústrias nas quais o rápido desenvolvimento de novos materiais possibilita o desenvolvimento de novos produtos; indústrias de materiais avançados", e "Uma das formas mais eficazes para se aumentarem as vendas é desenvolver produtos novos e aperfeiçoados" e se "Há uma pressão sem precedentes para se tomarem medidas que aumentem as vendas", então "Nas indústrias de materiais avançados há uma pressão sem precedentes para se desenvolverem prontamente produtos novos e aperfeiçoados".

– É comprido, mas faz perfeito sentido. – Brandon está satisfeito. – Vamos corrigir a primeira afirmação.

Como já sei que a caligrafia dele não é muito legível, prefiro eu mesmo fazê-lo. Agora a afirmação de cima diz: "Nas indústrias de materiais avançados é necessário lançar novos produtos com uma frequência sem precedentes".

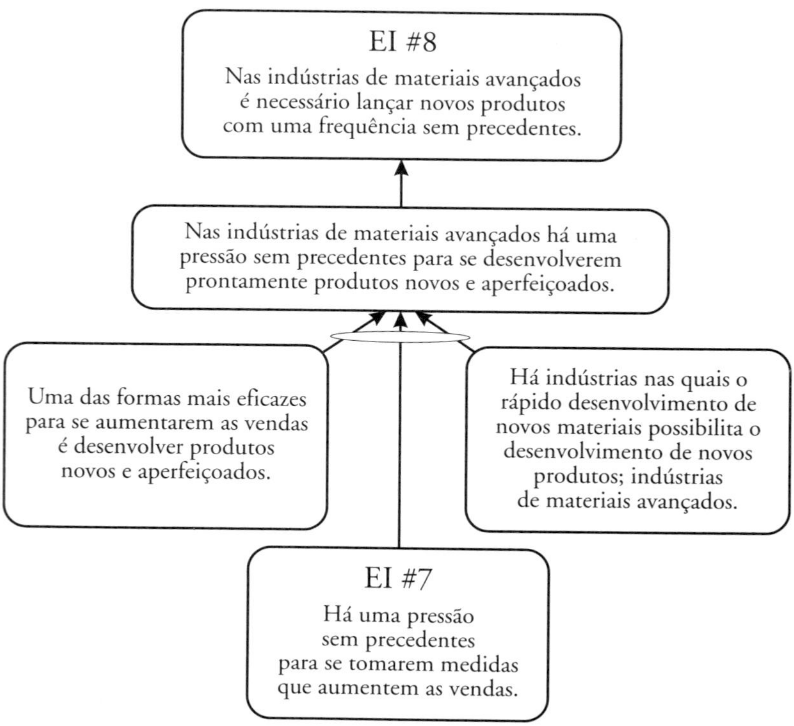

– Até agora é só bom senso, nada mais – diz Doughty.

Controlo-me para não o relembrar de que até há poucos minutos tínhamos muitas ressalvas em relação a esse "bom senso".

– Bom senso? De modo algum – Brandon não perdoa. – Se isso fosse apenas bom senso, como é que eu não concordei com a forma como escrevemos inicialmente a primeira flecha e levamos quase meia hora para chegar a este estágio?

– Está bem, está bem – desculpa-se Jim. – Eu não disse que construir bom senso era fácil. Mas, Alex, qual é o próximo passo? Até agora ligamos apenas dois dos EIs, ainda temos mais treze para ligar.

– Esse é exatamente o próximo passo – informo. – Temos um núcleo sólido, temos de ligar todos os outros EIs a ele. Mas, devagar, esse processo não pode ser apressado. Que outro EI podemos ligar facilmente?

– O próximo da lista – responde Brandon. – "A introdução constante de novos produtos confunde e estraga o mercado."

Eu confiro isso.

– Se "Nas indústrias de materiais avançados é necessário lançar novos produtos com uma frequência sem precedentes", então "Nas indústrias de materiais avançados a constante introdução de novos produtos confunde e estraga o mercado". Isso se encaixa. – Adiciono à árvore.

– E o EI número doze – sugere Jim. – "A força de vendas está sobrecarregada". Parece que poderíamos ligá-lo facilmente.

Bem, não foi tão fácil assim. Depois de várias tentativas e erros, descobrimos o motivo. Esse EI não era proveniente de um único lugar na nossa árvore, mas de uma combinação de duas razões. Quando finalmente acabamos, ele estava ligado desta forma: Se "Há uma pressão sem precedentes para se tomarem medidas que aumentem as vendas", então "Há pressão sobre o pessoal de vendas para realizar mais vendas". Por si só, isso não é suficiente para justificar uma sobrecarga, mas, além disso, há outra coisa demandando o tempo deles. Se "Nas indústrias de materiais avançados há uma pressão sem precedentes para se desenvolverem prontamente produtos novos e aperfeiçoados", então "Nas indústrias de materiais avançados o pessoal de vendas tem de conhecer novos produtos com uma frequência sem precedentes". Agora podemos colocar tudo isso junto. Ficou claro por que "Na indústria de materiais avançados o pessoal de vendas está sobrecarregado".

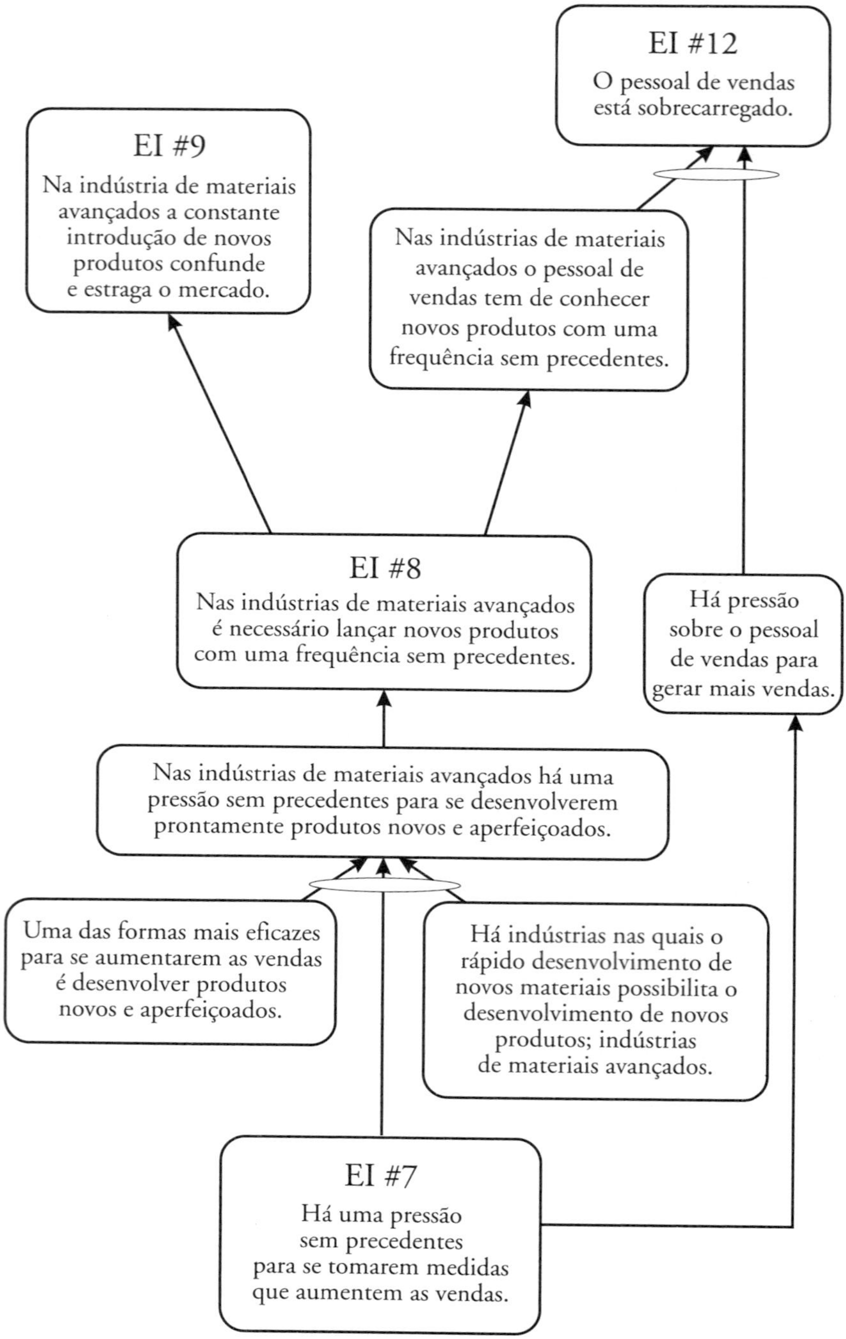
EI #12
O pessoal de vendas está sobrecarregado.
EI #9
Na indústria de materiais avançados a constante introdução de novos produtos confunde e estraga o mercado.
Nas indústrias de materiais avançados o pessoal de vendas tem de conhecer novos produtos com uma frequência sem precedentes.
EI #8
Nas indústrias de materiais avançados é necessário lançar novos produtos com uma frequência sem precedentes.
Há pressão sobre o pessoal de vendas para gerar mais vendas.
Nas indústrias de materiais avançados há uma pressão sem precedentes para se desenvolverem prontamente produtos novos e aperfeiçoados.
Uma das formas mais eficazes para se aumentarem as vendas é desenvolver produtos novos e aperfeiçoados.
Há indústrias nas quais o rápido desenvolvimento de novos materiais possibilita o desenvolvimento de novos produtos; indústrias de materiais avançados.
EI #7
Há uma pressão sem precedentes para se tomarem medidas que aumentem as vendas.

– E as indústrias comuns, aquelas em que os materiais avançados não as obrigam a entrar na corrida frenética por novos produtos? – Penso em voz alta. – Não podemos negligenciá-las.

– Como já ressaltei – diz Brandon –, mesmo para essas indústrias o ponto de partida ainda é válido. Elas também estão sob uma pressão sem precedentes para aumentar as vendas.

– Conhecemos o resultado imediato dessa pressão – Jim continua –, sabemos disso muito bem. Não vamos esquecer que um "método" tradicional desesperado para se conseguir um pedido é reduzir o preço. Alex, o que devemos fazer quanto a isso? Pensei que só devíamos nos concentrar em associar outros EIs à nossa árvore.

– Sim, e não há contradição. – Adiciono mais dois *post-its* e leio o resultado. – Se "Há uma pressão sem precedentes para se tomarem medidas que aumentem as vendas" e se "Um método tradicional desesperado para conseguir vendas é reduzir os preços", então "Há uma pressão crescente no mercado para reduzir preços". Olá, EI número dois, seja bem-vindo à festa!

– E, infelizmente, esse EI está correto para quase todas as indústrias – Brandon suspira.

– Penso – Jim intervém – que acabamos de chegar ao EI número um: "A concorrência está mais acirrada que nunca". O que acirra mais a concorrência que uma guerra de preços? Coloque em cima disso a guerra tecnológica, o lançamento de novos produtos com uma frequência sem precedentes, e você chega ao cerne da questão. É isso que vemos à nossa volta, exatamente isso.

Não me apresso em acrescentar isso à árvore. Brandon também parece cético.

– Qual é o problema? – Jim nos pressiona. – Vocês não acham que a pressão para reduzir os preços, especialmente quando ela acontece em conjunto com a corrida insana para introduzir novos produtos, é a causa da competição acirrada que vemos em todo lugar?

– Sim, achamos – Brandon admite com relutância. – Mas...

– Mas o quê?

– Mas eu achava que o fato de a concorrência estar mais acirrada que nunca fosse a causa de que "Há uma pressão sem precedentes para se tomarem medidas que aumentem as vendas".

– Humm, entendo o que você está dizendo. – Jim se volta para mim. – O que é que devemos fazer agora?

– Qual é o problema? – finjo não entender.

– O problema é que, segundo Jim – Brandon explica pacientemente –, o EI número um é o resultado do que escrevemos e que, por isso, deveria estar no topo da árvore. Mas de acordo com o que eu disse, o EI número um é a causa do nosso ponto de partida e, portanto, deveria estar bem na raiz da árvore.

– Brandon, você concorda com o raciocínio do Jim?

Ele leva algum tempo pensando e então concorda.

– Jim, você concorda com o raciocínio do Brandon?

– Sim, concordo.

– Então qual é o problema? O EI número um deve aparecer tanto no topo quanto na raiz. Ele está em um ciclo que se autoalimenta – digo calmamente.

– Mas se algo se autoalimenta – Brandon tenta digerir a ideia –, se há um ciclo, então os efeitos deveriam ficar cada vez mais intensos.

– Exatamente. Não é isso que vemos na realidade? Veja as expressões que usamos nos EIs: "pressão sem precedentes", "frequência sem precedentes", "mais acirrada que nunca". Elas mostram até que ponto esses efeitos já estão chegando. Além disso, veja o último EI que ligamos: "Há uma pressão crescente no mercado para reduzir preços". Isso não implica um processo ainda em andamento? Na verdade, por causa da escolha de palavras, eu já suspeitava, desde o início, que houvesse um ciclo. Isso não é tão raro assim. Ao contrário, em qualquer assunto complexo sempre encontrei pelo menos um ciclo devastador.

Eles acrescentam o ciclo à árvore e a releem. Provavelmente isso lhes dá um entendimento mais profundo da situação atual e, sem demora, Jim e Brandon começam a discutir o futuro resultado plausível.

Sou muito mais lento. Ainda estou examinando a árvore. Quando termino, começo de novo e percebo que há uma deficiência no que eles acrescentaram. A concorrência, por si só, não é suficiente para causar a pressão sem precedentes para aumentar as vendas. Deve existir um fator adicional. Algo que afirme que as empresas estão achando difícil competir, e a maioria tem medo de retroceder. Enfatizo isso para Brandon e Jim, mas eles tentam ignorá-lo como algo trivial, algo óbvio demais para ser mencionado.

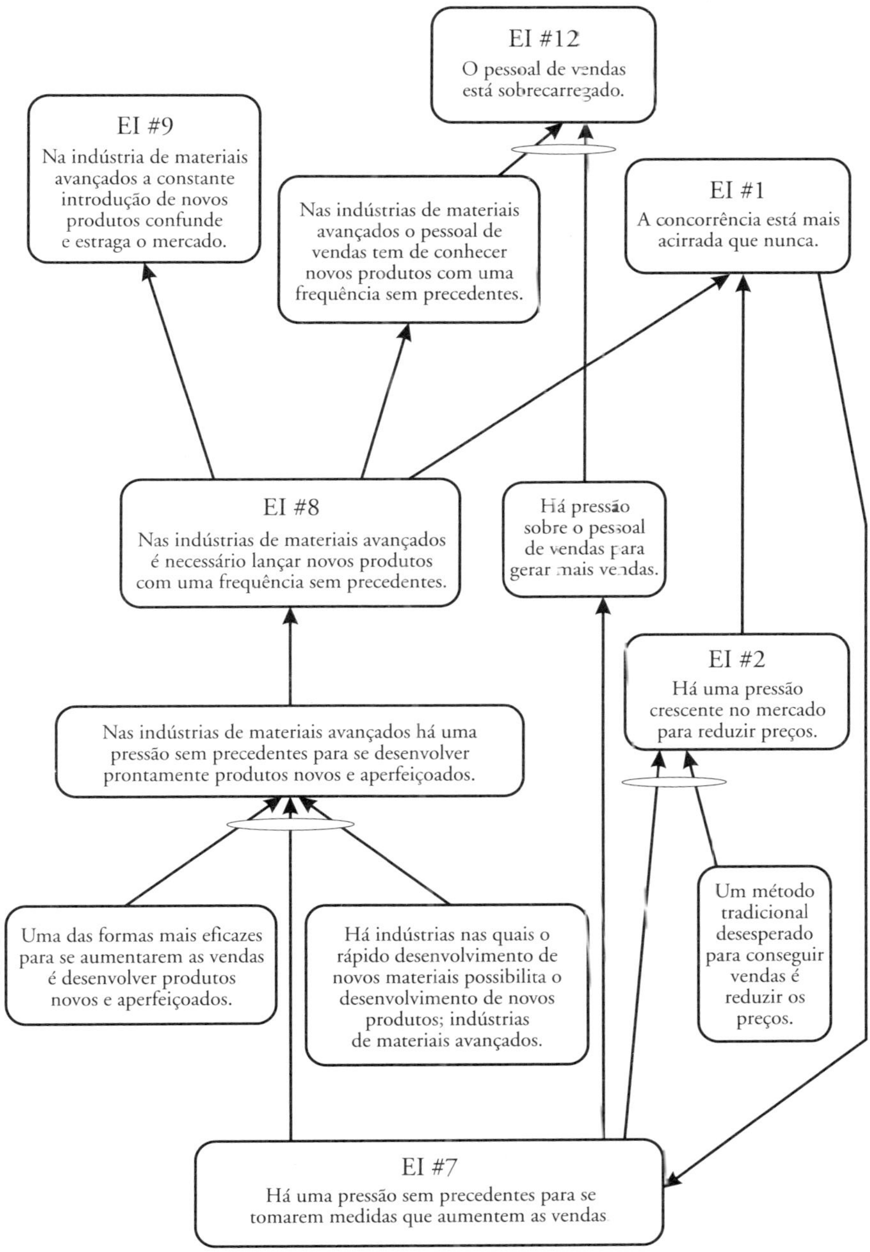
EI #12
O pessoal de vendas está sobrecarregado.
EI #9
Na indústria de materiais avançados a constante introdução de novos produtos confunde e estraga o mercado.
Nas indústrias de materiais avançados o pessoal de vendas tem de conhecer novos produtos com uma frequência sem precedentes.
EI #1
A concorrência está mais acirrada que nunca.
EI #8
Nas indústrias de materiais avançados é necessário lançar novos produtos com uma frequência sem precedentes.
Há pressão sobre o pessoal de vendas para gerar mais vendas.
EI #2
Há uma pressão crescente no mercado para reduzir preços.
Nas indústrias de materiais avançados há uma pressão sem precedentes para se desenvolver prontamente produtos novos e aperfeiçoados.
Uma das formas mais eficazes para se aumentarem as vendas é desenvolver produtos novos e aperfeiçoados.
Há indústrias nas quais o rápido desenvolvimento de novos materiais possibilita o desenvolvimento de novos produtos; indústrias de materiais avançados.
Um método tradicional desesperado para conseguir vendas é reduzir os preços.
EI #7
Há uma pressão sem precedentes para se tomarem medidas que aumentem as vendas

Minha experiência em construir Árvores da Realidade Atual me ensinou até que ponto é perigoso desconsiderar esses tipos de "trivialidades". Geralmente são elas que nos permitem ligar todos os EIs para formar um quadro coerente. Na maioria das vezes também são elas que permitem soluções realmente inovadoras. Meu problema é que juntar todas as trivialidades aparentes também pode levar à paralisia. Você começa a juntá-las, uma após outra, e esquece que o propósito de todo esse esforço é encontrar uma solução que possa fazer uma grande diferença real.

Devo acrescentar isso ou não? Reexamino a lista de EIs e encontro a resposta para meu dilema. O fator adicional que estou hesitando em acrescentar já está na lista. Pego alguns *post-its* e começo a escrever. Estou quase terminando quando Jim e Brandon acabam a conversa sobre as ramificações do ciclo.

Brandon lê em voz alta o que estou acrescentando:

– Se "A produção e a distribuição não melhoram de modo suficientemente rápido e significativo" e "As empresas não criam ideias inovadoras de marketing suficientes" e "A engenharia não é capaz de entregar novos produtos com rapidez e confiabilidade suficientes", então "As empresas não estão progredindo com a rapidez necessária". Se "As empresas não estão progredindo com a rapidez necessária" e "A concorrência está mais acirrada que nunca", então "As empresas não estão atingindo as suas metas financeiras estabelecidas". Correto.

– Aqui há outra entrada. – Ele continua a ler. – "As empresas já cortaram todos os custos que podem cortar." Não tenho certeza, mas vamos ver onde você vai pôr isso. Se "As empresas não estão atingindo as suas metas financeiras" e "As empresas já cortaram todos os custos que podem cortar", então "Há uma pressão sem precedentes para se tomarem medidas que aumentem as vendas". Você acertou na mosca. Você não acha, Jim?

Em vez de responder, Jim observa:

– Na raiz da árvore temos três EIs, todos indicando a incompetência dos gerentes. Eu não precisava da árvore para me dizer que esse era o problema-raiz. Para mim isso era óbvio desde o começo.

– Jim, você não está sendo justo. – Brandon está incomodado com o comentário.

Eu sou mais direto:

– Jim, de repente todos os gerentes ficaram incompetentes? O que é isso? Para mim, o que você disse combina mais com o EI número seis:

"Várias funções na empresa culpam umas às outras pelo fraco desempenho". Você pode fazer a ligação formal com a nossa árvore?

– Vou tentar. – Ele retribuiu o sorriso.

Enquanto ambos lutam com isso, dou uma olhada na lista tentando encontrar um EI que possa ser uma explicação alternativa para a sugestão de incompetência feita por Jim. O EI número cinco chama a minha atenção imediatamente: "Os gerentes estão tentando administrar suas empresas para atingir ótimos locais". Decido esperar por Jim e Brandon.

Quando eles acabam, pergunto:

– Por que vocês acham que a maioria dos sistemas de distribuição não melhora com rapidez suficiente nem significativamente?

Com um tom um pouco jocoso, Jim responde:

– Porque eles não desenvolveram a solução que você e seu pessoal implementaram na I Cosméticos.

– Essa solução não é mais que bom senso. O que vocês acham que os impediu de desenvolvê-la sozinhos? Deixem-me fazer uma pergunta ainda mais difícil. Em qualquer empresa que conheçam, vocês acham que seria fácil para um gerente convencer a empresa a adotar um sistema desses?

Isso os faz parar um pouco. Brandon é o primeiro a responder:

– Não. Seria muito difícil. Como eu já disse, o seu sistema exige uma mudança na avaliação interna das fábricas. Não é fácil conseguir um consenso para essa mudança.

– E a distorção da contabilidade de custos que traduz uma redução de estoques em uma grande perda artificial? Vocês sabem que por causa dessa distorção eu pensei em reverter a implementação de Bob?

– Não culpo você – diz Brandon. – Hoje de manhã, eu quase sugeri isso.

– Se vocês concordam com isso, o que acham do seguinte? Vou começar com uma afirmação genérica: "Para cada modo de operação, os gerentes desenvolvem medidas adequadas".

Como eles concordam, continuo:

– Se "Os gerentes estão tentando administrar suas empresas para atingir ótimos locais" e "Para cada modo de operação, os gerentes desenvolvem medidas adequadas", então "Há medidas importantes que focam o ótimo local, por exemplo, as medidas baseadas na contabilidade de custos". Vocês concordam?

– Finalmente! – exclama Jim.

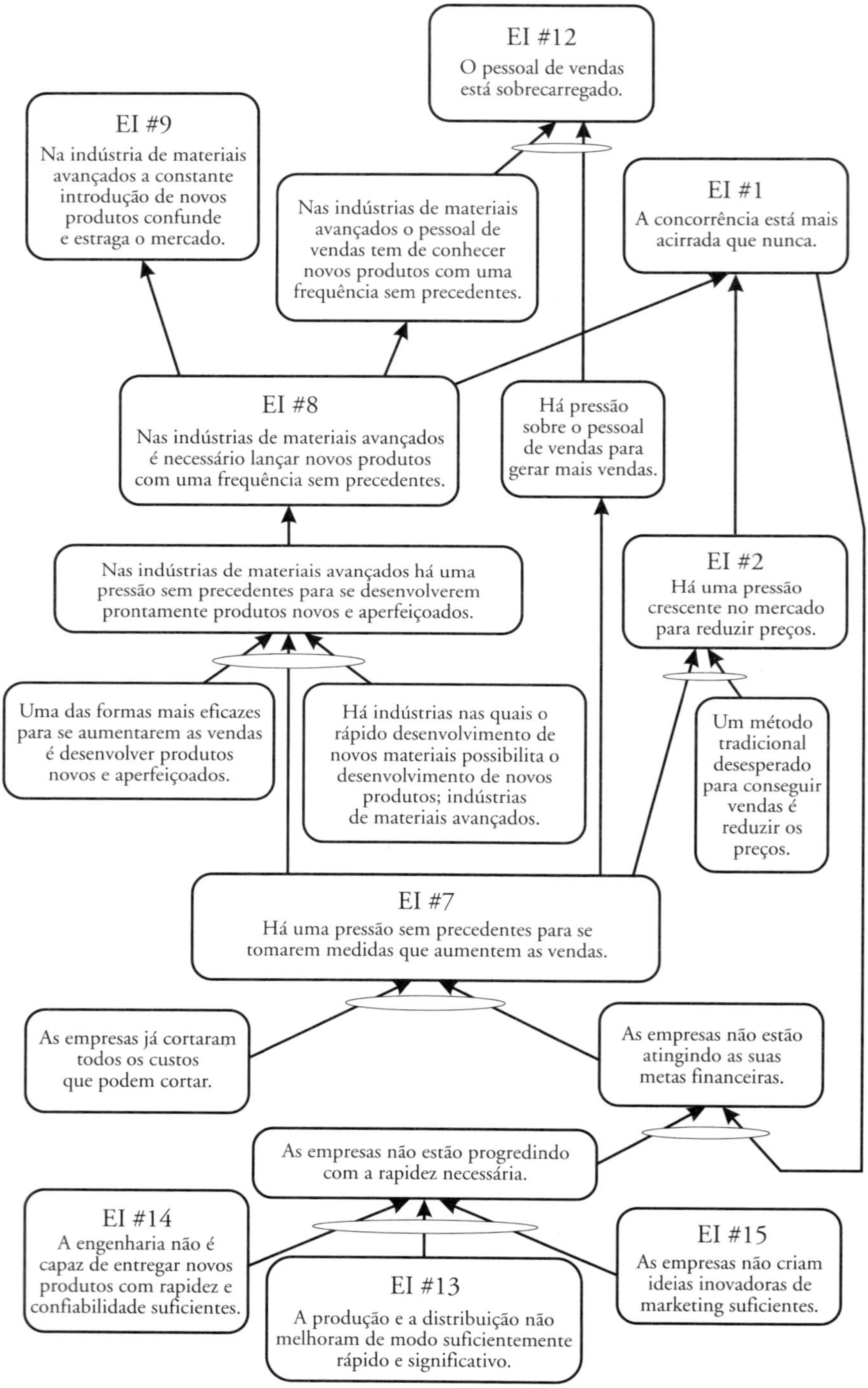
EI #12
O pessoal de vendas está sobrecarregado.
EI #9
Na indústria de materiais avançados a constante introdução de novos produtos confunde e estraga o mercado.
Nas indústrias de materiais avançados o pessoal de vendas tem de conhecer novos produtos com uma frequência sem precedentes.
EI #1
A concorrência está mais acirrada que nunca.
EI #8
Nas indústrias de materiais avançados é necessário lançar novos produtos com uma frequência sem precedentes.
Há pressão sobre o pessoal de vendas para gerar mais vendas.
EI #2
Há uma pressão crescente no mercado para reduzir preços.
Nas indústrias de materiais avançados há uma pressão sem precedentes para se desenvolverem prontamente produtos novos e aperfeiçoados.
Uma das formas mais eficazes para se aumentarem as vendas é desenvolver produtos novos e aperfeiçoados.
Há indústrias nas quais o rápido desenvolvimento de novos materiais possibilita o desenvolvimento de novos produtos; indústrias de materiais avançados.
Um método tradicional desesperado para conseguir vendas é reduzir os preços.
EI #7
Há uma pressão sem precedentes para se tomarem medidas que aumentem as vendas.
As empresas já cortaram todos os custos que podem cortar.
As empresas não estão atingindo as suas metas financeiras.
As empresas não estão progredindo com a rapidez necessária.
EI #14
A engenharia não é capaz de entregar novos produtos com rapidez e confiabilidade suficientes.
EI #13
A produção e a distribuição não melhoram de modo suficientemente rápido e significativo.
EI #15
As empresas não criam ideias inovadoras de marketing suficientes.

E Brandon explica:

– Fomos avisados que antes do final da viagem você iria encher nossos ouvidos com ataques ferozes contra a contabilidade de custos. Algumas pessoas até dizem que você chama a contabilidade de custos de "inimiga número um da produtividade".

– Isso não é uma brincadeira. – Estou irritado. – Todas as melhorias que iniciei na produção e na engenharia iam contra todas as medidas da contabilidade de custos. Eficiência; variações; custo do produto; qualquer uma. Eu tive de violar todas. Foi a única forma de melhorar as empresas. Tenho de dizer que mais de uma vez arrisquei meu pescoço. Se não fosse a velocidade com que nossas mudanças melhoraram o resultado final, eu não estaria sentado aqui com você agora.

– Continue. – Brandon dá um tapinha no meu ombro. – Concordamos plenamente.

Ainda um pouco irritado, decido voltar à árvore.

– Aqui temos outra faceta da mesma coisa: "Muitas medidas necessárias para melhorar o *lead time**, a confiabilidade, a qualidade, o tempo de resposta e o serviço não economizam custos e/ou aumentam os custos a curto prazo". Antes de vocês perguntarem, quero esclarecer que me refiro a "custo" no sentido tradicional. A forma como é medido pelos contadores de custos nas fábricas.

– Infelizmente, não discordamos de você em nada – Brandon me assegura. – Examinamos minuciosamente o que você fez na sua antiga divisão e temos de concordar. Você realmente violou todas as medidas locais e, ao mesmo tempo, tudo o que você implementou foi de bom senso. Nosso único problema é a morosidade com que suas melhorias são implementadas por outras pessoas na UniCo. Mas continue, vamos ver aonde você quer chegar.

– Agora é só uma questão de juntar tudo. Se "Há medidas importantes que focam o ótimo local, por exemplo, medidas baseadas na contabilidade de custos" e se "Muitas medidas necessárias para melhorar o *lead time*, a confiabilidade, a qualidade, o tempo de resposta e o serviço não economizam custos e/ou aumentam os custos a curto prazo", então

* *Lead time*: período entre a programação e o acabamento do produto. (N. do T.)

"A produção e a distribuição não melhoram de modo suficientemente rápido e significativo" e também "A engenharia não é capaz de entregar novos produtos com rapidez e confiabilidade suficientes". O meu dilema é como derivar disso o terceiro membro do mesmo grupo: "As empresas não criam ideias inovadoras de marketing suficientes". Meu instinto diz que ele está ligado de alguma forma ao que acabamos de ver.

– Acho que você tem razão – concorda Jim. – E acho que o EI número três está envolvido de alguma forma nessa ligação.

Verifico a lista para ver o que é o EI número três. É o seguinte: "Cada vez mais, os preços que o mercado está disposto a pagar não deixam margem suficiente". Ele tem razão; qual é a diferença entre margem e custo do produto? Um é simplesmente o preço menos o outro. Se o conceito de custo do produto estiver errado nas operações, talvez o conceito de margem também possa ser prejudicial no marketing.

Brincamos um pouco com isso, mas não chegamos a nenhuma conclusão definitiva.

É quase meia-noite, e quatro EIs ainda não estão ligados:

EI 3: Cada vez mais, os preços que o mercado está disposto a pagar não deixam margem suficiente.

EI 4: Mais que nunca o mercado pune os fornecedores cujo desempenho não está de acordo com as expectativas.

EI 10: A maioria dos novos pontos de venda e a maioria dos produtos novos/aperfeiçoados canibalizam as vendas dos pontos de venda/produtos existentes.

EI 11: Uma grande parte da força de vendas existente não tem habilidade de venda suficiente.

Brandon se levanta e espreguiça.

– Acho que por hoje já chega, vocês não acham?

– Sim – concordo depressa.

– Alex – Jim ainda quer algo de mim –, amanhã você tem de se juntar a nós só para a reunião do meio-dia. Você vai continuar a trabalhar nisso amanhã de manhã?

– Claro. – Suspiro. – Prometi que antes de voltar aos Estados Unidos eu encontraria o problema-raiz que é a causa de todos os EIs.

– Sim, você prometeu. E agora acredito que pode conseguir.

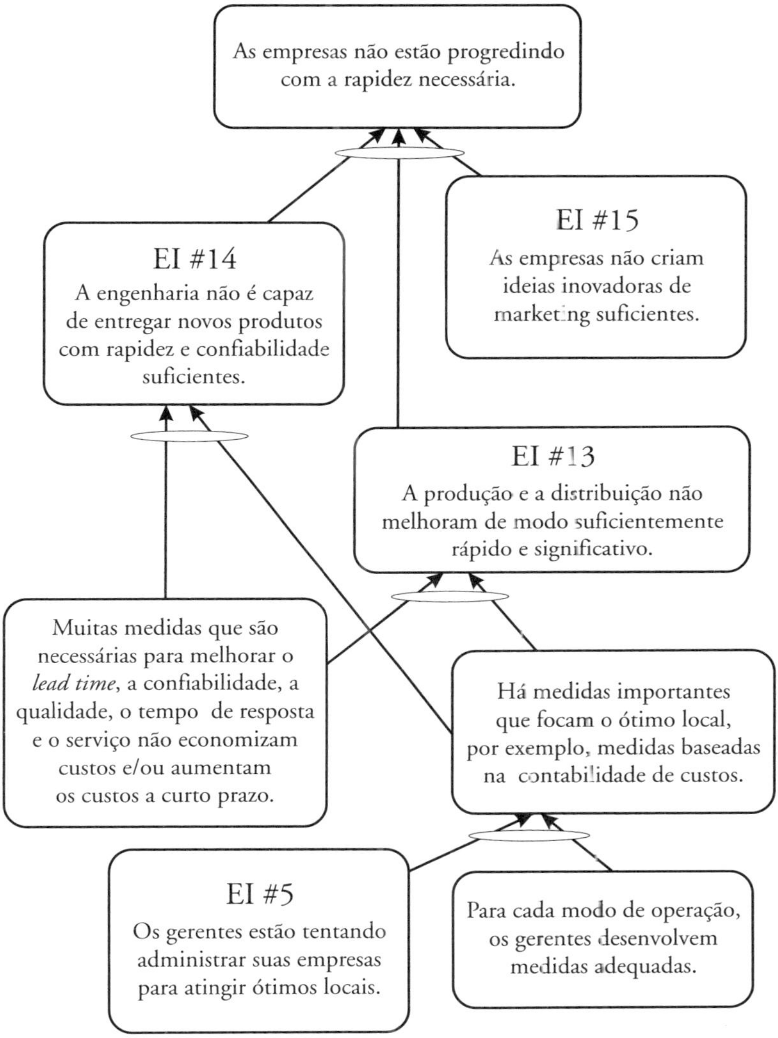

De volta ao meu quarto tento continuar, mas estou muito cansado. Já passa da meia-noite, o que quer dizer que já passa das sete da noite em casa. Julie ainda não deve ter chegado em casa, mas desde que viajei ainda não falei com as crianças. Faço a ligação.

Foi uma ligação bem curta. Quantas vezes podemos perguntar: "Está tudo bem? Como você está? Como vão as coisas? Quais são as novidades?". Quando voltar para casa vou inventar alguma coisa para conversar com meus filhos. Isso é ridículo.

- 16 -

O trânsito é como uma previsão de vendas, você nunca consegue prevê-lo com precisão. Sabendo que Londres é ainda mais congestionada que Nova York, apressamos o fim da última reunião; ninguém quer arriscar perder o voo de volta para casa. Então, agora, estamos esperando no aeroporto de Heathrow com mais de três horas de antecedência.

A sala de espera da primeira classe no Terminal 4 é a melhor em que já estive. Uma grande variedade de drinques, um sortimento impressionante de pequenos sanduíches de formatos graciosos, bolos que parecem deliciosos, e é tudo de graça.

Então por que estou reclamando? Será que preferia ainda estar preso no congestionamento do trânsito? As pessoas são estranhas. Se a realidade não retratar suas expectativas, se a precaução que tomaram torna-se desnecessária, elas se sentem desapontadas. Conheço até pessoas que reclamam de nunca ter recebido seu seguro de vida.

Acho que as pessoas merecem o que recebem. Agora mesmo tivemos uma verdadeira razão para reclamar: anunciaram que o nosso voo está atrasado por causa de um problema mecânico. Daqui a uma hora darão mais informações. É claro que já vi esse filme antes, é assim que os piores atrasos geralmente começam.

Julie afirma que você sempre pode transformar um problema em uma oportunidade. Bom, não este. Na verdade, eu posso. Não estou contente com o presente que comprei para ela. É um belo suéter de *cashmere*, mas não encontrei uma cor que combinasse com seu tom de pele. Havia planejado dar uma olhada nas lojas essa manhã, mas em vez disso trabalhei na árvore de Jim. Agora tenho algum tempo e dizem que há boas joalherias neste terminal. Talvez consiga encontrar algo que grite "compre-me".

De volta à sala de espera, com um bracelete de platina singular e um buraco na minha conta bancária, estou relaxando com uma garrafa de cerveja gelada. Apesar de tudo, essa viagem acabou saindo bem melhor do que eu esperava. Com certeza causei uma boa impressão a Brandon e Jim. As negociações para a empresa de Bob estão indo melhor do que eu poderia esperar; provavelmente vamos conseguir um bom preço por ela. A situação com a divisão de Stacey não está clara, mas a melhor coisa aconteceu com a empresa de Pete. Nós nem falamos sobre ela e nem vamos falar até que a poeira abaixe.

O que será que está acontecendo lá? Esta manhã Pete ia ter uma reunião com um dos seus compradores. Será que o otimismo dele é justificado? Será que ele interpretou corretamente a reação inicial? Será que não foi apenas uma maneira educada de dizer que sua oferta não foi compreendida?

– Pete já voltou? – pergunto à sua secretária.

– Sim, sr. Rogo, um momento.

– Oi, Alex, como estão as coisas do outro lado do oceano? – Pete parece alegre... mas é assim que ele se comporta quando tem de disfarçar uma grande decepção.

– Pete, como foi a reunião?

– Melhor que o esperado.

Sinto meus músculos relaxarem. Só agora tenho consciência de quanto arrisquei. Se a ideia de Pete tivesse dado em nada, eu estaria em um beco sem saída. Brandon e Jim sem dúvida teriam pensado que eu havia inventado tudo isso deliberadamente para sabotar a venda. Sinto um calafrio.

Calmamente, peço mais detalhes.

– Nós fomos até lá. Explicamos todos os detalhes, fiz mais uma concessão de US$ 22 mil, e ele assinou o negócio. – Pete fala como se fizesse coisas desse tipo pelo menos três vezes por dia.

Não tem importância. Todo mundo tem direito de se gabar um pouco. Especialmente quando há uma boa razão para isso.

– Vai me dizer qual o tamanho do pedido?

– Assinamos o contrato baseado nas estimativas de todas as suas necessidades para o resto do ano. Isso dá um total de US$ 634 mil, mais adições para cada novo projeto. Mas, para esses, tive de prometer um prazo de produção de cinco dias. Esse foi o último prego... na carruagem do casamento.

– Você vai ter algum problema para conseguir essa resposta tão rápida?

– Não de acordo com o meu gerente da pré-impressão. Ele afirma que pode fazer isso em quatro dias sem nenhum problema.

– Ótimo.

Mas tenho de continuar perguntando:

– E o outro comprador, o que você pretendia visitar amanhã? Alguma notícia desse negócio?

– Bom, temos falado constantemente por telefone – ele responde. – Ele liga toda hora para acrescentar mais alguma coisa à cotação. Provavelmente envolveu o departamento de marketing no assunto. Está nos deixando malucos, mas não estou reclamando. De modo algum.

Nem eu.

– Pete, não se esqueça de que não queremos ficar nas mãos de poucos clientes grandes.

– Sim, é isso que estamos discutindo agora. É importante, pois determina quais os clientes potenciais que devemos procurar. Do jeito que as coisas estão, com a nossa "oferta mafiosa", podemos ganhar quem quisermos.

Ele está voando. No lugar dele eu também estaria. É melhor ir visitá-lo na semana que vem. Com tanto sucesso, ele pode não perceber algum risco. Enquanto a venda da empresa estiver nos ameaçando, não podemos nos permitir nenhum deslize.

Bom. Realmente muito bom. Informo Brandon e Jim. Eles estão tão satisfeitos quanto eu. Fazemos um brinde a Pete e sua equipe.

– Vocês estão prontos para ver o que aconteceu com nossa árvore? – Pego a grande folha de papel que estava dobrada e desdobro-a sobre a mesa.

– Mais boas notícias? – Brandon puxa sua cadeira para perto da minha.

– Acho que sim, mas vocês é que vão julgar. – Estou orgulhoso do que construí essa manhã. Realmente orgulhoso.

– Por onde começamos? – Jim assume um tom profissional.

– De baixo para cima – respondo. – Dessa forma é fácil seguir a lógica.

Brandon se oferece para ler:

– Se "Os gerentes tentam administrar suas empresas para atingir ótimos locais" e se "Para cada forma de operação os gerentes desenvolvem medidas adequadas", então "Há medidas importantes que focam o ótimo local, por exemplo, medidas baseadas na contabilidade de custos". Sim, foi isso que escrevemos ontem. Ah, estou vendo, aqui está a parte nova. Se "Os gerentes tentam administrar suas empresas para atingir ótimos locais", então "A percepção de valor de um produto da maioria dos gerentes é muito influenciada pelos esforços locais necessários para projetar, produzir, vender e entregar o produto". Não sei se concordo com esta última conclusão.

– Sim, você concorda – Jim é categórico. – Você não acredita que é assim que nós devemos considerar o valor de um produto, mas você tem de concordar que essa é a percepção da maioria dos gerentes.

– Você tem razão. Desculpe, Alex.

– Continue – eu o encorajo. – Leia o item adicional. – Estou ansioso para ver a reação deles.

Brandon não precisa de nenhum encorajamento.

– "A essência da contabilidade de custos é calcular o custo do produto." Humm... não tenho certeza, mas, antes de objetar, vamos ver o que você vai fazer com essa afirmação.

Ele respira fundo e continua:

– Se "Há medidas importantes que focam o ótimo local, ou seja, medidas baseadas na contabilidade de custos" e se "A essência da contabilidade de custos é calcular o custo de um produto" e "A percepção de valor de um produto da maioria dos gerentes é muito influenciada pelos esforços locais necessários para projetar, produzir, vender e entregar o produto", então "A maioria dos gerentes acredita que o custo do produto é algo real que quantifica os esforços absorvidos pelo produto". Opa, isso foi comprido. Vou ler de novo.

Espero por eles enquanto digerem esse último texto.

Finalmente Jim diz:

– Sem problema, concordo.

Brandon também concorda.

Não consigo controlar minha impaciência:

– Vocês estão vendo a conclusão inevitável? Isso significa que... – Estou procurando as palavras exatas escritas em minha árvore. – Significa que "A maioria dos gerentes acredita que o preço do produto deve ser igual ao custo do produto mais uma margem razoável".

Eles não entendem, pelo contrário, Jim conclui rapidamente:

– A palavra-chave é "deve",... deve ser igual... entendo, você vai ligá-la a um dos nossos EIs. O que afirma que "Cada vez mais, os preços que o mercado está disposto a pagar não deixam margem suficiente".

Não há pressa, no devido tempo ele vai entender. Digo em voz alta:

– Certo. Porém, acontece que são necessários mais alguns estágios até podermos ligá-los. Tenham paciência, primeiro vamos ter de examinar o mecanismo pelo qual os preços são determinados.

– Você está se referindo à luta entre oferta e demanda? – pergunta Brandon.

– Basicamente – confirmo. – Mas vamos tentar entender isso um pouco melhor. As empresas representam o lado da oferta e, conforme vimos, os fornecedores têm uma percepção muito precisa do valor do produto que fornecem; o valor deve ser o custo do produto mais uma margem razoável. Naturalmente eles pressionam para que sua percepção de valor determine os preços reais.

– Espere um pouco – intervém Jim. – Você está falando dos fornecedores como se eles fossem uma entidade. Mas não é o que acontece, os fornecedores brigam entre si.

– Exatamente o outro ponto que temos de considerar. – Sorrio para Jim e aponto para a árvore. – Não negligenciei isso, pelo contrário. Peguei o que conversamos ontem: que "A concorrência está mais acirrada que nunca", o que leva à conclusão de que "Os fornecedores apresentam uma frente cada vez menos uniforme".

– Obrigado – diz Jim. – E agora, provavelmente, você falou sobre o lado da demanda em algum lugar.

– Aqui está. – Mostro a ele. – "A percepção de valor do mercado está de acordo com os benefícios de ter o produto."

Antes que ele tenha oportunidade de fazer mais perguntas, explico:

– Em vez de oferta e demanda, prefiro mostrar isso como um choque entre a percepção que as empresas têm do valor do produto que oferecem e a percepção que o mercado tem do valor do mesmo produto.

– Interessante – comenta Brandon. – As duas percepções não têm nada em comum. A percepção de valor das empresas está baseada no esforço que tiveram de dedicar ao produto, enquanto a percepção de valor do mercado é baseada nos benefícios obtidos com o uso do produto. Não é de admirar que o preço seja definido por uma queda de braço; não há critérios objetivos estabelecidos.

– Exatamente – concordo. – E já que agora estamos em um período no qual os fornecedores apresentam uma frente cada vez menos uniforme, o resultado inevitável é que – e leio no lugar apropriado da árvore

– "Os preços e quantidades vendidas são cada vez mais determinados pela percepção de valor do mercado e cada vez menos pela percepção de valor dos fornecedores".

Brandon concorda:

– Inevitavelmente. E isso leva a – ele continua a ler – "Satisfazer a percepção de valor do mercado é, mais que nunca, a chave para o sucesso". O que, seguramente, é uma lição que todos aprendemos na última década. Pelo caminho mais difícil, posso acrescentar.

– Primeiro ano do curso de economia – diz Jim, cinicamente.

– Não, não é – Brandon contesta um segundo antes de mim –, e pare de bancar o esperto. Você não percebe o que Alex escreveu aqui? O pêndulo está balançando para o lado do mercado, sem estar ligado à relação entre oferta e demanda.

– O que você quer dizer? – Jim está surpreso com a reação violenta de Brandon.

– Deixe-me explicar – tento acalmá-los. – O que dissemos é que, quando a concorrência fica muito acirrada, como na situação em que é também estimulada por uma corrida tecnológica, quando empresas lançam novos produtos no mercado a cada poucos meses, nesses casos os preços vão continuar a cair, mesmo quando a demanda é maior que a oferta.

– Mas isso não é possível – protesta Jim.

– Se isso não é possível, então você tem de mostrar onde cometemos um erro; onde está exatamente o erro na nossa lógica.

Jim se inclina em direção à mesa para reexaminar a árvore, mas Brandon diz:

– Não perca tempo. Alex está certo. Olhe, por exemplo, para a indústria de *chips* eletrônicos. A demanda é bem maior que a oferta. Em todos os lugares, todas as fábricas de *chips* são grandes gargalos. Nesse momento elas têm mais de um ano de pedidos em carteira. Mesmo assim, os preços continuam a cair.

– É, acho que você tem razão. Vou ter de pensar nisso. Brandon, se isso for verdade, então em muitas empresas de alta tecnologia em que investimos não deveríamos esperar que a recuperação fosse levar a um aumento no preço dos produtos. Isso é terrível.

– Jim, você não suspeitava disso? A recuperação já vem acontecendo há quase um ano. Você não começou a diminuir a previsão de lucro dessas empresas?

– Não o bastante – ele admite.

– Podemos continuar? – pergunto a eles. – Estamos prestes a fazer a ligação com mais alguns EIs.

Mas isso não ajuda, pois Brandon continua a resmungar:

– Primeiro ano do curso de economia... – Jim está provavelmente tentando reavaliar o futuro de alguns dos seus investimentos. Quem falou que resultados práticos não aparecem diretamente no estágio de análise?

Finalmente consigo continuar a ler:

– Se "A percepção de valor do fornecedor é o custo do produto mais uma margem razoável" e "Os preços e quantidades vendidas são cada vez mais determinados pela percepção de valor do mercado e cada vez menos pela percepção de valor do fornecedor", então "Cada vez mais, os preços que o mercado está disposto a pagar não deixam margem suficiente", que é o nosso EI número três.

– Simples, não? – Brandon brinca com Jim.

Acho que eles não vão continuar a sorrir depois das próximas conclusões.

– Agora vamos ler este ramo – sugiro. – Se, conforme dissemos anteriormente, "A maioria dos gerentes acredita que o custo do produto é algo real que quantifica os esforços absorvidos pelo produto", então "A maioria dos gerentes acredita que vender um produto abaixo do seu custo leva a perdas (pelo menos a longo prazo)".

Eu olho para eles. Eles olham para mim e depois olham um para o outro, pensativamente.

– Alex, você não acredita nisso? – Brandon pergunta.

– Se não acredito no custo do produto, como posso acreditar nisso? Acredito no resultado final. Mas isso não vem ao caso. Vocês concordam com este derivado?

– Nós pensamos que a maioria dos gerentes acredita no custo do produto – diz Jim. – Quanto a nós, gostaríamos de não dar nossa opinião por enquanto.

Até agora tudo bem, penso comigo mesmo, e calmamente continuo a ler:

– Se "A maioria dos gerentes acredita que vender um produto abaixo do seu custo leva a perdas, pelo menos a longo prazo", então "A maioria das empresas reluta em aceitar pedidos com margens baixas e chega até a parar de produzir produtos com margens baixas".

– Alex, você está dizendo que foi um erro dizermos para os gerentes das nossas empresas cortarem estrategicamente os produtos com margens baixas? – Brandon pergunta vagarosamente.

– Depende. – Mantenho uma expressão impassível. – Quando você "corta" o produto com margem baixa, perde o dinheiro que recebia dos clientes que compravam esse produto. A questão é saber se as economias resultantes foram maiores que esse total.

– Cortamos o custo variável, mas nem sempre cortamos muito o custo fixo – ele admite.

– Brandon, pare de se enganar – Jim diz enfaticamente. – Muitas vezes nós não cortamos nem sequer todo o custo variável.

– Se a empresa não tem um gargalo – Brandon conclui lentamente – e não cortamos todas as despesas que faziam parte do custo calculado do produto, então… Alex, você está nos dizendo que nós tivemos uma participação ativa em prejudicar nossas próprias empresas, não é?

Mantenho uma expressão impassível. Mas não é fácil.

– Preciso de um trago – Brandon diz e se levanta.

– Dois. – Jim o segue.

Acho que estão mais interessados na última conclusão do que na forma como a liguei ao EI número quatro. Por mim tudo bem. Não vai fazer mal algum eles refletirem sobre o que fizeram. Algumas pessoas dizem que o caminho para o inferno está pavimentado com boas intenções. Baseado no que observei e deduzi desde que aprendi a construir o bom senso, essas pessoas estão erradas. A esta altura, o caminho para o inferno deve estar bloqueado por boas intenções.

Eles voltam com café, trazendo uma xícara para mim.

– O que aconteceu com os drinques? – pergunto.

Jim dá um tapinha no estômago:

– Estão aqui.

– Ainda tem algo que gostaria de mostrar a vocês – digo.

– Você já nos mostrou o bastante – Brandon rebate.

– Não – protesto. – Lembrem-se de que tudo isso resultou de seu pedido para eu mostrar que um problema-raiz é responsável por todos os EIs. Ainda não fizemos isso.

– Sim, você já fez – Brandon suspira. – Mostrou como tudo está intimamente ligado. Isso é o bastante.

– Além do que – Jim levanta a mão –, julgando por seu entusiasmo, acho que outra bomba está esperando por nós. Acho que já tivemos o bastante para um dia.

– Ainda está faltando um elo – insisto. – Vocês ainda não viram como o esforço para buscar ótimos locais leva à falta de ideias de marketing inovadoras.

– Sim, isso é importante – concorda Jim.

– Está bem, Alex – Brandon desiste. – Nós pedimos e, portanto, merecemos o que está acontecendo. Vá em frente, mostre-nos.

Ele entendeu a questão. Da próxima vez não vão se apressar tanto para sugerir que eu passe toda a manhã construindo árvores, em vez de ir comprar presentes para a minha família, em paz.

Aponto para a área da árvore que ainda não vimos. Lentamente, começo a ler:

– Se "A maioria dos gerentes acredita que o preço do produto deve ser igual ao custo do produto mais uma margem razoável", então "A maioria dos gerentes acredita que há essencialmente um preço único e justo para um produto". Ao mesmo tempo, vocês concordam que "Segmentos diferentes do mercado podem ter diferentes necessidades"?

– Iii, lá vem – Jim comenta. – Claro, que dicotomia!

– Não – Brandon o corrige. – Que oportunidade. Continue, Alex, isso é interessante.

Eu continuo:

– Se "Segmentos diferentes do mercado podem ter diferentes necessidades", então "Diferentes segmentos do mercado podem ter diferentes percepções de valor até para o mesmo produto".

– Claro – diz Jim. – Para percepções diferentes, podemos cobrar preços diferentes.

– Vamos com calma – replico. – Percepções diferentes não se traduzem automaticamente em preços diferentes. Nesse estágio minha conclusão é apenas que "Em larga escala, a maioria dos gerentes ignora as diferentes percepções de valor do mercado para o mesmo produto". Para responder a sua pergunta, acrescentei outra afirmação: "Podem ser tomadas medidas para garantir uma segmentação efetiva". Mas, Jim, se uma empresa não se preocupa em encontrar e instituir essas medidas, deve esperar que dois segmentos com diferentes percepções de valor vão demandar preços mais baixos.

– Se um segmento souber sobre o outro – ele admite.

– Jim, no final não há segredos. No final um ficará sabendo do outro, e aí o que acontece? Precisamos tomar medidas para garantir que, mesmo que do ponto de vista do fornecedor o produto seja o mesmo, do ponto de vista do mercado ele não é.

– Você pode dar um exemplo?

– Claro. Pegue como exemplo o avião em que vamos embarcar. Vá à classe econômica e verifique os preços que as pessoas pagaram. Você acha que vai encontrar só um preço?

– Não. – Ele sorri. – Não mesmo. Depende de quando compraram a passagem e de onde a compraram. Também depende de terem comprado as passagens individualmente ou em grupo.

– Sim, concordo. Também depende de algumas coisas estranhas, como o tempo da estada deles. Se você reparar, nada disso tem qualquer relação com o custo efetivo de transportar um passageiro através do Atlântico. Todos ocupam o mesmo espaço, no mesmo avião, servidos exatamente pela mesma tripulação. A companhia aérea tomou providências para segmentar o mercado, de outro modo não teria sobrevivido. Entretanto, devo admitir que, quando analisamos mais a fundo, ficamos com a impressão de que elas provavelmente segmentaram excessivamente. Se examinar com cuidado o sistema delas, pode descobrir algumas coisas malucas. Quer outro exemplo?

– Não – responde Brandon. – Acho que eu mesmo posso achar outros. Mas, diga-me, qual é sua definição de segmentação?

– Aqui está. – Mostro a ele. – "Duas seções do mercado podem ser consideradas segmentadas se, e apenas se, mudanças de preço em uma seção não causarem nenhuma mudança na outra seção."

Brandon torna a lê-la:

– Então você não está falando apenas de nichos?

– Não – concordo. – Nichos são apenas parte da minha definição. Estou falando sobre o fato de que uma empresa pode tomar medidas para segmentar efetivamente um mercado que nesse momento parece uniforme para ela. Naturalmente, desde que esse mercado contenha segmentos com diferentes necessidades.

– Continue – diz Jim.

– Preciso enfatizar – continuo a explicar – que essas medidas para garantir a segmentação são muito importantes. Vejam o que acontece se não as tomamos, quando temos um único preço, qualquer que ele seja. Vocês concordam com a seguinte afirmação: "A imposição de um único preço faz com que os clientes que têm uma percepção de valor elevada paguem um preço baixo"?

Eles concordam.

Continuo:

– Ao mesmo tempo "A imposição de um único preço elimina os clientes para os quais o preço é muito alto em relação à sua percepção de valor".

– O que você está nos dizendo realmente – conclui Brandon – é que a maioria das empresas não aproveita o enorme potencial inerente à segmentação do mercado.

– Exatamente. – Eles entenderam a ideia muito mais rapidamente do que eu fui capaz de derivá-la. Creio que eles têm mais experiência que eu.

– Alex, o que você está nos dizendo é que devido à falta de providências para segmentar temos o EI número dez? – Jim pula para a próxima conclusão.

– Parabéns! – Não posso conter minha admiração.

– Qual é o EI número dez? – pergunta Brandon.

Aponto para o papel e leio:

– "A maioria dos novos pontos de venda e a maioria dos produtos novos/aperfeiçoados canibalizam as vendas dos pontos de venda/produtos existentes". E não estou dizendo isso levianamente. Gastei um bom tempo hoje de manhã analisando alguns casos que aconteceram em minhas empresas. Em cada caso, se em conjunto com o lançamento do novo ponto de venda eu também tivesse tomado algumas medidas específicas para segmentar o mercado, eu poderia ter minimizado o prejuízo.

– Vamos acreditar em sua palavra – diz Brandon.

– Tente fazer um trabalho melhor no futuro – Jim me dá um tapinha nas costas.

– Agora vocês estão vendo o próximo passo – continuo, ansioso por terminar. – Com o que dissemos, ficou óbvio que o "Marketing não está orientado para tirar vantagem da direção mais promissora e quase virgem: a da segmentação do mercado".

– Quase virgem – Jim ri. – Daqui a pouco ele vai escrever "um pouco grávida".

Lanço um olhar de desagrado para ele.

– Alex, não quis ofender, estava só brincando. Estou interessado em ver para onde você está nos levando. Agora é óbvio. Muitas empresas estão tentando desesperadamente descobrir novas ideias de marketing. Todos sabemos como é difícil criar ideias inovadoras em uma direção já tão trilhada. Todos estão tentando fazê-lo. Enquanto, ao mesmo tempo, poucos estão tentando segmentar agressivamente o que parece ser um mercado uniforme. Estamos simplesmente cegos com a noção de um preço único. Você tem toda razão.

– Agora que tudo foi ligado, podemos achar facilmente o problema-raiz – declaro.

– Como? – Jim ainda está curioso.

– Sigam as flechas. Vejam em qual entidade está a causa de todos os EIs; diretamente ou por meio de outras entidades.

Eles se debruçam sobre a árvore e a analisam por algum tempo.

Jim, então, levanta os olhos.

– Parabéns, você conseguiu. Todos os EIs listados (e provavelmente muitos outros que não listamos) são derivados de uma única afirmação: "Os gerentes estão tentando administrar suas empresas para atingir ótimos locais". E não vou dizer que suspeitava disso desde o início.

– Então, qual o próximo passo? – pergunta Brandon.

Antes que eu possa responder, Jim levanta a mão:

– Não, Brandon. Minha cabeça está girando e a sua também. Se você quiser saber qual é o próximo passo, agende outra reunião com Alex, e pode contar comigo. Mas, por favor, não na próxima semana. Por ora, já vi o bastante.

- 17 -

– Obrigada, papai. – Sharon me beija na face, pega o seu presente, que mal abriu, e vai para o quarto.

– O que ela tem? – pergunto.

– Não é nada. – Dave está ocupado olhando para os cachecóis. – Manchester United, Liverpool, Arsenal. Ah, este é o máximo, Aston Villa. – Ele o coloca em volta do pescoço. – Você sabia que na semana passada eles conseguiram…

Desde a Copa do Mundo, Dave está fascinado com o futebol, especialmente o futebol europeu. O que pode ser tão interessante no futebol?

Estou feliz por ele ter gostado do presente. Volto minha atenção para Julie.

– O que há com a Sharon? Eu achei que agora que ela estava namorando o… – qual é mesmo o nome dele? – ela ficaria mais bem-humorada.

– O nome dele é Eric, e ela melhorou, mas ainda não é perfeita. Nada com que se preocupar – Julie me assegura. – Em um ou dois dias ela já estará melhor.

– Acho que vou subir e conversar com ela. Vai ser bom animá-la um pouco. – Senti muita falta da minha menina.

– Você pode tentar – Julie não confia muito nisso.

– Posso entrar?

Nenhuma resposta, pelo menos nenhuma que eu tenha ouvido. Abro um pouco a porta. Sharon está deitada na cama lendo um livro.

– Posso entrar? – repito.

Sharon abaixa o livro.

Prefiro entender isso como um sim e sento na cama dela. Ela se mexe um pouco para me dar mais espaço.

Já estou dentro. Muito bem, mas o que devo fazer agora?

– O que você está lendo?

– Um livro idiota – Ela o joga no chão.

– Como está o Eric? – tento de novo.

– Bem.

– E a escola?

– Tudo bem.

Estou começando a me entediar.

– Sabe, Sharon – tento ser mais direto. – Gostaria de conversar com você sobre algo que realmente me incomoda.

– O que é?

– Não temos nada de que gostemos de conversar. Nem mesmo um único assunto que gostemos de discutir um com o outro.

– Ai, papai, podemos falar sobre isso outra hora? Estou muito cansada para isso agora.

Falhei.

Muito bem, uma última tentativa. Dizem que as adolescentes são sentimentais, talvez isto funcione.

– Sharon, quando eu estava na Europa, as noites eram muito solitárias. Senti muita saudade de todos vocês. Não tinha vontade de fazer nada. Não tinha vontade de ler, de ir a nenhum lugar. Sem qualquer motivo aparente eu estava sem ânimo, nada parecia valer a pena.

Nenhuma resposta.

– Você está na mesma situação? Sem motivo nenhum, tudo parece tão sem graça?

– Papai!

– Está bom. Vou deixá-la em paz. Mas me diga uma coisa. Você tem uma razão real para esse estado depressivo?

– Claro que tenho. O que você acha?

Sorrio gentilmente para ela.

– Não acho que você tenha.

– Você não sabe de nada. – Ela se endireita. – Você sabia que eu não posso ver o Eric até segunda-feira? Você sabia que fui forçada a trair a confiança que a Chris tem em mim? Eu não tenho razões? Você sabe até que ponto a Debbie pode ser irritante? Tudo o que faço com o Eric é criancice. Essa menina simplesmente tem inveja. Sei que isso parece lamentável para você, coisa sem importância, de menina. Papai, não estou bem-disposta. Posso ficar sozinha? Por favooor!

Reconheço:

– A inveja pode ser muito irritante – digo e me levanto. – Mas às vezes temos de aceitá-la. Acho que a vida é assim.

– Debbie é minha melhor amiga, é isso que faz tudo ser tão difícil.

– Por outro lado – estou abrindo a porta –, se você quiser que Debbie continue a ser sua amiga e não uma pedrinha no seu sapato, é melhor fazer alguma coisa.

– Mas o quê? – Ela também se levanta. – O que posso fazer?

Vou até a mesa dela, pego uma de suas folhas de papel rosa-pálido e começo a escrever.

– Seu objetivo, conforme entendo, é "Manter uma boa amizade com a Debbie". Para conseguir isso você precisa "Aceitar o comportamento de Debbie", o que, nas circunstâncias atuais, quer dizer que você precisa "Tolerar a inveja de Debbie".

– Mas...

– Sim, Sharon, você tem um mas, um grande mas.

– Obrigada, papai!

Ignoro o sarcasmo.

– Veja, por outro lado, para "Manter uma boa amizade com Debbie", é preciso que você "Não permita que a amizade se deteriore e se transforme em posse".

– Que se torne possessiva... Isso mesmo! É isso que sempre digo a ela.

– O que significa – completo a nuvem – que você precisa "Não tolerar a inveja de Debbie". Minha querida, você está presa em um verdadeiro conflito. E, como sei quanto a Debbie é importante para você, entendo por que está tão aborrecida.

– "Não permitir que a amizade se torne possessiva." Vou dizer isso a ela. Ela precisa entender que não é minha dona. Que tenho o direito de ter um namorado. Especialmente alguém tão especial quanto o Eric.

– E as outras razões que você mencionou? – pergunto educadamente.

– Esqueça. Isto aqui é o verdadeiro problema.

Acho que seria um erro parar aqui. Se as outras coisas não fossem importantes, Sharon, não estaria tão chateada. Isso não teria acontecido apenas por causa desse problema com a Debbie.

– Sharon, acho que devemos continuar.

– Por quê?

– Porque você está muito quieta. Se fosse apenas a inveja da Debbie, provavelmente você ficaria se queixando dela, teria tentado achar meios de colocar um pouco de sentido na cabeça dela, mas seria improvável que isso tivesse feito você ficar enclausurada em seu mundinho.

– Enclausurada no meu mundinho? Não estou enclausurada em nada. Olha, eu não pedi...

– Sharon – interrompo-a antes que vá longe demais. – As outras coisas podem não parecer muito importantes, porém suspeito que para você elas são, e de uma forma mais profunda do que você mesma se dá conta.

– Não entendo.

Mas pelo menos ela entende que não estou tentando culpá-la ou, pior ainda, não estou tentando apenas passar a mão em sua cabeça.

– Acho que posso ajudá-la a descobrir por que as outras coisas a estão perturbando a esse ponto. Você quer tentar?

– Se você insiste.

– Pegue uma folha em branco – digo e passo a caneta para ela. – Agora, deixe-me mostrar como começar com um evento problemático e terminar...

– Espere. – Ela suspira. – O que quer dizer com evento problemático?

– Você sabe, aquelas coisas irritantes que não parecem importantes, mas mesmo assim nos atormentam durante horas, algumas vezes até durante dias.

– Sim. – Ela sorri. – Tenho algumas delas.

– Veja, o simples fato de algo nos atormentar mais do que deveria indica que esse evento, de alguma forma, causou mais dano do que aparenta na superfície.

Ela pensa sobre isso.

– Acho que – continuo – as coisas que a estão incomodando a fazem comprometer algo que é muito importante para você. Quer que eu lhe mostre como começar com um desses eventos problemáticos e revelar o verdadeiro estrago?

– Acha que eu posso fazer isso? – Ela parece cética.

– Vamos ver. O que foi que o Eric falou para você fazer? Você disse algo a respeito de não vê-lo por algum tempo?

– É. Ele tem um exame idiota na segunda-feira. É uma longa história.

– Está bem. Escreva aqui, à direita, "Não ver o Eric até segunda-feira".

Enquanto escreve, ela comenta:

– Tenho de ir sozinha à festa. Isso não é um horror?

– Agora, abaixo disso, escreva o que você quer.

– Quero vê-lo todos os dias.

– Muito bom. Escreva isso. Agora, à esquerda, escreva por que isso é tão importante para você.

– O que quer dizer?

– Por que é importante para você ver o Eric todos os dias?

– Porque sim. Ele é meu namorado. Temos de estar juntos. Isso não é óbvio?

– Então escreva: "Ficar perto do Eric".

Em minha mente, checo rapidamente a validade: para "Ficar perto do Eric", preciso "Ver o Eric todos os dias". Por quê? Não me atrevo a perguntar.

– Agora vem a pergunta difícil: para satisfazer que necessidade você concordou em não ver o Eric? Por que acha que não deve vê-lo até segunda-feira?

– Já falei, ele tem de passar no exame. Ele diz que é importante. Pelo menos para a mãe dele é importante. Na verdade é importante. Se for reprovado de novo, ele vai ter de ir para um curso inferior e ele quer muito ser engenheiro.

– Estou contente de ver que você não deixa que sua amizade se torne possessiva.

– Você quer dizer exigir vê-lo todos os dias?

– Sim. Se quer uma boa amizade, você precisa considerar as necessidades da outra pessoa.

– Acho que você está certo – diz ela, pensando.

– Então, para satisfazer que necessidade você concorda em não ver Eric? Escreva a resposta.

– Ainda não entendi. O que é que devo escrever? Por causa de Eric? É o que você quer que eu escreva?

– Para satisfazer que necessidade? – repito.

– A necessidade de levar em consideração as necessidades dele. – Ela está um pouco irritada comigo, por me ater a minúcias.

– Pronto – digo. – Escreva isso.

Quando ela escreve, mostro-lhe por que vale a pena ser preciso.

– Tente ler isso agora acrescentando as palavras "Para" e "é necessário". Veja se faz sentido.

– Para “levar em consideração as necessidades de Eric”, é necessário “Não ver Eric até segunda-feira”. Ainda acho que ele poderia ser mais flexível. E agora?

– Qual é o seu objetivo em comum? Por que é importante para você considerar as necessidades do Eric e ao mesmo tempo ficar perto dele?

– Porque, porque... eu sei, mas...

– Olhe a nuvem anterior – tento ajudá-la. – A que escrevemos sobre Debbie.

Ela olha e depois sorri.

– O objetivo é quase o mesmo. “Manter uma boa amizade com Eric”. – Ela completa a nuvem.

– Para manter uma boa amizade é necessário ficar perto dele, mas ao mesmo tempo você precisa levar em consideração as necessidades dele. Veja, Sharon: não ver Eric até segunda-feira a coloca em um conflito, o que prejudica um objetivo importante para você.

Ela não está me ouvindo realmente.

– Papai? Acho que minha nuvem sobre o Eric é exatamente igual à nuvem de Debbie sobre mim. – Ela olha de novo para a nuvem da Debbie.

Isso dá uma nova perspectiva.

– Você entende melhor o comportamento da Debbie?

– Sabe de uma coisa? Tenho certeza de que a Debbie e eu podemos concordar sobre o que é amizade e o que está se tornando posse. Isso vai ser uma grande discussão. Talvez a mamãe me deixe dormir na casa da Debbie hoje à noite.

E com isso a minha gazela se vai.

Antes de eu chegar à porta, ela volta.

– Ela concordou. Oh, obrigada, papai. Muito obrigada mesmo.

Que sensação boa.

– Você quer tentar decifrar a sua terceira reclamação? – Não que isso seja importante agora, mas quero passar um pouco mais de tempo com a minha menina cheia de vida.

– Por que não? – ela concorda. – O que era mesmo?

– Algo relacionado com a Chris.

– Ah, sim. – Ela está séria de novo. – Isso é ruim.

– Em vez de me contar o que aconteceu, por que não escreve uma nuvem sobre isso?

– Vou tentar. – E senta-se.

Primeiro escreve: "Fazer a lição de casa de matemática para Kim". Abaixo: "Não fazer a lição de casa de matemática para ninguém".

É interessante. Espero pacientemente o desenrolar das coisas. Depois de um minuto ou dois de muita dúvida, ela escreve: "Manter minha promessa para a Chris". E acima escreve: "Salvar a Kim".

– O objetivo é óbvio: "Manter boas amizades". Mas será que tudo isso faz sentido? – ela pergunta.

– Faz, sim, se você fez o dever de matemática com a Chris – afirmo.

– Foi exatamente isso que aconteceu. Mas Kim implorou e eu não tive coragem de dizer não.

Minha pobre menininha. Três golpes, de três direções diferentes, todos perfeitamente focados no que é mais importante para ela: manter boas amizades. E ela não sabia como lidar nem com um, imagine com três. Não é de admirar que tenha se enclausurado em seu mundinho.

É muito frequente Sharon se isolar do mundo. E suspeitávamos que havia algo de errado com ela. Manter boas amizades não é um objetivo fácil. É muito fácil se machucar. Mas certamente vale a pena.

Onde estávamos? Por que não a ajudamos? Não é tão difícil ajudar. Nós com certeza temos mais experiência em lidar com esses tipos de problema. Pelo menos temos cicatrizes suficientes para provar como não lidar com eles.

Será que Sharon vai concordar? Será que vai confiar em nós quando se tratar de um assunto tão delicado para ela?

– Papai? – Sharon parece sem graça. – Você disse algo sobre não termos nada sobre o que gostamos de conversar.

– Sim, Sharon.

– Não é verdade. Gosto de conversar com você. Você entende bem as coisas.

– Lembre-se disso da próxima vez que me pedir algo e eu disser "não".

Naquela noite, quando Julie e eu estávamos sentados em um silêncio amoroso e confortável, voltei às nuvens de Sharon.

Quando ela começou com suas reclamações, não vi nenhuma ligação entre elas. Acho que Sharon também não viu. Mesmo assim, o objetivo de cada nuvem acabou sendo o mesmo. Para Sharon, a amizade é o que é importante. O que não é uma grande surpresa, já sabíamos disso há muito tempo. Mas...

Quais seriam os resultados se eu fizesse uma análise semelhante a essa de mim mesmo? Suponhamos que eu pegue três dos meus pequenos, mas irritantes, EIs? O que acontecerá se para cada um eu escrever a nuvem correspondente? O objetivo acabará sendo o mesmo para cada uma? Mesmo que eu escolha EIs de aspectos diferentes de minha vida?

Será que a personalidade é muito mais focada do que acreditamos?

– Julie?

– Sim, querido.

– Vamos verificar uma coisa...

-18-

– É impossível trabalhar com Hilton, estou dizendo. – Bill Peach está muito irritado.

– Acho que você demorou muito tempo para chegar a essa conclusão surpreendente – eu caçoo dele.

Estamos sentados em um restaurante para nosso almoço mensal. É uma tradição que começou quando Bill me nomeou para substituí-lo como gerente da divisão. Gosto desses almoços. Por muito tempo eles foram meu principal canal para ouvir as fofocas suculentas sobre a alta administração. Bill gosta disso porque sempre soube que sou totalmente fiel a ele. Hoje faço parte desse círculo fechado, o que torna nossas reuniões ainda mais divertidas.

– Vamos, conte, o que aconteceu desta vez? Sou todo ouvidos.

– Aquela cascavel. Aquele traidor imprestável. Você não vai acreditar no que ele fez. – Bill ainda precisa desabafar mais um pouco.

– Como estamos falando do Hilton, temo que não vou ter dificuldade em acreditar em nada.

– Você sabe que o Granby tem de apresentar um plano de investimento para o conselho?

– Sim, sei. – Não estou mais sorrindo. Também sei de onde virá o dinheiro para esses investimentos. Eles estão brigando pelo sangue das minhas empresas.

Bill está muito furioso com Hilton para perceber minha reação.

– Então, naturalmente, Granby pediu a Hilton e a mim que preparássemos um plano. Decidimos ser cavalheiros sobre isso. Hilton, um cavalheiro... que piada! Eu deveria saber que isso não ia funcionar. De qualquer forma, em vez de brigarmos pelo dinheiro, decidimos que cada um de nós apresentaria um plano para exatamente a metade da soma.

– E você então descobre – já convivi com os dois tempo suficiente para adivinhar – que apresentou um plano para metade e ele para o total.

– Quem contou a você? Não, isso tudo é tão óbvio, não? Você deveria ter estado lá quando ele me convenceu de que desta vez tudo sairia bem. Quando me provou que essa era a única forma que fazia sentido para nós dois. E eu, o idiota, caí na armadilha.

– Você merece – digo.

– Está certo. Qualquer um que acredite em qualquer coisa que Hilton prometer merece.

Os urubus merecem o que recebem, penso comigo mesmo. Vamos vender minhas empresas e eles já estão brigando pelo sangue. Dane-se o Hilton, com certeza, mas dane-se você também, Bill.

Comemos nossos sanduíches em silêncio.

Não estou sendo justo. O que espero de Bill? Que ele não brigue por investimentos para seu grupo? Se fosse ele que tivesse iniciado a venda de minhas empresas, aí a história seria outra. Mas não foi. Ele não teve envolvimento algum.

– Sabe, Bill, Bob e Stacey estão muito chateados com tudo isso. Eles não gostam nem um pouco da ideia de serem vendidos. E nem eu.

– Dá para entender isso. Ninguém gostaria de estar no seu lugar. Mas assim é a vida. A periferia é sempre sacrificada para manter o núcleo.

– Acho que sim. Por falar nisso, quando a hora chegar, estou contando com você para achar um bom lugar para o Don. Você faria isso?

– Claro.

– Gostaria que ele tivesse uma posição de linha. Ele tem condições para isso.

– Eu sempre posso usar alguém como o Don. Mas por que temos de falar sobre situações hipotéticas? Ouça, você sabe o que aquele cretino do Hilton sugeriu? Que investíssemos US$ 22 milhões para comprar aquela empresa de Idaho que não vale nada.

– Por quê? – Estou surpreso. – Já analisamos a empresa. As patentes dela são suspeitas, os verdadeiros cérebros deixaram a empresa há anos. Além disso, por que pagar tanto?

– Hilton teve de inflar o seu plano para mostrar que precisava de todos os US$ 130 milhões. Veja, ele não quis usar nenhuma das sugestões que Trumann disse que não eram boas, então ele jogou tudo que pôde imaginar. O único critério foi que parecesse bom. E você tem de admitir, no papel aquela empresa parece muito boa.

– É tudo um grande show. – Suspiro. – Granby quer melhorar sua imagem e quer poder culpar Trumann e Doughty por terem vendido muito barato, então ele finge que minhas empresas podem ser vendidas por muito mais dinheiro do que realmente valem. Hilton quer ter mais poder, então ele finge que precisa de todo o dinheiro para seu grupo embora precise tanto desse dinheiro quanto de um buraco na cabeça. Seria engraçado se não fosse meu pessoal e eu que tivéssemos de pagar por tudo isso.

Bill não concorda.

– Você está certo quanto a Hilton, mas não quanto a Granby. O velho é tão reto quanto uma flecha.

– Era o que eu pensava até agora – admito. – Mas como você pode explicar o uso de uma estimativa tão maior para minhas empresas?

– Do que você está falando? – Bill está sinceramente surpreso. – US$ 130 milhões é uma estimativa muito conservadora.

– Bill, não tenho muita experiência em comprar e vender empresas, mas não nasci ontem, e sei muito bem ler os demonstrativos financeiros. Teremos sorte se recebermos US$ 30 milhões por cada uma de minhas empresas. Dizer que vamos receber US$ 130 milhões pelas três é simplesmente ridículo.

Bill olha para mim.

– Quer café? – pergunta.

– Esqueça o café. Diga o que está acontecendo.

Bill está ocupado tentando chamar a atenção de nosso garçom. Estou começando a ficar irritado. Então, sem olhar para mim, ele pergunta:

– Quanto você acha que a Vapor sob Pressão vale?

– No máximo US$ 30 milhões, acho que nem isso. Veja, Bill, o mercado deles está estável e em um beco sem saída. Stacey conseguiu que sua empresa tivesse um lucro de US$ 250 mil. Talvez, com muito esforço, seja possível fazer com que essa empresa tenha um lucro de US$ 2 ou US$ 3 milhões por ano, mas isso é o máximo.

– Alex, qual o valor para qualquer um dos concorrentes se eles puderem fechar a divisão e ficar com os clientes?

Sinto-me como se tivesse levado um golpe na cabeça. Muito forte.

Então esse é o plano. Claro. Como pude ter sido tão ingênuo? Um concorrente que faça isso ganhará nossa fatia de mercado. Todos eles têm capacidade ociosa. O material custa apenas 35% do preço de venda. Um concorrente que se aposse de minha empresa e a desmantele pode aumentar seu lucro talvez em até US$ 40 milhões por ano. Sem mencionar que isso também acabaria com o impasse. Eles se tornariam os maiores e os mais fortes desse mercado. Como pude ser tão estúpido?

Agora entendo a conversa com aquele negociante asqueroso. Agora tudo faz sentido perfeito, inclusive o preço. Não é de admirar que eu tenha sentido algo podre no ar. Sinto o corpo de minha empresa sendo dilacerado.

E Trumann e Doughty, aqueles açougueiros. Eles tomaram cuidado para eu não perceber nada. Eles olham os dois lados da equação, claro. E sei o que vão dizer quando confrontados. "Precisamos sacrificar uma parte para salvar o todo." Uma ova.

– Você está bem? – Bill realmente parece preocupado.

– Não, não estou – quase grito para ele.

– Sim, você está. – Ele sorri para mim. – Eu estou quase ouvindo sons de trombetas. Dragões, fujam para salvar a vida. O São Jorge Rogo vai para a guerra.

– Pode apostar que sim.

Entro no meu carro e ligo o motor. Para onde vou? Não importa. Só quero dirigir. Preciso pensar.

Durante alguns quilômetros sinto fogo saindo de minhas narinas. Estou furioso com Trumann, Doughty, Granby, Hilton, com a Wall Street, com todo mundo. Até um pouco comigo mesmo.

Depois de algum tempo me acalmo um pouco. Estar furioso não resolve. O que vou fazer? Lutar por uma indenização alta para os funcionários? Que solução medíocre. Além do que, quanto conseguiria convencer a UniCo a pagar? Um mês de salário por ano de emprego? Dois? Talvez três? Eles não vão concordar nem com dois meses por ano. E isso não é nada. Não é nada para quem não pode usar sua habilidade em outro lugar.

E Stacey? Que chance terá, com seu currículo manchado por ter dirigido uma empresa que foi vendida para os sucateiros? Essa mancha negra vai marcá-la para o resto da vida.

E eu? Eu também vou carregar a mesma marca de Caim em minha testa.

De jeito nenhum. Não vou deixar que nada disso aconteça. Mas como posso impedir isso?

A nuvem está clara. Já a conheço há muito tempo. Também está claro como quebrá-la; precisamos achar uma forma de aumentar as vendas. De modo significativo e rapidamente. O problema é que até agora eu não acreditava que isso fosse possível. Agora não tenho alternativa. Preciso pressupor que é possível. Tenho de considerar isso como certo. Essa é a única forma de eu juntar a energia suficiente para procurar a resposta.

Um cavaleiro que não acredita no Santo Graal nunca vai encontrá-lo. E um que acredita? Tente impedi-lo.

Tem de haver um meio. Tem de haver um meio de aumentar as vendas. Na verdade já tenho uma prova disso: a empresa de Pete. Lá nós conseguimos. Sem nenhuma vantagem tecnológica. Sem nenhum orçamento para investir em equipamento ou propaganda. Sem nada. E veja onde estamos em menos de um mês. Agora temos o que Pete chama de uma oferta mafiosa; uma oferta tão boa que ninguém pode recusar.

Mas onde vou conseguir mais dessas ideias brilhantes?

Até que ponto precisa ser brilhante para garantir que a empresa de Stacey não será entregue aos retalhadores? Muito brilhante. Mesmo se aumentarmos o lucro para US$ 5 milhões por ano não será suficiente. Nem mesmo US$ 10 milhões. O preço que eles podem obter vendendo-a para os lobos é simplesmente muito alto. Eles têm de fato uma possibilidade real de chegar perto dos US$ 100 milhões. Não é uma fantasia.

Não é suficiente achar uma ideia inovadora de marketing que aumente as vendas. Teremos de achar algo tão poderoso que nos permita engolir nossos concorrentes no café da manhã. Essa é a única saída.

Não, provavelmente não conheço a nuvem real, e aumentar as vendas não será o bastante. Mas sei como achar a solução. Está em minha cabeça, escondida, fragmentada, talvez até grosseiramente distorcida, mas, se ela existe, está lá. Tenho de usar os Processos de Raciocínio de Jonah para fazê-la emergir, vir à tona e ser aprimorada.

Já fiz a parte mais difícil. Graças a Brandon e Jim já construí a Árvore da Realidade Atual do mercado competitivo de hoje. Tenho de continuar. E tenho de fazer sozinho, não posso sobrecarregar Stacey e Bob com isso. A responsabilidade é minha e, além disso, eles são capazes de olhar a situação de uma maneira muito estreita. Tenho de encontrar o caminho genérico. Mais tarde, cada um deles deve usá-la para construir a solução específica para suas próprias necessidades.

– Pare de procrastinar – incito a mim mesmo. A Árvore da Realidade Atual aponta qual é o problema-raiz; os gerentes estão usando o ótimo local. O próximo passo é expressar isso com maior precisão. Tenho de descobrir o que está impedindo a administração de ter um desempenho muito melhor. Jim está errado. Segundo Jonah, não devemos pressupor que os gerentes são ignorantes ou incompetentes. Devemos pressupor que estão presos em um conflito que os está impedindo de fazer a coisa certa. Então, se quiser agir conforme as regras, devo declarar qual é a coisa certa para eles fazerem e qual o conflito que os está impedindo de fazê-la.

O que deveria selecionar como "a coisa certa"? Como eu gostaria que meus gerentes administrassem suas empresas?

Não é óbvio?, pergunto a mim mesmo. Eles deveriam se esforçar para atingir o ótimo global.

Humm. Tenho um problema com isso.

Não que eu seja contra o ótimo global, mas...

Se o ótimo fosse o melhor que pudéssemos fazer, como uma solução inovadora poderia dar resultados que antes eram inconcebíveis?

Depois de algum tempo começo a entender. O ótimo é fazer o melhor em uma situação normal, enquanto o que estou procurando é...

Exatamente. Precisamos desesperadamente de soluções inovadoras. Qualquer coisa menos do que isso será insuficiente. Precisamos achar soluções revolucionárias.

Então o que estou sugerindo? Que os gerentes administrem suas empresas esforçando-se sempre para encontrar soluções revolucionárias?

Não. Não é preciso exagerar.

Acho que ficaria feliz com: "Gerentes tomarem boas decisões". Desta forma deixo a porta aberta para soluções revolucionárias quando for necessário, sem exigi-las, desnecessariamente, como uma norma.

Penso sobre isso. É simples, mas faz sentido. Decido aceitá-lo como o objetivo desejado.

Agora tenho de verbalizar claramente o conflito que está impedindo os gerentes de atingir esse objetivo. De acordo com as diretrizes de Jonah, esse conflito deveria estar aparente na Árvore da Realidade Atual. Tenho um problema, acho que conheço essa árvore como a palma da minha mão. Se há um conflito aparente, tenho certeza de que o teria percebido.

A experiência me ensinou que a melhor maneira de ganhar tempo é seguir as diretrizes. Tenho de olhar a árvore de novo, mas como?

Pego a primeira saída e paro em um posto de gasolina:

– Pode completar. Aditivada, por favor.

Pego minha pasta no banco de trás e tiro a árvore de dentro. Imediatamente o conflito me salta aos olhos. Creio que, quando você sabe o que está procurando, é fácil encontrar. Escrevo o conflito. "Considerar a percepção de valor do cliente" versus "Considerar a percepção de valor do fornecedor".

Agora tenho de provar que esse conflito é o que está impedindo o objetivo de existir na realidade. Não demora muito para completar a nuvem. Verifico-a lendo em voz alta:

– Para "os gerentes tomarem boas decisões" é preciso "considerar a necessidade de se realizarem vendas suficientes". Isso é verdade na alta administração.

Não, isso é correto em todos os níveis. Acho que é correto mesmo quando as decisões são tomadas em níveis mais baixos: na distribuição, na produção ou na engenharia.

– Tudo pronto, senhor, US$ 18,30.

Entrego a ele meu cartão de crédito e continuo a ler em voz alta.

Para "considerar a necessidade de se realizarem vendas suficientes", os gerentes devem "tomar decisões e agir com base na percepção de valor dos clientes". Isso está bem.

Vou para o lado inferior da nuvem: Para os "gerentes tomarem boas decisões", é preciso "considerar a necessidade de ter margens razoáveis nos produtos". Na atual cultura corporativa, isso é uma necessidade. Na verdade, na maioria das empresas isso tem de ser feito, mesmo por aqueles que acham que não deveriam fazê-lo. A não ser, é claro, que queiram se tornar mártires.

Leio a última ligação: para "considerar a necessidade de ter margens razoáveis", os gerentes devem "tomar decisões e agir com base na percepção de valor do fornecedor".

Ligo o carro e volto para a estrada.

Dou uma olhada na nuvem. Depois de escrita é tão óbvia. Por toda a UniCo vejo gerentes vacilando constantemente de um lado para o outro na flecha do conflito.

"Não acho que devemos aceitar o pedido." "Acho que devemos." "Não aceite o pedido." "Aceite o pedido." "NÃO." "Por que você aceitou o pedido?" "Tivemos de aceitá-lo." "Não, não tivemos." "Tivemos!"

Alex, digo para mim mesmo, você ilustrou esse ponto muito claramente. Vamos, continue.

Que flecha nesta nuvem me faz sentir mais desconfortável?

É muito fácil responder a essa pergunta. Para "os gerentes tomarem boas decisões", é preciso "considerar a necessidade de ter margens razoáveis nos produtos". Nos últimos anos provei, várias vezes, que, quando o mercado é segmentado, podemos aumentar os lucros tanto agora quanto no futuro; mesmo quando vendemos produtos com margem negativa. Especialmente quando todo o trabalho é feito por não gargalos.

Em meu grupo, espero que ninguém considere a margem do produto como critério para aceitar um pedido. Os pedidos são aceitos apenas de acordo com seu impacto no ganho total e na despesa operacional total.

Quebramos a nuvem.

Então por que ainda temos dificuldades?

Então percebo. Ignoramos a margem dos produtos e isso funciona. Revertemos a situação das três empresas, que eram poços sem fundo, levando-as a atingir o ponto de equilíbrio. Funcionou, mas não o bastante. Toda vez que encontramos um mercado segmentado, ficamos felizes em vender nossa capacidade ociosa por preços abaixo de nossa média. Isso melhora o nosso lucro, mas é um desperdício. Um desperdício que não podemos mais nos permitir.

O problema real é que eliminamos os nichos. Não nos atrevemos a vender abaixo de nossos preços em nossos mercados principais, e não nos atrevemos a começar uma guerra de preços. Isso pode nos arruinar. Portanto, agora, em todas as nossas empresas, há muita capacidade em excesso.

Além disso, o constante declínio dos preços está erodindo os ganhos que tivemos com nossas melhorias. Precisamos fazer algo muito mais poderoso. Para nós não se trata de aumentar gradativamente os lucros. Para salvar nossas empresas, precisamos vender toda nossa capacidade a preços mais altos que a média, não mais baixos.

Como?

É exatamente isso que estou tentando descobrir. Tenho de descobrir uma maneira muito mais eficaz de quebrar a nuvem. É melhor olhar os pressupostos indicados pelas outras flechas na nuvem. Se houver uma resposta melhor, ela deve ser diferente daquilo que já estou fazendo hoje.

O caminho é claro. Leio a flecha seguinte: para "considerar a necessidade de ter margens razoáveis nos produtos", os gerentes devem "tomar decisões e agir com base na percepção de valor do fornecedor".

Aqui o pressuposto é que a margem do produto deve ser baseada no custo do produto. O que, como sei, nos leva à impressão de que um produto deve ter um único preço justo.

Com base na árvore, o remédio óbvio é poder ter muitos preços. O que quer dizer que precisamos tomar medidas para segmentar um mercado existente que, aparentemente, é uniforme.

Sim. Essa direção está clara, partindo-se da Árvore da Realidade Atual. Mas se a nuvem for útil ela deve me dar mais alternativas. Não acho que descobrir a forma genérica de segmentar um mercado que aparentemente é uniforme seja uma tarefa rápida ou fácil. Além disso, esse tipo de trabalho requer um lápis e um papel.

Antes de voltar para casa para fazer isso eu deveria examinar outras flechas na nuvem. Talvez elas possam me oferecer algumas alternativas mais fáceis.

Volto os olhos para a flecha seguinte. É a flecha do conflito. De acordo com Jonah, se você puder quebrá-la, ela geralmente oferecerá as soluções mais poderosas. Nunca precisei tanto de uma solução poderosa como agora.

"Tomar decisões e agir baseado na percepção de valor dos clientes" é mutuamente excludente a "Tomar decisões e agir com base na percepção de valor do fornecedor". Isso, evidentemente, é bom senso. Qual é o pressuposto? Que as duas percepções são diferentes? É óbvio demais.

– É óbvio depois de construir a Árvore da Realidade Atual – digo secamente a mim mesmo.

Então o que posso fazer com isso? Depois de alguns instantes descubro que o pressuposto é mais restritivo. Suponhamos que a percepção de valor do cliente seja muito alta, muito mais alta que a percepção do fornecedor. Nesse caso os gerentes não enfrentariam nenhum dilema.

Isto é, se eles não forem gananciosos.

O pressuposto é algo assim: "A percepção do cliente sobre o valor do produto é significativamente menor que a do fornecedor". Apenas nessa situação os gerentes estão diante de um dilema.

Com um olho na estrada, escrevo isso.

O que podemos fazer para mudar esse pressuposto? Tenho alguma injeção, alguma ideia para mudá-lo? Pergunto a mim mesmo.

Sim, tenho, mas é simples demais. Não é algo concreto, balbucio.

Então tenho de passar pelo processo de convertê-la em algo concreto e prático. Onde está o problema? Conheço esse processo, tenho tempo, o que preciso é de uma direção. E essa parece bem simples. Tão simples que não pode estar errada. Simples demais.

Durante alguns quilômetros há placas indicando a próxima área de descanso. Onde está?

Entro nela e estaciono.

"Tomar medidas que aumentem suficientemente a percepção de valor que o mercado tem sobre os produtos da empresa." Escrevo.

Isso é o que chamo de simples com S maiúsculo. Mas é uma direção. E, se os métodos de Jonah funcionam, deverão nos levar a uma solução.

De acordo com as diretrizes, agora tenho de escolher os objetivos estratégicos. Não é difícil, eles são justamente o oposto dos efeitos indesejáveis. Isso não deve ser muito difícil. Estou com a lista aqui... em algum lugar.

Ela não ajuda. Essa lista foi elaborada por Trumann e Doughty e contém EIs de todas as suas empresas. Nós não temos de melhorar necessariamente a habilidade de nosso pessoal de vendas ou melhorar a engenharia. Na verdade, não dispomos do tempo que isso requer. Para nós será suficiente ganhar, de alguma forma, uma vantagem competitiva dominante, rio secamente comigo mesmo.

Não, espere um pouco. Mesmo isso não será suficiente. Temos de conseguir algo de que a maioria das empresas não precisa. Temos de conseguir demonstrar rapidamente resultados financeiros impressionantes.

Escrevo lentamente o primeiro objetivo: "Vender toda a capacidade sem reduzir os preços".

Levando em consideração o total da capacidade ociosa que temos, isso trará um resultado financeiro impressionante. O problema é que temos de convencer a todos que podemos manter esses resultados a longo prazo. Isso é tão importante quanto o resto.

Acrescento outro objetivo: "Ter uma vantagem competitiva clara e dominante".

Sim. Isso é suficiente. O que preciso fazer agora é descobrir como vamos conseguir alcançar esses dois objetivos, partindo da direção sugerida. Terei de construir a Árvore da Realidade Futura.

Se há algo mais maçante que construir a Árvore da Realidade Atual é construir a Árvore da Realidade Futura, cujo ponto de partida é algo que parece tão real quanto porcos voadores.

Mas é possível. Sei que é.

Dou partida no carro e decido voltar. Procuro as placas. Não é uma má ideia descobrir onde estou. Wilmington? Onde fica Wilmington?

Então, o que é que estou esperando? Pego o telefone e ligo para Don.

– Onde você está? – Ele parece preocupado. – A reunião do comitê de orçamento vai começar em dez minutos. Acho que não posso substituí-lo.

– Pode, sim. Basta pedir para o Bill autorizar. Ele o fará. Que droga! Às 13h30 eu tinha uma reunião com o diretor financeiro.

– Não precisa me falar. – Ele parece um pouco irritado. – Não se preocupe, fui no seu lugar. Correu tudo bem. Mas onde você está? Você vai voltar hoje?

– Não sei. Ouça, Don, lembra-se da Árvore da Realidade Atual que eu dei a você na semana passada? Leve-a para casa e estude-a. Amanhã de manhã quero que você a conheça de trás para a frente.

Meu Deus! Estou em Milford. Estou a mais de 150 quilômetros de casa!

– Muito bem, Alex, posso perguntar por quê?

– É fácil adivinhar.

– Isso quer dizer que vamos tentar descobrir como aumentar as vendas?

– Sim.

– Oba! – Afasto instintivamente o telefone do ouvido. Esse homem tem ótimos pulmões. – Estávamos esperando por isso. Todos nós.

– Vejo você amanhã, às oito.

– Seria bom reservar uma sala de reuniões? No seu escritório seremos constantemente interrompidos.

– Boa ideia. E prepare-se.

– Para o quê?

– Para muito trabalho. Vamos chutar o pau da barraca.

- 19 -

Quando o café é servido, tomo coragem para levantar a questão crucial.

– Quero convencê-los de que não devemos vender minhas empresas. Isso seria um grande erro.

– Alex, já falamos mil vezes sobre isso. – Brandon Trumann parece um pouco irritado. – Esse assunto está encerrado.

Jim Doughty mostra, com um aceno, que concorda com Brandon.

– O assunto está encerrado mesmo que a situação tenha mudado? Vamos, vocês têm a mente mais aberta.

– O que pode ter mudado a esse ponto? – E, em tom condescendente, acrescenta: – Alex, desista. Essa é uma batalha perdida.

– Dê-me apenas algum tempo – digo – e transformarei minhas empresas em galinhas que botam ovos de ouro.

– E o que o faz pensar que pode fazer isso? Há duas semanas você não estava nada otimista.

– Estou otimista por causa de vocês dois. Vocês...

– Não conte conosco, nós somos os homens maus. – Jim ri.

– Alex, pensei que tinha explicado a você – Brandon tenta enfiar algum bom senso em minha cabeça dura. – Não temos escolha. A situação financeira da UniCo é muito delicada. Gostamos de você, apreciamos o que você está fazendo, mas não nos peça o impossível.

Deixo que ele termine e continuo calmamente:

– Vocês me pediram que fizesse a análise das empresas no mercado competitivo atual. Vocês começaram tudo. Não querem saber o que resultou disso?

– Sim, queremos – responde Jim. – Mas, Alex, se você acha que uma análise teórica vai fazer com que revertamos nossa decisão, você é mais otimista do que pensei.

– Ela não é totalmente teórica, tive um ponto de partida muito real. Pude extrapolar a partir da transformação da empresa gráfica.

– Apreciamos o que você fez com essa empresa. – Brandon tenta me dissuadir. – O que você fez lá foi quase um milagre. Mas acha que pode fazer a mesma coisa na I Cosméticos e na Vapor sob Pressão? Elas são muito diferentes da indústria gráfica.

– E diferentes uma da outra – acrescenta Jim.

– Eu sei, mas não estou começando do zero. Usei o que Pete fez como um guia e, continuando nossa análise, construí um plano genérico de como fazê-lo em qualquer lugar. Com esse plano deve ser relativamente fácil construir as soluções específicas para as empresas específicas.

– Você realmente acha que pode ter criado o procedimento genérico para conquistar um mercado? – pergunta Jim Doughty.

– Sim – respondo confiante. – É isso que quero mostrar a vocês.

– Qualquer mercado? Mesmo se não dermos nenhum dinheiro para investir e impusermos um prazo curto? – Brandon está estupefato.

– Depende do que você chama de prazo curto; mas seis meses seriam suficientes. – Aprendi o que pode ser feito em uma empresa em três meses. A maioria das pessoas acha que isso não é nada, eu vejo isso como uma eternidade.

– Não estou prometendo nada, com certeza não serão seis meses – diz Trumann. – Mas, se você está tão confiante, vou pagar uma rodada de drinques e então você pode nos mostrar. – Ele começa a olhar em volta para achar o garçom.

– Traga a cerveja.

A multidão que viera para o almoço já tinha saído e o lugar estava relativamente silencioso. Nosso garçom sumiu. Trumann sai da mesa e logo retorna com as canecas geladas na mão.

– Ótimo. Obrigado, Brandon. – Dou um grande gole, passo o guardanapo na boca e começo: – Para aumentar as vendas significativamente, temos de aumentar a percepção de valor do mercado de nossos produtos.

– Sim, se conseguir fazer isso – Brandon concorda. – Isso é muito melhor que reduzir preços.

– Geralmente achamos que, para aumentar a percepção de valor do mercado, nós precisamos criar produtos novos e aperfeiçoados.

– Isso aparece claramente em nossa árvore – Jim concorda. – E você sabe quanto odeio essa abordagem. Levando em consideração os altos investimentos e a baixa probabilidade de sucesso, isso simplesmente não faz nenhum sentido para os negócios. Eu sempre digo, deixe os concorrentes pavimentarem o caminho, nós seguiremos.

– Há outra abordagem – digo. – Uma abordagem que não envolve investimentos ou altos riscos.

– Agora você despertou minha curiosidade – admite Jim. – Sou todo ouvidos.

– Podemos ver a abordagem alternativa quando examinamos o que Pete fez. Ele não mexeu no produto físico, ele melhorou outra coisa.

– Como assim? – pergunta Brandon.

Tento explicar:

– Do ponto de vista do fornecedor, o produto é o produto físico real. Essa visão oferece opções limitadas de melhoria. Olhe para isso do ponto de vista do mercado. Do ponto de vista do mercado o produto é muito mais amplo. Ele inclui o serviço que o acompanha, os termos financeiros, a garantia... O produto é a oferta total.

– Faz sentido. – Brandon balança a cabeça lentamente.

– Todos os fornecedores sabem disso – Jim é mais crítico. – Veja quanta importância é dada hoje em dia para o atendimento ao cliente, para o cumprimento da data de entrega, para prazos de entrega curtos.

– No entanto – argumento –, quando nós, os fornecedores, falamos sobre melhorar o produto, isso é instintivamente traduzido em investimentos na engenharia, nos equipamentos e em uma quantidade enorme de tempo. O que Pete percebeu foi que, para mudar drasticamente a percepção aos olhos do mercado, não é preciso melhorar o produto físico. Ele pode mudar a periferia, a parte da oferta que não é o produto físico. E isso, meus amigos, pode ser feito quase sem nenhum investimento, e muito rapidamente.

Jim não parece entusiasmado. Muito longe disso.

– Sou a favor disso – observa Brandon, amavelmente. – Entretanto, Alex, isso é prático ou só uma teoria? Quero dizer, isso parece ótimo, mas há um problema. Como você vai saber quais são as mudanças na oferta que terão um grande impacto nos clientes? Mudanças que ainda não foram implementadas por seus concorrentes?

– Ah, isso é fácil. – Sorrio. – Mas deixem-me começar apresentando um pano de fundo. Lembram-se do que realmente determina a percepção de valor de um produto aos olhos do mercado? Não é o esforço de produzi-lo, é o benefício gerado pela posse do produto.

Eles concordam com a cabeça; já discutimos isso antes.

– Nós sabemos que há dois tipos de benefícios. Acrescentar algo positivo ou eliminar algo negativo. Observem qualquer propaganda. Vejam como um carro é anunciado. Ele é confortável, confiável, ou vem com um ótimo desconto de fábrica. Como vocês perceberam, só o primeiro, o conforto, é uma vantagem. Os outros dois são a eliminação de pontos negativos.

– Qual é o significado de confiável? Você não vai ter de levar o carro para a oficina com tanta frequência. A confiabilidade não é um acréscimo em si mesma, ela reduz um negativo que é inerente à posse do produto.

– Uma redução de preço, ou um desconto de fábrica, é a mesma coisa. Pagar é um ponto negativo inerente que vem com o produto. Mas, se você comprar o nosso, vai lhe custar menos.

– Essa distinção entre positivos e menos negativos é muito interessante. – Jim sorri. – Mas por que você está mencionando isso?

– Por que vocês estão me pressionando com referência ao tempo? Eu acredito que a forma mais poderosa de aumentar a percepção de valor do mercado é acrescentando pontos positivos. Mas podemos conseguir aperfeiçoamentos mais fáceis e rápidos, concentrando-nos em eliminar os pontos negativos. Os clientes os conhecem muito bem, não precisamos persuadi-los de que eles existem, e também não precisamos persuadi-los a querer se livrar deles. Esse é o caminho de menor resistência. Pensem nisso, foi exatamente isso que Pete fez. Primeiro ele resolveu definir seu mercado com base na ótica dos compradores, pois são estes que interagem diretamente com ele. Quando Pete consegue melhorar a percepção dos compradores, eles reagem quase que imediatamente. Ele, então, resolveu os problemas mais importantes dos compradores. Não admira que a percepção de valor dos compradores sobre a oferta de Pete tenha dado um salto fenomenal.

– Espere um pouco. – Jim está em guarda. – O que você está dizendo é que precisamos conhecer o cliente, temos de ter certeza de que estamos atendendo suas necessidades.

– Exatamente.

– Desculpe-me Alex – ele parece desapontado –, mas essa é a primeira regra no mundo dos negócios. Todos estão se esforçando para encontrar as reais necessidades de seus clientes e atendê-las melhor que seus concorrentes Não estou vendo nada de novo no que você está nos contando.

– Não, Jim. Todas as empresas dizem que é isso que estão fazendo, mas quase ninguém está realmente agindo assim.

– Não sei se entendi bem. – Jim agora está mais cauteloso.

– Muito bom. Diga-me, como você acha que as empresas descobrem as verdadeiras necessidades de seus clientes?

– Não sei os detalhes, mas elas fazem isso. Sei que elas investem muito em pesquisas de mercado, por exemplo.

– Ótimo exemplo – concordo. – Há apenas quatro meses fizemos esse tipo de pesquisa no mercado da Vapor sob Pressão. Nosso departamento de pesquisa de mercado nos entregou um documento de duzentas páginas com muitos dados. Aposto que todos os EIs dos clientes, especialmente os relacionados a nós ou aos nossos produtos, estavam listados em tabelas, diagramas e histogramas. Muitos *benchmarkings* e todo tipo de referência cruzada que você possa imaginar estavam ali. Mas sabe o que fizemos com aquilo?

– Provavelmente nada – ele admite.

– Quase. Ficamos impressionados. Nós até introduzimos algumas atividades para tentar solucionar alguns EIs, mas isso realmente não nos disse nada que não soubéssemos, ou pelo menos não suspeitássemos.

– Então, qual é a sua posição?

– Acho que você está certo. Todos estão tentando solucionar os EIs dos clientes. Mas compare isso com o que Pete fez. Você vê a diferença?

Bebo um pouco de cerveja e dou tempo para eles pensarem no que falei.

– Há uma diferença – admite Jim –, e não é pequena. Mas não consigo expressá-la em palavras...

– Isso acontece porque você não está acostumado com nossa terminologia. A diferença é que todos estão tentando resolver os EIs dos clientes, enquanto o Pete está resolvendo o problema-raiz dos clientes.

– Mas é claro – reforça Brandon. – Sempre afirmei que lidar com os sintomas não é eficaz. Devemos atingir as causas-raiz.

– Isso não é suficiente. – Tenho de ter certeza de que eles realmente entenderam como tudo se encaixa. – Para mim, as causas-raiz não são suficientes. Devemos tentar corrigir um problema-raiz, um que seja responsável não só por um ou dois EIs, mas por toda uma gama deles.

– Entendo – diz Jim. – E você parece ter a ferramenta perfeita para fazer isso, a Árvore da Realidade Atual. Você nos mostrou que pode começar com uma lista de EIs aparentemente desconectados e acabar com um problema-raiz. Que demonstração. Eu nunca vou esquecê-la.

Puxa vida, Jim é mesmo inteligente.

– Lembram-se de sua preocupação em descobrir que mudanças em nossa oferta ocasionariam um grande impacto nos clientes? – tento resumir. – Brandon, agora você entende por que estou tão certo de que seremos capazes de fazer isso?

Ele ainda está vacilante, mas sua expressão está mais relaxada e confiante.

– Então deixe-me ver se entendi sua sugestão – Jim continua. – Primeiro, você vai pesquisar o mercado para descobrir os EIs.

– Jim, não preciso pesquisar o mercado, acho que pesquisas são um desperdício de tempo e dinheiro. Meu pessoal conhece o mercado suficientemente bem para fazer uma boa lista representativa de EIs, e, mesmo que não conhecesse, bastaria conversar com dois ou três clientes para que EIs suficientes viessem à tona. Não precisamos ter todos os EIs para escrever uma boa Árvore da Realidade Atual, uma amostra representativa é geralmente suficiente para identificarmos o problema-raiz.

– Certo. Então você vai pegar os EIs de seus mercados, construir uma Árvore da Realidade Atual e, por meio dela, vai identificar um problema suficientemente profundo. – Jim para e olha para mim com um ar de interrogação.

Balanço a cabeça em sinal de aprovação e ele continua:

– Então vai ver que mudanças temos de fazer, não no produto físico, mas na oferta integral, de modo a solucionar melhor um problema profundo do mercado. Isso é intrigante.

– Intrigante? É engenhoso. – Brandon bate na mesa em sinal de aprovação.

Reclino-me na cadeira e termino minha cerveja. Eles fazem o mesmo. Depois de algum tempo Jim pergunta:

– Como é que você sabe que não se esqueceu de nada? Que não negligenciou um ângulo que poderia surgir e atrapalhá-lo?

– Boa pergunta – respondo. – Vou acrescentar algo. Você sabe que, quando muitos problemas de uma pessoa são eliminados, ela pode mudar de comportamento. Aqui estamos falando de resolver um problema profundo que vai eliminar muitos EIs. Devemos esperar que o comportamento do mercado mude por causa disso. O que garante que essa mudança será boa para nós? Quem garante que ela não pode se voltar contra nós e, depois de algum tempo, nos deixar em pior situação do que quando começamos?

– Boas perguntas – comenta Brandon. – Mas acho que, como ocorre com qualquer mudança, temos de aceitar alguns riscos.

– Algum nível de risco é inevitável – respondo. – Mas sou muito paranoico para não tentar reduzir o risco tanto quanto possível. E temos o mecanismo perfeito para isso. Vejam, depois de construir a Árvore da Realidade Atual do mercado, ficamos bem cientes das causalidades subjacentes. Então o que fazemos é presumir que estamos lançando nossa nova oferta e prever logicamente qual deverá ser o impacto inevitável no cliente. Em outras palavras, construímos a Árvore da Realidade Futura do mercado.

Parece que eles entenderam.

– Agora vamos usar o recurso mais usado e poderoso que temos. Em nossa empresa, como em qualquer outra, não faltam pessoas cuja reação instintiva diante de qualquer sugestão é "Sim, mas…". Um pequeno "sim" e um grande "mas". Então pegamos essa Árvore da Realidade Futura que construímos e a mandamos para o maior número possível de áreas de nossa empresa, pedindo que mandem suas ressalvas.

– Não há dúvida de que vocês receberão. Um monte delas – diz Jim rindo.

– É muito importante não ignorar essas ressalvas desagradáveis. Cada uma delas é uma pérola, porque, se as levamos a sério, se escrevemos cada ressalva como um ramo negativo lógico, podemos identificar tudo o que pode dar errado.

– E muito que não pode – Brandon acrescenta com ironia.

– Agora, os ramos negativos que levam a riscos reais têm de ser podados, o que significa que temos de completar nossa oferta com providências adicionais que praticamente vão garantir que os pontos negativos identificados não vão ocorrer.

– Sim, muito inteligente. Dessa forma, se funcionar, você terá uma ótima oferta, uma oferta que vai aumentar sua vantagem competitiva significativamente. Alex, quanto tempo leva esse processo?

– Não sei. Acho que menos de um mês. Tenho de reservar tempo para implementá-lo e obter os pedidos.

– Aos pedidos! – Jim levanta sua caneca. Nós olhamos. Nossas canecas estão vazias. Jim pega o copo com água, Brandon e eu também, e todos fazemos um brinde. – Alex, e a segmentação do mercado? – ele pergunta. – Essa linda ideia que saiu de nossa Árvore da Realidade Atual? Você não vai usá-la?

Fico surpreso outra vez ao ver quanto eles aprenderam com aquela árvore.

– Talvez não no começo, mas com certeza vou usá-la.

– A questão era segmentar um mercado que agora é uniforme, não apenas atingir nichos. Você sabe como fazer isso, como construir essa diferenciação? – Jim não para.

– Acho que sim.

– Então? – Estão me pressionando outra vez.

– Bem, é simples. – Talvez seja, mas outra vez fico pensando como explicar isso para que fique claro. – Na verdade, é uma derivação do que estávamos conversando. Veja, Jim, nós deixamos uma questão em aberto: qual é o mercado de uma empresa? Podemos defini-lo como a pessoa com quem a empresa interage. Podemos defini-lo como as empresas para as quais ela vende seus produtos. Podemos defini-lo como as empresas que compram daquelas para as quais vendemos. Ou podemos até definir o mercado como o consumidor final.

– Creio que podemos fazer a análise de cada estágio, e quanto mais perto chegamos do consumidor final, mais soluções poderosas encontraremos. Claro que a implementação será mais abrangente, teremos de convencer os elos intermediários a colaborar.

Será que os deixei confusos? É melhor eu tentar responder rapidamente à pergunta de Jim.

– A questão realmente interessante é: quantas Árvores da Realidade Atual devemos escrever se estivermos servindo dois mercados diferentes? O que vocês acham?

– Imagino que duas – Brandon decide participar.

– E se esses dois mercados estiverem sobrepostos, em outras palavras, se não estiver bem claro onde um mercado termina e o outro começa?

– Ainda assim, acho que duas.

– E se em um desses mercados pudéssemos ter dois grupos de clientes, entre os quais a única diferença fosse que um grupo, além de ter todos os EIs do outro, também tivesse mais alguns EIs próprios? E então, o que aconteceria?

– É interessante a forma como você está distinguindo os mercados, de acordo com os seus EIs. Mas, respondendo à sua pergunta, ainda acho que são duas.

Jim balança a cabeça, concordando.

– Acho que é um erro. Vejam por este ângulo. Se construímos apenas uma árvore, mesmo distinguindo que grupo tem quais EIs, podemos imaginar que nossa oferta tenha dois componentes. Um que resolve todos os EIs em comum e um componente adicional que resolve os EIs adicionais. Do nosso ponto de vista, já que as mudanças são na periferia e não no produto físico, teremos a tendência de considerar isso como se fosse um só produto. Mas veja pela perspectiva do mercado. Para o grupo com os EIs adicionais, a oferta expandida é muito mais valiosa. E eles estarão dispostos a pagar um preço mais alto.

– Muito esperto, Alex. É assim que você cria a segmentação. – Jim parece satisfeito com minha resposta. Finalmente.

Brandon ainda está aprovando com a cabeça:

– Fascinante.

Decido que chegou a hora de pular na jugular.

– Então, posso presumir que minhas empresas estão fora de perigo?

– Você está querendo dizer que deveríamos parar com todas as atividades para vender suas empresas? – Jim sorri para mim.

– Sim. Pelo menos por enquanto.

– Alex, ponha os pés no chão. – Brandon usa seu tom condescendente outra vez. – Seu plano de ação é muito inovador e nós o apoiamos. Mas não me diga que não notou o ponto fraco. Primeiro, o que garante que, quando você terminar a análise do mercado, não descobriremos que você e seus concorrentes já estão atendendo o problema-raiz do mercado? Segundo, mesmo que se descubra que isso não está acontecendo, o que garantirá que você será capaz de solucionar o problema-raiz do mercado? Talvez ele não tenha nada a ver com sua oferta. Terceiro, mesmo que o problema-raiz do mercado tenha relação com sua oferta, quem disse que você será capaz de implementar mudanças que vão afetá-lo? Talvez as mudanças necessárias estejam fora do seu controle ou exijam grandes mudanças no próprio produto.

Agora vejo por que Brandon está na posição poderosa em que está. Acho que eu não poderia ter compreendido tudo tão rapidamente. Definitivamente eu não seria capaz de apontar de imediato e com precisão todos os pontos fracos. É impressionante.

– Isso não significa – ele continua – que achamos que você não tem a menor chance. Você pode conseguir. A empresa gráfica é prova de que algumas vezes isso pode funcionar.

– Vocês estão dispostos a aceitar o risco? Se eu tenho uma chance de conseguir e vocês não me derem tempo, poderão estar vendendo uma mina de ouro por alguns centavos.

– Não vamos nos arriscar – Jim explica. – De qualquer forma, nas próximas semanas não há nenhuma grande atividade agendada. Até lá você saberá se seu plano tem alguma chance de funcionar. Mantenha-nos informados. Se você descobrir que pode resolver o problema-raiz do mercado de uma empresa, saberemos o que fazer. Lembre-se, não tivemos problema algum em ajustar-nos ao sucesso da empresa gráfica. E não teremos problema algum em lidar com qualquer outro sucesso.

– Não, não teremos – Brandon me assegura. – Lembre-se apenas de nos manter informados. Bom trabalho, Alex. Excelente.

Não, não foi uma perda de tempo. Nem a reunião nem o trabalho meticuloso que tivemos para desenvolver as ideias que apresentei. Agora tudo depende de nós. Se continuarmos a usar os Processos de Raciocínio e implementarmos as conclusões de bom senso que surgirem, estaremos fadados a vencer.

Não estou com medo dos pontos levantados por Brandon. Eles não são novos para nós, todos foram identificados na análise. Acho que temos boas maneiras de lidar com eles.

Não foi fácil fazer a análise. Não é divertido construir árvores lógicas, nem glamoroso, e os pontos altos das descobertas estão enterrados no campo cinzento dos "se..., então...". Don e eu trabalhamos feito escravos dois dias inteiros, usando os Processos de Raciocínio de Jonah para chegarmos às conclusões que agora parecem óbvias. Lembro-me detalhadamente como foi.

- 20 -

Quando cheguei, Don ainda não estava lá.

Então, decido não perder tempo. Puxo o *flip-chart* do canto e viro as folhas até achar uma em branco. Tiro do bolso um bloco grosso de *post-its*. Em um deles, escrevo: "A empresa vende toda sua capacidade sem reduzir os preços". Em outro: "A empresa tem uma vantagem competitiva aparente e predominante". Coloco os dois no topo da página.

– Ótimos objetivos, bom dia – Don me cumprimenta ao entrar.

– Bom dia – respondo e começo a escrever em outro *post-it*.

– Quer café? – ele pergunta.

– Sim, por favor. – E colo o *post-it* no final da página. Leio em voz alta: "A empresa toma medidas que aumentam suficientemente a percepção de valor que o mercado tem sobre seus produtos".

– O que é isso? – pergunta Don. – O tema da análise de hoje?

– De certo modo, sim – concordo e pego a xícara que ele me oferece. – Também é a injeção que tirei da nuvem. – Quando vejo a expressão dele, acrescento: – Sei que não é muito, mas esse é o nosso ponto de partida.

– É isso que você chama de ponto de partida? – Don está surpreso. – Para mim mais parece um final.

– Vamos dizer que, no presente momento, pareça mais com um pensamento positivo – admito.

– O que devemos fazer com isso? – Ele não está feliz. – Achei que você tivesse descoberto algo mais concreto. Um verdadeiro ponto de partida. Como vamos construir uma Árvore da Realidade Futura com isso?

Don não tem muita experiência em construir Árvores da Realidade Futura, especialmente quando o ponto de partida é um "pensamento positivo".

– Da mesma forma que sempre fazemos – tento acalmá-lo. – Começaremos com essa injeção e, usando flechas de "se..., então...," tentaremos chegar a esses dois objetivos. Usaremos afirmações adicionais que sejam verdadeiras mesmo no presente e, se necessário, acrescentaremos mais injeções até alcançarmos os objetivos.

– Mais afirmações, mais injeções? Deixe disso, Alex, com um ponto de partida desses eu chego nos objetivos sem dificuldade alguma. Mas qual o propósito disso? O resultado não será uma Árvore da Realidade Futura, será, sim, uma Árvore da Fantasia Futura! Como vamos atingir o que você chama de ponto de partida? Esse é o verdadeiro problema.

– Eu sei, e você sabe que eu sei. Então pare de reclamar e vamos fazer uma ligação formal com os objetivos.

– Mas, Alex – ele continua a argumentar –, se não temos a menor ideia de como atingir a injeção, se é apenas uma fantasia, faz algum sentido continuar?

– Sim, faz – falo com firmeza. – Antes de quebrarmos nossas cabeças tentando descobrir como atingi-lo, devemos primeiro saber se realmente queremos isso, se vai resolver o que é necessário. Não tenho tanta certeza quanto você de que essa injeção, por si só, seja suficiente para atingirmos nossos objetivos.

– Mas...

– Se é tão fácil quanto você está dizendo, por que estamos discutindo? Vamos acabar logo com isso.

– Acho que faz sentido ver o panorama geral antes de nos debruçarmos sobre os detalhes. – Don não está muito entusiasmado.

– Se "A empresa toma medidas que aumentem suficientemente a percepção de valor do mercado sobre seus produtos" – falo, começando a construir a Árvore da Realidade Futura –, então "A percepção de valor que o mercado tem sobre os produtos da empresa é maior que os preços atuais".

– Por que você afirma isso? – Don está agressivo.

– Por causa da palavra "suficientemente". Como você interpretaria as palavras "aumentam suficientemente a percepção de valor" se não estiver acima do preço atual?

– Entendo o que você está fazendo. – A expressão de Don começa a se desanuviar. – Com a construção da Árvore da Realidade Futura você quer entender melhor sua injeção.

– Exatamente – confirmo. – E, se Jonah estiver certo, isso deve nos dar um entendimento detalhado do assunto. Tão detalhado que vamos saber como conseguir implementá-lo.

– Boa ideia – Don sorri. – Posso continuar?

– Por favor. – Entrego a ele um bloco de *post-its*.

Ele escreve outra e lê:

– Se "A percepção de valor do mercado sobre os produtos da empresa é maior que os preços atuais", então "O mercado não está em conflito com os preços praticados pela empresa".

– Bom – digo –, mas não o bastante. Isso ainda não garante uma vantagem competitiva.

– Certo – concorda Don. – O mercado pode não estar em conflito com os nossos preços, mas ao mesmo tempo ele pode ter menos conflitos ainda com os preços dos nossos concorrentes. Você tem razão, vamos ter de incluir outra injeção. Algo como: "A percepção de valor que o mercado tem sobre os produtos da empresa é maior que a percepção que ele tem sobre os produtos dos concorrentes". Isso nos dará uma vantagem competitiva.

– Levando em consideração que nós temos de alcançar uma "vantagem competitiva predominante", sugiro que você mude "maior" para "muito maior". Isso resolve o problema.

– O papel aceita todos os sonhos – Don murmura enquanto corrige a injeção. – Agora parece que podemos fazer a ligação com um dos nossos objetivos: "A empresa tem uma vantagem competitiva aparente e predominante". Eu disse que ia ser muito fácil.

– Don – digo com paciência –, você cuidou da "vantagem competitiva", mas não comprovou que essa vantagem competitiva é clara. Para fazer isso você tem de provar que a nossa fatia de mercado cresce.

– Você tem razão, preciso das duas injeções. – Ele não está impressionado. – Se "A percepção de valor que o mercado tem sobre os produtos da empresa é muito maior que a percepção que ele tem sobre os produtos da concorrência" e se "O mercado não está em conflito com os preços cobrados pela empresa", então "A empresa aumenta sua fatia de mercado". Agora chegamos ao ponto em que o mercado prefere nossa empresa a nossos concorrentes e, como resultado, aumentamos nossa fatia de mercado. Posso ligar com o objetivo apropriado? – E ele desenha as flechas correspondentes.

– Don, acho que você está sendo muito apressado. Não acho que você tenha estabelecido uma vantagem competitiva predominante.

– O que mais está faltando?

– O que garante que os concorrentes não vão copiar imediatamente as nossas medidas e com isso eliminar a nossa vantagem?

– Entendo. – Ele pensa por alguns minutos. – Acho que vamos ter de acrescentar outra injeção. Algo como: "As medidas tomadas pela empresa são difíceis de serem copiadas pelos concorrentes".

– Isso vai funcionar – concordo.

Quando acaba de acrescentá-la à árvore, ele diz:

– Com base na mesma lógica, também posso ligar isso a outro objetivo. "A empresa vende toda a sua capacidade sem reduzir preços." Está bem?

– Não, não está bem, acho que temos de acrescentar mais uma injeção. – E entrego-lhe um *post-it*. – Temos de ter certeza de que aumentamos a percepção de valor em um mercado ou mercados suficientemente grandes. Muito maior que a nossa capacidade disponível.

Ele lê o *post-it*:

– "O mercado visado pela empresa é muito maior que nossa capacidade disponível."

Sem problemas. Ele cola o *post-it* na grande folha branca e completa a árvore.

– É muito fácil alcançar formalmente nossos objetivos quando nos é permitido usar sonhos – ele comenta.

– Sim. – Eu rio. – Parece que nossas injeções serão reais só no dia em que os porcos voarem. Mas você tem de admitir que até agora não perdemos nosso tempo. Agora sabemos o que é necessário. Não é suficiente aumentar a percepção de valor do mercado para que ela fique acima dos nossos preços, também temos de aumentá-la para ficar bem acima da percepção de valor do mercado sobre os produtos dos concorrentes.

Precisamos fazer isso em um mercado grande o suficiente para consumir toda a nossa capacidade. E precisamos fazer tudo isso de uma forma que seja difícil para os nossos concorrentes copiarem.

– Só isso? Que fácil – ele tenta ser sarcástico. – Então agora, em vez de um porco voador, nós temos quatro. É isso que eu chamo de progresso.

– Na verdade, não são quatro. As injeções que acrescentamos são elaborações baseadas na original, elas a tornam mais explícita.

– Não suficientemente explícita, pelo menos para mim. – Ele suspira.

– Ainda não acabamos – tento encorajá-lo. – O que temos de fazer agora é usar o verdadeiro poder da Árvore da Realidade Futura, as Ressalvas de Ramo Negativo.

– Como isso vai nos ajudar?

– Pode nos ajudar a cortar as asas dos porcos.

– Se você pensa assim – ele murmura, sem muita esperança.

Copio a injeção original, viro a página e a colo no final. Leio de novo:

– "A empresa toma medidas que aumentam suficientemente a percepção de valor que o mercado tem sobre seus produtos." Don, o que aumenta o valor percebido pelo mercado?

– Um produto melhor.

Sei que não temos condições de fazer isso. Essa é a verdadeira razão de nossas injeções parecerem um porco voador. Mas, de acordo com Jonah, se seguirmos esse caminho, devemos chegar a uma solução prática. Espero que ele esteja certo. Como não tenho alternativa, uso o tempo para escrever de modo adequado.

Don lê o que escrevi:

– Se "A empresa toma medidas que aumentam suficientemente o valor percebido pelo mercado quanto a seus produtos" e se "O mercado aprecia produtos melhores", então "fica aparente que a empresa lançou, com sucesso, produtos melhores". O ramo negativo é óbvio: "É preciso investir tempo e dinheiro para lançar um produto novo". Coisas que não temos.

– Correto, mas devemos escrever isso. Se "Fica aparente que a empresa lançou melhores produtos com sucesso" e se "É preciso investir tempo e dinheiro para lançar um produto novo", então "Fica aparente que a empresa investiu tempo e dinheiro". Como você disse, "não temos dinheiro e tempo", portanto a conclusão é: "Somos substituídos como gerentes da empresa". Isso é um ramo negativo, não há dúvida.

Levanto-me e pego nossas xícaras para tornar a enchê-las.

– Don, em que ponto do nosso ramo negativo passamos de positivo para negativo? A injeção é positiva. Lançar um produto novo com sucesso é positivo. O passo seguinte é negativo: investir tempo e dinheiro. É nesse ponto que temos de nos concentrar. Qual o pressuposto existente sob a flecha de ligação?

– Alex – Don limpa a garganta –, estamos pressupondo que o novo produto é realmente novo.

– O que você quer dizer com isso?

– E se o produto novo for apenas o antigo, com pequenas modificações? Nesse caso a empresa não precisa investir muito dinheiro e tempo. Não, isso não é um porco voador, é real. Pegue a solução do Pete como exemplo. Ele fez mudanças mínimas em sua oferta, e não foi preciso investir nem dinheiro nem tempo.

– Sim, boa ideia. Vamos colocá-la de volta em nossa Árvore da Realidade Futura.

– Como?

– Tome sua xícara. – Entrego-lhe o café e viro a folha. – Temos uma nova injeção. "A empresa introduz pequenas mudanças que aumentam suficientemente a percepção de valor do mercado sobre seus produtos." – E colo o *post-it* no final da página. – Agora, nosso porco voador do início não é mais uma injeção, é uma derivação. Veja, se "A empresa introduz pequenas mudanças que aumentam suficientemente a percepção de valor do mercado sobre seus produtos", então "A empresa toma medidas que aumentam suficientemente a percepção de valor do mercado sobre seus produtos".

– Devo admitir que a nossa nova injeção é mais viável. Mas ainda não temos a menor ideia de onde procurar as pequenas mudanças que vão fazer a diferença. Nossa nova injeção ainda tem asas – ele diz secamente.

– Que teremos de cortar. – Não perco meu otimismo.

– Como? – Don está desanimado. – Não consigo ver nem um ramo negativo que possamos escrever.

– Quando tudo o mais falhar, leia de novo a Árvore da Realidade Atual – repito as palavras de Jonah. – Se há alguma dica que possa indicar o caminho, ela estará lá.

Don já não argumenta mais.

Lemos a árvore de novo. Para minha surpresa, encontramos uma dica. Bem no começo.

– Ouça isto, Don: "A percepção de valor do mercado está de acordo com os benefícios de ter o produto". – Escrevo isso em um *post-it* e colo-o perto da injeção que está no final da página.

– Não vejo qual a relevância disso.

Ignoro-o. Finalmente estamos chegando a algum lugar.

– Se "A empresa introduz pequenas mudanças que aumentam suficientemente a percepção de valor do mercado sobre seus produtos" e se "A percepção de valor do mercado está de acordo com os benefícios de ter o produto", então "Fica aparente que as pequenas mudanças que a empresa introduz trazem grandes benefícios para seu mercado". Vamos, Don, quais são as coisas que trazem benefícios? Que benefícios adicionais a solução de Pete trouxe?

– Você mesmo já disse. A solução de Pete trouxe uma solução.

Por um segundo não entendo. Então percebo quanto o comentário de Don é esclarecedor.

– Você tem toda razão. A solução de Pete não foi apenas uma solução para a empresa dele, foi uma solução para o dilema dos seus clientes. Como podemos generalizar isso?

– Fácil – ele responde e começa a escrever, apagar, a mudar os *post-its* de lugar e reescrevê-los até chegar finalmente a esta afirmação: "Um produto que resolve os problemas dos clientes potenciais traz benefícios; quanto mais numerosos e maiores forem os problemas resolvidos, maiores serão os benefícios".

– Muito bem – concordo totalmente.

– Se aceitamos isso e aceitamos que "Fica aparente que as pequenas mudanças que a empresa introduz trazem grandes benefícios para seu mercado", então a conclusão inevitável é que "As pequenas mudanças que a empresa introduz são aquelas que resolvem muitos dos problemas do seu mercado (clientes potenciais); quanto mais problemas forem resolvidos, melhor". Alex, estamos chegando lá, mas ainda não sei o que podemos fazer com isso.

– Do que você está falando? Nós conseguimos. Fizemos nosso porco aterrissar! – Pulo da minha cadeira. – Não está vendo?

Ele não estava vendo, ainda não.

– Don, o que é mais eficaz, tratar um sintoma ou uma causa?

– O que é isso? Uma pergunta boba? Claro que é mais eficaz tratar a causa do que o sintoma.

– O que é mais eficaz – continuo a perguntar –, tratar a causa de um problema ou a causa de muitos problemas?

Don começa a sorrir.

– A causa de muitos problemas. E como podemos achar a causa de muitos problemas do mercado? Nós sabemos. Sim, nós sabemos. Que solução simples. Como não vimos isso antes? É tão óbvio. Se quisermos uma solução de marketing para nossa empresa, não devemos analisar nossa empresa, devemos analisar o mercado da empresa. A solução para o marketing está no mercado. Tão simples. Tão óbvio.

– Sim – concordo. – Todos conhecem seus EIs, mas poucos conhecem seu problema-raiz. Se quisermos oferecer muitos benefícios para o mercado, é melhor que tratemos do seu problema-raiz, não de seus sintomas, como todo mundo está fazendo. E nós estamos em uma posição privilegiada para fazer isso. Temos a ferramenta perfeita: a Árvore da Realidade Atual.

Don se levanta e apertamos as mãos um do outro.

– Alex, tenho de confessar que não achava que fôssemos conseguir coisa alguma com seu ponto de partida. Do meu ponto de vista ele não era um porco voador, era uma baleia voadora. Mas agora o jogo mudou.

– Então vamos em frente, Don. Vamos reescrever a Árvore da Realidade Futura. Desta vez começando com uma injeção tangível. Vamos ver aonde ela vai nos levar.

Don cola a nova injeção: "A Árvore da Realidade Atual do mercado da empresa é construída".

– Aposto que essa injeção vai cortar as asas de todas as nossas injeções originais. Elas não serão mais sonhos. Tenho certeza de que vão se transformar em derivações lógicas.

– Vamos ver – eu o encorajo a continuar. Ele está certo. Talvez precisemos de mais injeções, mas já estamos descendo a ladeira. Não há mais porcos voadores.

– Muito bem. Agora deixe-me acrescentar que "Uma Árvore da Realidade Atual é uma maneira muito eficaz de ligar problemas, EIs, à sua origem". A derivada é que "A empresa pode determinar quais são as causas profundas na Árvore da Realidade Atual que podem ser removidas pelo tipo de oferta da empresa". Alex, espere um pouco. Como sabemos que vai haver uma causa profunda que terá alguma relação com a oferta da empresa?

– Nós sabemos, Don. Está bem. Em qualquer caso real o mercado tem mais de um EI que está relacionado com o fornecedor. Não só devido ao seu produto, mas também ao seu serviço, termos financeiros etc.

– Entendo – ele concorda. – E como há mais de um EI que se origina de nós, certamente encontraremos uma causa profunda que poderemos solucionar. Isso é lindo. Isso quer dizer que não teremos nenhum problema em identificar quais são as pequenas mudanças que temos de implementar para proporcionar grandes benefícios aos nossos clientes. Vou acrescentar isso à árvore. Isso vai transformar nossa injeção original em uma simples derivação lógica.

Concordo que certamente vamos descobrir uma causa profunda que poderemos solucionar. Rezo para que possamos solucioná-la apenas com pequenas mudanças. Provavelmente será assim, já que há tantos EIs que se originam de nosso serviço.

Enquanto ele faz isso eu me concentro na próxima injeção. Como podemos garantir que a percepção de valor do mercado sobre os nossos produtos seja maior que sobre os dos nossos concorrentes?

Para minha surpresa, percebo que não é necessário mais nenhuma injeção adicional. O mercado tem vários EIs existentes que estão relacionados com nosso tipo de produto (inclusive com a forma como ele é oferecido no momento). Isso quer dizer que atualmente ninguém está atacando com sucesso o problema-raiz responsável por esses EIs. Se fizermos isso, o mercado certamente terá uma percepção de um valor maior de nossos produtos. Sem dúvida.

Sei que para os mercados de cada uma de minhas empresas esses EIs não são pequenos. Aliviar todos esses EIs será altamente benéfico. Vamos conseguir uma vantagem competitiva dominante.

Quando Don acaba, vou até o *flip-chart* e ponho as afirmações e flechas adequadas. Quando termino, a injeção "A percepção de valor que o mercado tem sobre os produtos da empresa é maior que a percepção que ele tem sobre os produtos dos concorrentes" não é mais uma injeção. É uma derivação, um resultado.

– Entendo por que você insistiu em escrever a Árvore da Realidade Futura mesmo ela parecendo estar tão fora da realidade. – Don está radiante. – Agora ela nos oferece um mapa claro. Sabemos exatamente o que temos de fazer.

– Então vamos fazer logo. Qual a próxima injeção que temos de ligar?

– "As medidas que a empresa toma são difíceis de serem copiadas pelos concorrentes" – ele lê no quadro. – Como podemos garantir que os concorrentes terão problemas em copiar a nossa oferta?

Continuamos o processo insistindo em cada detalhe e construindo um mapa rigoroso para Bob e Stacey seguirem.

– 21 –

Estou meio sentado, meio deitado em frente à televisão, mal prestando atenção ao jornal. Foi um dia muito cansativo, especialmente com a bomba que Pete jogou no meu colo antes de o dia acabar. O problema é sério, e se não for resolvido imediatamente tudo pode entrar em colapso.

A empresa da Stacey será vendida para a sucata, as empresas de Pete e Bob serão vendidas a preço de banana, e em pouco tempo eles também serão destruídos. E eu? Eu serei jogado na rua, em desgraça. Trumann e Doughty se certificarão disso. Tudo depende de uma rápida solução para esse problema inesperado. Bem, não exatamente inesperado. Suspeitei disso desde o começo, mas quem poderia adivinhar que seria tão sério?

Por que justamente quando tudo parece estar sob controle a realidade prova que não é assim? Se há algo de que não posso reclamar é de viver uma vida sem graça. Um pouco de agitação é bom, mas essa montanha-russa em que estou é um pouco demais.

O pior de tudo isso é que, pessoalmente, não posso fazer nada. Minhas mãos estão atadas. A única coisa que posso fazer é sentar e esperar pacientemente que Pete e Don acabem com a bagunça. Se há algo que deixa os nervos mais à flor da pele do que ser um guerreiro é ficar atrás da linha de frente torcendo para que os guerreiros vençam.

Será que tenho razões reais para estar preocupado? Tudo começou às quatro da tarde, quando Fran me passou um telefonema de Pete.

– Alex, acho que estou começando a ter um pequeno problema.

Conhecendo a ascendência britânica de Pete, logo suspeitei de um grande problema.

– O que está acontecendo? – pergunto com calma.

– Meu pessoal não está conseguindo vender nossa nova oferta – ele responde, sem nenhuma emoção.

– Como assim? – Estou sinceramente surpreso. – De acordo com seus relatórios, você fechou mais três negócios nas últimas duas semanas.

– Sim, Alex. Esse é o problema. Eu fechei esses negócios, não o meu pessoal. Eles não conseguiram fechar nada até agora. Não é que não tenham tentado. Eles tentaram. Mas agora estão tão desesperados que se recusam a continuar tentando. Estou achando que vamos ter de reduzir a previsão.

– Espere, Pete, não seja tão apressado. Dê-me mais detalhes.

– Não há mais o que dizer. – Pete parece desanimado. – Eu acabei de sair de uma reunião de vendas. Cada um de nossos vendedores já tentou vender e fracassou. Eles alegam que a nossa oferta é muito complicada e que os compradores não a entendem. O meu vice-presidente de vendas é que está liderando a rebelião. Ele já tentou quatro vezes, com quatro clientes potenciais muito bons. Agora está convencido de que é invendável.

– Quantas vezes você já tentou? – pergunto.

– Cinco.

– E?

– E temos cinco bons contratos. Mas a questão não é essa. Eu não posso ser o único vendedor de minha empresa. E não posso mais pressioná-los.

– Espere. Deixe-me pensar.

Depois de alguns instantes de silêncio, pergunto:

– Pete, você achou difícil vender a ideia?

– Não, nem um pouco. É isso que está me deixando confuso.

– Você mostrou ao seu pessoal exatamente como você faz?

– Claro que sim. Eu até escrevi todo o procedimento. Eles juram que seguiram as minhas instruções tim-tim por tim-tim. Não sei o que está acontecendo.

Fazia muito tempo que eu não via Pete tão desesperado. A reunião de vendas deve tê-lo deixado muito abalado.

– Então seu pessoal está dizendo que você criou uma oferta que só você pode vender?

– Correto.

– Que você é um supervendedor, mas que a oferta de uma empresa deveria ser suficientemente boa para ser vendida por simples mortais?

– É o que afirmam, palavra por palavra. Alex, quase a metade do que eles ganham é decorrente de comissões. Preciso fazer algo, e rápido.

– Pete, fique frio – tento acalmá-lo. – Como nós dois sabemos que você não é um supervendedor, só podemos concluir que a oferta é boa e vendável.

Ele ri nervosamente.

– É o que eu estava tentando lhes dizer. Mas eles não querem ouvir. Não querem mais.

– Se há uma coisa que aprendi em minha vida é que na realidade não há contradições. Sempre há uma explicação simples, e a única explicação simples que posso ver, apesar do que seu pessoal está dizendo, é que eles não estão apresentando a oferta do mesmo modo que você. Eles têm de estar se desviando dela em algum ponto, e esse desvio foi fatal.

– Faz sentido – concorda Pete –, mas provavelmente estou muito próximo da situação. Da última vez que fui com o meu vice-presidente de vendas a uma reunião, jurei para mim mesmo que não iria abrir a boca, que iria apenas observar. Depois de três minutos, assumi o controle da reunião. Conseguimos vender, mas o meu vice-presidente de vendas ficou ainda mais desiludido. Acho que foi aí que eu o perdi. Olhe, Alex, o que realmente quero de você é que mande o Don aqui para me ajudar.

– Como assim? – Não fico totalmente surpreso.

– Quero que ele acompanhe meu pessoal de vendas em algumas visitas. Ele não está tão emocionalmente envolvido com a oferta quanto eu; ele não vai ter dificuldade em vê-los estragar a venda sem interferir. Ao mesmo tempo, ele conhece a lógica de nossa oferta como a palma da sua mão. Talvez possa identificar o que eles estão fazendo de errado.

Penso um pouco. Pete tem razão, mas preciso de Don para trabalhar comigo. Não, não há nada mais importante do que garantir que a solução de Pete funcione. Todo meu plano depende de Pete mostrar que essa solução de marketing pode pôr uma empresa na linha rapidamente. Isso é essencial para a sobrevivência de todo o grupo.

– Quando você precisa dele? – pergunto.

– Quanto mais cedo melhor. O ideal seria amanhã mesmo.

– Vou ver o que posso fazer. Ligo para você depois.

Vou direto para o escritório de Don.

– Pai? – Dave interrompe meus pensamentos melancólicos. – Posso pedir sua opinião?

Não consigo acreditar no que ouvi. Qual foi a última vez que Dave pediu minha opinião? Não consigo nem lembrar.

– Claro. – Desligo a televisão e olho para ele. Ele parece bem. – Sente-se – digo.

– Prefiro ficar de pé.

Eu espero, mas ele fica calado. Ele simplesmente muda seu peso de uma perna para a outra.

– Pode falar – eu o encorajo. – Qual é o problema?

– Não é bem um problema. – Ele parece desconfortável. – É mais como... uma situação.

– Uma situação com a qual você não sabe bem como lidar?

– É, mais ou menos isso.

– Você procurou a pessoa certa – eu o tranquilizo. – Eu sou craque em me colocar em situações desagradáveis.

– Você? – Dave está surpreso.

Eu apenas sorrio. Deixo meus filhos manterem suas ilusões sobre o pai.

– Conte-me o que está acontecendo. – Decido usar um tom de voz mais profissional.

Isso o deixa mais à vontade.

– Você conhece o Herbie, não é? – ele começa.

Concordo com a cabeça. Claro que conheço Herbie. Como não o conheceria se ele passa metade de seu tempo aqui em nossa casa, assaltando constantemente a geladeira?

– Bom, ele teve uma ideia interessante.

– É mesmo?

– Ela tem muitos pontos positivos... – Ele começa a sair do assunto. – Sabe...

Conheço o meu menino. A próxima sentença será "Desculpe, esqueça tudo isso", e ele vai desaparecer.

– Dave, qual é a ideia do Herbie?

– Você sabe que Herbie é tão louco por carros velhos quanto o pai dele.

– E como você também – não resisto à tentação de acrescentar.

– Nada comparado a eles. – Ele sorri. – Você conhece a coleção deles. Seis carros antigos. Um mais legal que o outro.

– Sim, conheço – confirmo, antes que ele me conte de novo a história do hobby do pai do Herbie. É legal ter um hobby desses. O problema é que primeiro você tem de ser um milionário.

– Então, Herbie quer que a gente compre um carro velho e o reconstrua. Ele encontrou um Oldsmobile 1956 conversível. Está caindo aos pedaços. O motor está totalmente enferrujado, mas o chassi está bom. A carroceria pode ser perfeitamente restaurada. Poderia ficar uma beleza.

Fico quieto enquanto ele continua, disparado.

– O Herbie sabe onde podemos comprar as peças de que vamos precisar. Ele até já encontrou uma caixa de embreagem antiga. É de um modelo 1959, mas achamos que vai servir. Herbie e eu somos bons mecânicos. Acho que podemos transformá-lo quase em um carro para colecionador. Ele tem muito potencial.

– Então qual é o problema, Dave? Você quer que eu empreste dinheiro para fazer isso? É esse o conselho que você quer?

– Não, não é isso. – Ele parece um pouco ofendido, como se jamais tivesse pedido dinheiro antes, e para finalidades bem piores.

– Tem certeza?

– Tenho. Acho que conseguimos comprar por menos de US$ 1.500. Eu tenho o suficiente para a minha parte. Ainda tenho quase todo o dinheiro que ganhei no verão passado. Além disso, a vovó prometeu me dar US$ 500 quando eu fizer 18 anos. No máximo, vou precisar de um empréstimo a curto prazo.

A julgar por minha experiência passada, estou começando a desconfiar que, no vocabulário de meus filhos, um empréstimo a curto prazo quer dizer que será pago com a herança deles. E minha mãe pretendia que o dinheiro fosse para as pequenas despesas de Dave, quando ele for para a faculdade. Mas, afinal, restaurar um carro que é quase uma sucata vai ser bom para ele. Acho que ele consegue fazer isso.

– Não tenho certeza sobre o empréstimo – observo. – Mas se esse não é o problema, o que é?

– Não sei – ele responde. – Estou com um pressentimento desagradável.

– Alguma razão concreta?

– Não sei. Tenho medo de que Herbie não consiga o dinheiro da parte dele e eu tenha de acabar financiando tudo sozinho.

– Como você vai fazer isso?

– Pai, não se preocupe. Isso nunca vai acontecer. Prefiro desistir do projeto no meio do caminho. Não acho isso provável, Herbie afirma que pode conseguir o dinheiro. Não sei. Há outros problemas além desse.

– Como o quê?

– Como, por exemplo, quem é que vai usar o carro e quando. Atualmente estamos saindo juntos, mas... – Ele começa a querer fugir de novo.

Deixo-o falar por algum tempo.

– Acho que entendo – digo finalmente.

– Então, papai, o que devo fazer?

Não sei o que responder. A ideia de Herbie parece boa, parece que eles sabem no que estão se metendo. Mas há armadilhas, muitas coisas poderiam dar errado. Devo aconselhá-lo a ir em frente? Ou a desistir?

O que quer que eu recomende, de uma coisa tenho certeza, depois de algum tempo serei culpado por minha recomendação. Quase tiro o corpo fora dizendo "Deixe-me pensar sobre isso", quando percebo o que devo fazer.

– Dave – começo devagar. – Qualquer que seja o conselho que eu lhe dê, você vai segui-lo sem perguntas? Espero que não. Então pergunte a você mesmo se isso vai lhe servir.

– Vai ajudar. Respeito sua opinião, pai.

– Francamente, não sei que conselho lhe dar. Isso não é uma questão simples, há coisas positivas e negativas de ambos os lados.

– Sim. – Ele suspira, parecendo desapontado.

– Mas posso ajudá-lo de uma forma – digo. – Posso ensinar você a tomar a decisão. Sem concessões e sem suposições.

– É mesmo? Você pode? Mesmo quando parece não haver uma resposta definitiva?

– Vamos para o meu escritório – digo e me levanto.

– Espero que não seja muito complicado – ele resmunga e me segue.

Sentamos à minha mesa e lhe dou uma moeda.

– Se der cara, vocês vão em frente; se der coroa, você diz a Herbie para desistir.

– Esse é o seu método? – ele pergunta.

– Não, essa é a forma de pegar um ponto de partida. Na verdade, não tem importância.

– Você é quem sabe. – Ele joga a moeda. Deu cara.

– Muito bem. Então vamos pressupor que é para ir em frente. Comece listando todas as coisas positivas que você vê nessa ideia.

Depois de escrever duas linhas, ele hesita.

– Qual é o problema, Dave? – pergunto. – Há coisas positivas que você não quer me contar?

– Mais ou menos. – Ele sorri.

Melhor ainda, penso comigo mesmo.

– Vou descrever uma situação muito parecida com a sua na qual usei esta técnica. Acho que até tenho o trabalho que fiz.

Enquanto procuro, começo a contar a história.

– Aconteceu há uns quatro anos, quando ainda morávamos perto de seu tio Jimmy. Um dia ele sugeriu que comprássemos um barco juntos.

– Que ideia legal.

– Sim – concordo. – Tinha muitos pontos positivos, mas, como no seu caso, também senti uma sensação de desconforto. Vou mostrar-lhe o que fiz. Onde está? Tem de estar em algum lugar desta gaveta.

Procuro entre alguns papéis. Esqueci quantas coisas interessantes estão guardadas aqui. Dave quase desiste.

– Ah, aqui está. Claro que tinha de estar no final da pilha. A primeira página é uma lista de todos os pontos positivos de comprar o barco.

– Você jogou uma moeda antes de começar a lista?

– Provavelmente. Não me lembro. De qualquer forma, aqui estão as razões para comprar um barco com Jimmy: "Terei um barco; vou dividir os custos financeiros de comprar e manter um barco; a única maneira realística de tornar isso uma realidade".

– Essas duas são iguais à minha situação – interrompe Dave.

– Não é de estranhar, as duas situações são muito parecidas. Talvez os outros pontos positivos também se apliquem a você. Por exemplo: "Não tenho de fazer toda a manutenção sozinho; ou, graças à habilidade em mecânica superior do Jimmy, o barco será bem cuidado".

– Não, esta última definitivamente não se aplica. – Dave ri.

– Pegue, leia você mesmo. – Entrego a página a ele.

Ele dá uma olhada.

– Sim, a maioria desses pontos é válida para mim, exceto o último.

E sorrindo ele lê:

– "Vou ter um aliado para me ajudar a convencer a Julie a deixar que eu gaste dinheiro no meu sonho, um barco." Uma lista bem persuasiva. Então, o que aconteceu?

– Olhe a página seguinte, a lista negativa não é menos persuasiva.

– "Podemos discordar na escolha do barco" – ele começa a ler. – Eu não tenho esse problema, já sabemos o que queremos comprar. "Podemos discordar de qual de nós vai usar o barco e quando." Sim, isso é um problema, mas não tão grande quanto no seu caso. Saímos juntos para namorar.

– No nosso caso também não era um grande problema. Você sabe que a sua mãe gosta de passar umas horas com o irmão, e eu também gosto dele.

– É, mas e a tia Jane?

Ignoro a pergunta dele.

– Continue.

Ele continua lendo a lista e fazendo comentários engraçados. Não sei quem está gostando mais, eu ou ele.

– Interessante – diz quando termina. – Um bom resumo. Mas como isso ajudou você a decidir? Agora parece ainda mais difícil do que quando começamos.

– Ainda não acabamos – afirmo. – Isso é apenas o começo. Agora, começando de "Concordamos em comprar um barco juntos", usei a lógica do "se…, então…" para chegar a cada um dos argumentos negativos. Da mesma forma que fiz quando você pediu para usar meu carro. Lembra-se?

– Sim, pai, e obrigado. Não houve nenhum problema com isso, não é? Tomei cuidado com o carro. E não fico pressionando você para me deixar usar seu carro.

– Não, não mais do que antes – admito. – Então, quando acabei de ligar cada um dos efeitos indesejáveis, comecei a verificar se eu poderia fazer alguma coisa para podá-los.

– O que quer dizer com podá-los?

– Descobrir se posso tomar alguma providência para garantir que o ponto negativo não ocorra. Para a maioria dos pontos negativos isso foi possível. Mas, para um deles, todas as ideias que eu tinha dependiam da colaboração de Jim.

– Qual era esse ponto negativo?

– O que dizia que seria um problema se um de nós tivesse de vender sua parte.

– Você estava pensando a longo prazo. – Dave está impressionado.

– Existe alguma outra forma de fazer isso?

– Acho que não – ele admite. – De qualquer forma, o que você fez?

– Trabalhei um pouco mais em cima disso, polindo as palavras para que quando mostrasse a Jim ele não ficasse ofendido. Aqui está, veja. – Entrego o ramo negativo a ele. – Veja, expus meus pontos de partida: concordamos em comprar um barco juntos; você pode querer vender sua parte; não tenho dinheiro suficiente para comprar um barco sozinho. Pelo menos não esse tipo de barco. Você está vendo a conclusão?

– Sim, é bem óbvia. Você não tem condições de comprar a parte do Jim.

– Junte isso ao fato de que eu sou muito exigente a respeito de quem será meu sócio e você vê o resultado. Jimmy pode vender sua parte para uma pessoa que eu não queira como sócia. Agora você vê? Qualquer escolha que eu tivesse feito nós acabaríamos mal. Talvez eu não cedesse, o que significaria que eu também teria de vender minha parte. O que não é uma boa opção, pois àquela altura dos acontecimentos acho que podemos supor que eu já estaria apaixonado pelo barco.

– Entendo – Dave conclui –, você não iria gostar muito que Jimmy o forçasse a vender o barco.

– Com certeza – confirmo.

– E a outra possibilidade também não é tão boa. Você poderia ceder e então ficaria preso a um sócio de quem poderia não gostar. E aí você teria uma raiva ainda maior de Jimmy.

– E como você sabe – resumo –, se há uma coisa que não quero é ficar entre sua mãe e o irmão dela. Então peguei esta página e li para o Jimmy, pedindo a ele que achasse uma solução.

– E o que aconteceu? – ele pergunta, com interesse.

– Você sabe o que aconteceu. Nós não temos um barco e temos uma ótima relação com o tio Jimmy.

– Então o que você está sugerindo? Que eu não reconstrua o carro com o Herbie?

– Nada disso. O que estou sugerindo é que você escreva todos os pontos negativos e os ligue usando a lógica do "se..., então...". Não os deixe soltos, consubstanciados apenas por seu instinto.

– Por que é tão importante fazer isso?

– Por duas razões – explico. – Uma é que depois de você detalhar a lógica, você estará muito mais apto a examinar realmente que medidas poderá tomar para podar os pontos negativos.

– E a outra?

– A outra é ainda mais importante. Se você não vir como podar um ponto negativo com atitudes que dependam exclusivamente de você, se precisar da colaboração de Herbie, não sugira nenhuma providência para ele. Isso pode levar a discussões desagradáveis. Em vez disso, mostre a ele as suas derivações lógicas, exatamente como fiz com você. Leia para ele, passo a passo. Se houver uma boa solução, ele a descobrirá e vocês dois poderão melhorá-la. Nesse caso, como não há mais pontos negativos com os quais se preocupar, não há razão para vocês não reconstruírem o carro juntos.

– E se ele não achar uma solução? – pergunta Dave. – O que acontece se eu mostrar a ele por que um efeito negativo é esperado e ele não conseguir achar uma forma de evitá-lo?

– Então vocês dois terão de fazer uma escolha. Porém não será mais você contra ele por causa do problema, e sim você e ele contra o problema. De qualquer forma, a sua amizade estará protegida.

– Boa ideia. Talvez eu tente isso. Pai, você me empresta esses papéis?

– Só se você prometer colocá-los de volta no mesmo lugar.

– Claro – ele sorri para mim. – Bem no fundo da gaveta. Eu sei.

– 22 –

Estou preparando minha apresentação para Granby quando Don entra em meu escritório.

– Parabéns – digo a ele. – Pete acabou de ligar falando mil maravilhas sobre você. O que você fez com ele? Usou algum tipo de magia ou apenas seu charme natural?

Ele ri, visivelmente satisfeito:

– Ele contou que esta manhã consegui um bom pedido para ele?

– Sim. Também mencionou isso.

– Foi uma moleza. – Don se joga em uma cadeira. – Foi tudo conforme o figurino. Sem nenhuma surpresa.

– O que era? – pergunto. – Por que você bancou o vendedor? Achei que você havia ido lá para tentar descobrir por que o pessoal de vendas do Pete não estava sendo eficaz.

– Ah, fizemos isso. Cada um dos quatro vendedores dele já tem uma venda engatilhada. Eles adoraram. Eles acham que é a maior invenção desde o pão em fatias. Mas, sabe, depois de gastar meu suor nisso durante duas semanas, eu tinha de ver se conseguiria fazer isso sozinho, não apenas ensinar os outros. Então eles arrumaram uma reunião para mim com um cliente em potencial de pequeno porte. Praticamente era o primeiro contato com a empresa de Pete. E tudo funcionou como uma mágica. Eu realmente adorei.

– Talvez você devesse mudar para a carreira de vendedor – brinco com ele. – Diga-me, qual era o problema? Gostaria de ouvir isso de você. Em detalhes.

– Como você suspeitou – ele começa –, eles simplesmente não sabiam como apresentar a oferta adequadamente. Acho que o maior erro era que eles começavam uma reunião com o comprador falando como a nova oferta era ótima. Quanto o comprador ia economizar com ela, quanto os estoques poderiam ser diminuídos. Você sabe, todas as boas coisas.

– Não entendo, o que há de errado nisso? Não é isso que eles deveriam fazer?

– Se quisessem arruinar as chances de fazer uma venda, sim. Caso contrário, não.

– Don, por favor, pare com suas charadas e comece a explicar direito.

– Está bem. Veja, Alex, coloque-se no lugar de um comprador. Aqui está um vendedor elogiando a oferta dele. Qual é sua reação natural?

– Se eu fosse um comprador típico, tentaria depreciá-la.

– Exatamente – Don concorda. – Você vai começar a rebater. Vai objetar as afirmações de que a oferta é única, as afirmações de como você precisa dela. E se algumas das afirmações do vendedor parecerem exageradas, como acontece com nossa oferta não convencional, você provavelmente expressará o seu ceticismo.

– Sim, eu provavelmente faria isso – concordo.

– E quanto mais objeções o comprador levantar, menor a probabilidade de o vendedor conseguir fazer a venda. Essa correlação foi estabelecida por estudos em grande escala.

– Você não precisa de estudos para provar isso, todo vendedor sabe disso por experiência própria. Então, o que você está querendo me dizer? Que um vendedor não deveria começar apresentando o seu produto? Especialmente quando a sua oferta não é convencional?

Em vez de responder, ele vai até o quadro e começa a escrever uma nuvem. Enquanto ele escreve, eu a leio em voz alta:

– O objetivo é "Induzir o comprador a ver o seu produto como o melhor valor para o dinheiro dele". Espero que não tenha tido nenhum problema em convencer os vendedores de Pete de que esse deve ser o objetivo deles.

– Não, nenhum. Eles são profissionais.

– Ótimo – digo e continuo a ler. – Para "Induzir o comprador a ver o seu produto como o melhor valor para o dinheiro dele", você deve "Mostrar o valor ao comprador". Isso é óbvio. Ao mesmo tempo, você deve ter cuidado para "Não deixar que o comprador faça objeções". Também concordo com isso. Agora vamos ver o conflito.

– Para "Mostrar o valor ao comprador" é preciso "Apresentar o seu produto". Claro. Porém, para "Não deixar o comprador fazer objeções", é preciso "Não apresentar o seu produto".

– Lembre-se do que acabamos de discutir – Don se apressa em explicar. – Você começa apresentando o seu produto e instintivamente o comprador começa a objetar.

– Sim, um conflito e tanto – concordo. – Não admira que os vendedores fiquem pisando em brasas, tentando algum modo de criar empatia com o cliente. Então, como você superou esse conflito? O que eles devem fazer?

– Pete e eu construímos uma Árvore de Transição detalhada para isso. Quer ver?

– Claro.

Don vai até o seu escritório para pegá-la. Olho para a nuvem novamente. Ela é genérica. Nada nela é específico para o caso do Pete. Será que a solução de Don também é genérica? Espero que seja, pois essa nuvem mostra até que ponto vamos enfrentar dificuldades para vender nossas soluções inovadoras. Como por definição elas não serão convencionais, certamente levarão os clientes em potencial a fazer várias objeções.

Onde está Don? Por que está demorando tanto?

– Achei que seria melhor você ter uma cópia – ele explica quando volta.

Olho para as duas páginas que ele me entrega. Uma Árvore de Transição típica: a árvore de "como fazer", a lógica detalhada de como ir do presente para o futuro desejado. Na parte de baixo estão as afirmações que descrevem o estado mental do comprador naquele momento: esse é o ponto de partida. No topo da segunda página está o objetivo: "Parabéns, ou uma análise profunda do fracasso". É bem típico de Don escrever dessa forma.

Do lado direito das duas páginas há vários quadrados; aí estão as medidas recomendadas. Algumas não fazem o menor sentido para mim.

– Vamos ler juntos? – sugiro a Don.

– Com prazer. Começamos descrevendo um comprador típico. "Muitos compradores acham que seu trabalho é fazer de conta que eles não querem necessariamente comprar."

– Sim, há compradores demais assim. Não os suporto – digo, sorrindo.

Don continua a ler:

– "Os compradores em geral não acreditam totalmente nos elogios que o vendedor faz aos seus produtos."

– Que eufemismo...

Ele sorri para mim.

– Veja o seguinte: "Geralmente, os compradores não têm uma experiência muito boa com as empresas gráficas".

– Isso não é apenas um eufemismo, é um eufemismo britânico – eu o provoco. – Foi Pete quem escreveu isso?

– Claro. E agora, você concorda que cada um desses pontos de partida leva à mesma conclusão? "É provável que o comprador não receba uma apresentação convencional da nossa oferta ganha-ganha com entusiasmo, mas com um profundo ceticismo?"

– Inevitavelmente – concordo.

– Agora olhe isso do ponto de vista dos vendedores de Pete. Eles sabiam que a oferta seria indiscutivelmente um ótimo negócio para o comprador. Ele paga os menores preços, fica com estoques surpreendentemente pequenos e sem risco de obsolescência. Ao mesmo tempo, eles estavam longe de ter certeza de que essa oferta fosse boa para eles. Eles realmente não tinham certeza de que iriam conseguir mais vendas. Com essa disposição de ânimo, como você acha que eles reagiam ao ceticismo dos compradores?

– Eles estão oferecendo ao comprador aquilo de que ele realmente precisa e este reluta em aceitar. – Posso visualizar a situação. Ela é engraçada. – Espero que eles tenham sido suficientemente profissionais para não ter entrado em detalhes sobre o que estavam pensando.

– Não. Como eu disse, eles são profissionais. Mas há algo chamado linguagem corporal. Você pode imaginar que desse ponto em diante a conversa ia por água abaixo.

– Sim, posso. Então, o que você fez de diferente?

– A primeira coisa foi garantir que eles teriam tempo suficiente para apresentar a oferta adequadamente. Certificamo-nos de que as reuniões durassem pelo menos meia hora.

– Entendo, é isso que você quer dizer com "O vendedor e o comprador conversam sem pressão de tempo".

– Correto. Agora o nosso vendedor começa apresentando a Árvore da Realidade Atual do comprador.

– Espere um pouco – interrompo. – De que Árvore da Realidade Atual você está falando? Não me lembro de Pete ter feito uma Árvore da Realidade Atual. Ele começou diretamente com a nuvem do comprador.

– Isso mesmo, mas, diante da situação, não pudemos escapar dela.

Percebendo que ainda estou confuso, ele elabora:

– Quando Pete desenvolveu a solução, sua intuição era suficientemente forte para permitir que ele pulasse alguns passos. Mas quando tentamos imaginar como seus vendedores poderiam explicar a oferta aos compradores, a única forma foi voltar e construir todas as árvores de acordo com nosso mapa genérico. Você vai ver em um segundo.

– Então, de qualquer modo, o trabalho inteiro precisa ser feito. Interessante – digo, não compreendendo perfeitamente por quê. – Vamos ver a Árvore da Realidade Atual dos compradores de Pete.

Ele me dá mais uma página.

– Nenhuma surpresa – ele esclarece. – Basicamente é o que discutimos quando Pete nos apresentou sua solução. No começo da árvore estão as políticas da empresa gráfica, e você pode ver como derivamos rigorosamente todos os EIs do comprador. A ideia é que o nosso vendedor a leia de baixo para cima para o comprador. Como ela começa apontando o dedo para nós, o comprador não fica descontente com o começo da conversa. Isso é importante, caso contrário ele dirá ao vendedor para parar de encher linguiça e apresentar a oferta. O vendedor a apresentará, e isso será o começo de uma queda em parafuso.

– O comprador entende a árvore sem problemas?

– Sim. Por que não? Todo mundo entende a lógica do "se..., então...". Ela é parte da nossa linguagem.

Ele tem razão. Tenho a tendência de confundir a dificuldade de construir a árvore com a dificuldade de entendê-la. Quando a árvore é escrita sobre um assunto no qual uma pessoa esteja muito envolvida, ninguém tem dificuldade em entender as árvores, nem mesmo crianças. Nem mesmo alguém que nunca tenha visto uma árvore dessas antes.

– Continue.

– O vendedor complementa a explicação com um exemplo numérico, apenas para deixar bem claro o conceito de preço por unidade usável. – Ele me dá outra página.

– Os compradores tiveram algum problema com isso?

– Não, nenhum. Na verdade, todos consideraram isso um conceito muito útil. Eles começaram a usar o termo imediatamente. Acho que eles já conheciam isso, a única coisa que faltava era a verbalização.

– Entendo. Então, "O comprador acompanha com interesse". É isso que você está me dizendo?

– Sim, eles comentaram, fizeram observações, mas nenhum deles fez objeção a nenhuma coisa na Árvore da Realidade Atual. Eles simplesmente têm muita intuição sobre o seu trabalho.

– Agora chegamos a algo muito importante. Veja, a Árvore da Realidade Atual mostra claramente como as políticas da empresa gráfica tornam a vida do comprador miserável. Sabe qual foi o resultado? Os compradores perceberam que finalmente havia um vendedor que realmente os entendia.

– Isso é uma verdadeira façanha – concordo. – Posso ver como você quebrou a nuvem. Em vez de começar apresentando o seu produto, você começa apresentando ao comprador os problemas dele. E você faz isso de uma forma que ele realmente aprecia. É assim que se desperta empatia. Não com base em inutilidades, mas em algo de substância real. Sabe, Don, geralmente leva meses, até anos, para se atingir esse nível de empatia.

– Acho que sim. De qualquer forma, nessa fase descobrimos que o vendedor deve, mais uma vez, mostrar a ligação direta entre nossas políticas e os EIs do comprador. Isso ajuda a resumir a página. O resultado é o que se poderia esperar. – E ele lê na Árvore de Transição: – "O comprador reage com um suspiro, um comentário desagradável, ou algo do gênero, mas não agride o vendedor".

– Claro, nesse estágio o comprador sabe que o vendedor está do lado dele – concordo.

– Certo. E agora o vendedor explica que percebemos que uma vez que nossas políticas criam problemas para o comprador, elas, por si só, são um problema para nós. Estamos simplesmente bloqueando nossas próprias vendas.

– Tenho certeza de que todos os compradores adoraram essa confissão.

– Sim. A maioria reagiu perguntando o que nós estávamos planejando fazer a respeito, o que abriu perfeitamente a porta para o passo seguinte do vendedor. Ele entrega ao comprador a sua Árvore da Realidade Futura, dizendo "aqui estão as nossas novas políticas".

– Posso ficar com uma cópia?

– Certamente.

Na parte de baixo estão as injeções: fazer pedidos em lotes de dois meses e receber em entregas de duas semanas; direito de cancelar depois do primeiro carregamento sem nenhuma penalidade ou explicação. Don está certo. Essas injeções realmente representam mudanças em nossas políticas atuais.

Don continua a explicar:

– O vendedor lê a Árvore da Realidade Futura para o comprador. Isso permite que o comprador entenda claramente por que essas injeções levarão inevitavelmente a resultados positivos.

– Interessante. Você teve o cuidado de usar apenas a lógica do "se..., então..." com a qual o comprador já tinha concordado quando você leu a sua Árvore da Realidade Atual. Isso é inteligente. Isso quase garante que ele não possa fazer objeções.

– Nenhum deles fez, mas não pense que conseguimos a venda nesse estágio. Se você olhar novamente para a nossa Árvore de Transição, verá o próximo obstáculo: "Um comprador, perante o que imagina ser generosidade do vendedor, fica desconfiado".

– Naturalmente. Então como é que você o convence de que não há nenhuma armadilha à sua espera?

– Decidimos que a forma mais fácil seria mostrar-lhe um risco. Dizemos que essa não era toda a oferta. Você está vendo qual é a próxima providência recomendada? Damos o ramo negativo ao comprador.

– Que ramo negativo? Do que você está falando?

– Ah, desculpe. – Ele me dá outra página.

Levo algum tempo lendo. É o ramo negativo que ressaltei para Pete; a possibilidade de o comprador abusar da oferta, declarando um único pedido pequeno como se fosse um pedido grande, para obter um preço unitário mais baixo e cancelar depois da primeira entrega.

– Qual a reação deles a isso? – pergunto.

– As mais variadas. Mas em cada caso acharam uma forma de podar o ramo negativo. Uma forma aceitável para nós.

– Entendo. Dessa forma você faz o comprador participar da elaboração da oferta. Nesse estágio ele já deve ter percebido que comprou a ideia.

– Sim – ele ri –, nesse estágio, ficou claro para mim, como observador, que o comprador já se prepara para se defender do ataque do vendedor para fechar a venda. Para evitar isso, tentamos algo singular. Orientamos os vendedores para que digam aos compradores que eles provavelmente precisam de tempo para pensar e para que sugiram o agendamento de outra reunião. Isso, com certeza, aumenta a confiança do comprador no vendedor e na oferta. Mas só em um caso foi agendada outra reunião.

– E nos outros casos?

– Em todos os outros, os compradores insistiram que continuássemos a negociar naquela ocasião mesmo.

– Melhor ainda.

– Aqui temos um estratagema interessante – Don continua a me surpreender. – Sabendo que fechar um negócio é um passo delicado, decidimos não correr riscos. Pete fez uma lista de obstáculos que geralmente impedem o comprador de assinar o pedido de compra. Simplesmente apresentamos essa lista ao comprador.

– Espere um pouco. – Não consigo acreditar no que estou ouvindo. – Vocês estão dando ao comprador desculpas para ele não comprar? Estão tentando convencer o comprador a não assinar o contrato?

– Parece que sim – diz rindo. – Mas, Alex, não se esqueça. Nesse estágio o comprador sabe que nossa oferta é aquela com que ele sempre sonhou. Não há por que temer que ele desista.

– Entendo. É uma troca de papéis. Se você toma a posição de levantar obstáculos, ele deve tomar a posição de que eles podem ser suplantados. Isso exige coragem.

– Na verdade, não. O que acontece na realidade é que os compradores diminuem a importância de alguns obstáculos e discutem com nossos vendedores como suplantar os outros. E você sabe os resultados. Quando o negócio é pequeno, eles assinam no ato. Nos outros casos, quando discutimos o negócio com compradores de grandes quantidades, eles pedem que preparemos uma cotação para um volume maior do que esperávamos. Parece que as coisas vão bem. O problema de Pete agora é como diminuir o ritmo. A gráfica precisa de tempo para digerir esse grande movimento.

– Supertrabalho, Don. Realmente super. Você fez muito mais do que eu esperava. Vamos precisar desse plano para Bob e Stacey, depois que eles criarem suas próprias soluções inovadoras de marketing.

Don se recosta na cadeira, merecidamente orgulhoso do que fez.

– Don, como recompensa, vá já para casa e faça as malas.

Ele se levanta e espreguiça.

– Desfaça as malas, você quer dizer.

– Não, faça as malas. Vamos visitar Bob.

– Alex, fiquei fora duas semanas. Tenho planos para hoje à noite.

– Não tem importância. Você pode ficar aqui e tirar folga amanhã. Vou visitar Bob para examinar a solução que eles encontraram. Só achei que você gostaria de participar.

– Eu não perderia isso por nada. – Ele vai andando em direção à porta, resmungando. – Com essa agenda, não é de admirar que eu ainda esteja solteiro.

– 23 –

Eu havia pedido a Bob que limitasse o número de participantes ao mínimo possível, convidando apenas as pessoas que tivessem participado ativamente da construção da solução de marketing. Esperava encontrar uma meia dúzia. Ele trouxe Susan Lomark, sua vice-presidente de vendas, e Jeff Dillman, seu vice-presidente de operações. Conheço Jeff muito bem, ele foi essencial no desenvolvimento de nossa abordagem de distribuição. Uma pessoa muito capaz. Já a Susan conheço bem menos. Nunca trabalhei de perto com ela, mas Bob acha que ela é ótima, então ela deve ser boa no que faz.

– E os outros? – pergunto a Bob enquanto nos servimos de café e *donuts*.

– Não há outros.

Reagindo às minhas sobrancelhas levantadas, ele acrescenta:

– Alex, desde que todos ficaram sabendo que estamos à venda, este lugar está inundado de rumores. E isso não facilita as coisas. Antes de sabermos se temos um plano sólido de marketing, aprovado por você, não vou deixar isso vazar. Não preciso de mais perturbações.

– Entendo. Vamos começar?

Bob faz um sinal para que Susan comece a apresentação.

– Seguimos a sua árvore – ela diz e vai até o *flip-chart*.

– Vocês acreditavam que isso iria funcionar? – pergunto, por pura curiosidade.

– Não posso dizer que acreditávamos nisso. Fazia sentido, mas, sinceramente, quem é que iria acreditar que seria possível desenvolver sistematicamente uma ideia inovadora de marketing?

– Mas funcionou?

– Achamos que sim – Bob responde por ela. – Caso contrário não teríamos chamado você aqui.

– Saberemos se funciona quando as vendas começarem a subir – observa Susan. – Até lá, é apenas uma boa ideia.

– Gostei disso. Continue.

Ela vira a primeira página.

– Aqui listamos alguns dos EIs do mercado que usamos como ponto de partida.

– Escolhemos as lojas como o nosso mercado, não o consumidor final – Bob interrompe.

– Por quê? – pergunto.

– Seguimos suas instruções – ele responde. – Você quer resultados rápidos, por isso nos concentramos no elo com o qual temos contato direto.

– Além do que – acrescenta Susan –, para levar qualquer mensagem nova aos consumidores, seria necessário aumentar nosso orçamento para propaganda.

– O que consideramos que você teria muita dificuldade em aprovar – Bob completa o argumento dela.

– Boa escolha – concordo.

Leio os EIs das lojas. Nenhuma surpresa. Até eu, que nunca trabalhei no ramo de cosméticos, conheço todos eles. Coisas como: "As lojas têm de dar grandes descontos em produtos relativamente obsoletos"; "Muitas vezes as lojas não têm um item que o consumidor quer"; ou "Muitas lojas têm dificuldade em pagar seus fornecedores".

– Então, construímos a Árvore da Realidade Atual das lojas. – Susan passa para outra página.

– Foi difícil construir essa árvore? – pergunto.

Eles olham uns para os outros e sorriem.

– Foi incrivelmente fácil – admite Bob.

Deixo Susan continuar.

– De acordo com suas instruções, deveríamos reescrever a árvore para que o problema-raiz fosse expresso como uma política do fornecedor. No nosso caso não precisamos reescrever nada. Ele saiu naturalmente assim. – E ela começa a ler a árvore de baixo para cima: – "As empresas de cosméticos dão descontos proporcionais ao tamanho do pedido da loja" e

"Os descontos para pedidos grandes são significativos". Pegue essa nossa política e leve em consideração o fato de que "As lojas geralmente estão em uma competição acirrada umas com as outras" e você pode ver o resultado inevitável: "As lojas são forçadas a comprar em grandes quantidades".

– Sim, estou vendo, mas deixe-me divagar um pouco. Uma conclusão equivalente é que as lojas não têm condições de comprar pequenas quantidades. Bob, você não havia dito que as lojas não estão aproveitando seu novo sistema de distribuição, sua oferta de reabastecê-las diariamente? Essa pode ser a resposta.

– Sim. – Ele ri. – E eu acusei as lojas de serem resistentes à mudança, de estarem presas a um hábito de compra. Nada disso. Ao mesmo tempo que meus gerentes de distribuição estavam implorando para que elas fizessem pedidos diários, nossas políticas de venda estavam fazendo o oposto. Muito inteligente, não é?

Prefiro não comentar e faço um sinal para que Susan continue.

– Deixe-me primeiro tratar do ramo financeiro. Um resultado direto de comprar grandes quantidades é que "As lojas precisam manter muito estoque". Como você sabe, "A maioria das lojas não tem muito dinheiro". Lembre-se, não estamos vendendo para as grandes cadeias, a maioria dessas lojas é pequena, como as drogarias. Então, a necessidade de manter um bom estoque significa que "A maioria das lojas precisa tomar muito dinheiro emprestado".

– E você vê o resultado, "As despesas financeiras das lojas são pesadas", o que se reflete em "A lucratividade das lojas sofre".

– A situação é bem ruim – Bob elabora. – Ouço constantemente reclamações dos donos de pequenas lojas de que, na verdade, estão trabalhando para os bancos. O peso dos empréstimos é pesado.

Concordo com a cabeça. Já ouvi falar disso, e não só na área de cosméticos.

Susan continua:

– Se "A maioria das lojas precisa tomar muito dinheiro emprestado" e se "A linha de crédito para as lojas é limitada", então "Algumas lojas têm dificuldade em fazer os pagamentos". Nós, os fornecedores, queremos ser pagos...

– Como somos malvados! – Bob não consegue se conter.

– E, como resultado, "Algumas lojas têm problemas em conseguir mercadorias", o que, obviamente, tem um grande impacto em sua lucratividade.

– Em que grau? – pergunta Don.

– Bem grande – ela responde. – Todos os anos muitas lojas vão à falência. Nós e nossos concorrentes estamos bem cientes da pressão por fluxo de caixa, por isso damos ótimas condições de pagamento. O padrão nessa indústria é de noventa dias.

– E, na realidade – acrescenta Bob –, recebemos em aproximadamente 120 dias. Isso é um grande problema.

– Continuo? – pergunta Susan.

– E tem mais – promete Bob –, muito mais. – Ele sorri para Susan.

– Aqui está outra entrada: "A previsão de vendas futuras das lojas não é precisa". Junte isso com "As lojas são obrigadas a comprar grandes quantidades", e obterá o próximo resultado nada agradável: "Há um grande desencontro entre o estoque da loja e a demanda real dos clientes". Isso leva diretamente a: "Apesar dos grandes estoques, as lojas têm falta de produtos".

– O que você quer dizer com falta de produtos? – pergunto, só para ter certeza.

– Falta de produtos quer dizer que um cliente entra na loja, pede certa mercadoria e a loja não tem. E o cliente se recusa a comprar uma mercadoria alternativa.

– Então, de acordo com essa definição, falta se traduz diretamente na perda de uma venda?

– Sim. Essa é a derivação. – Ela aponta para a árvore. – E veja o que piora ainda mais as coisas. Aqui está a sua conclusão: "As lojas não têm condição de comprar pequenas quantidades", o que faz com que a falta seja crônica. A loja terá de viver com essa falta até poder fazer uma compra grande.

– E isso – sigo as flechas – leva a uma redução substancial na lucratividade da loja.

– Bem substancial – concorda Susan.

– Alex, você precisa ver o último ramo. – Bob está visivelmente orgulhoso da árvore que fizeram. – Você não vai acreditar como esta indústria é maluca. Susan, mostre a ele.

Susan não está muito entusiasmada. Em tom seco, ela continua:

– Como você sabe, "As marcas estão constantemente lançando e fazendo propaganda de novas linhas de produtos".

– Hoje mais do que nunca – acrescento.

– Sim, definitivamente – ela confirma. – Junte isso com "Há um grande desencontro entre o estoque da loja e a demanda real dos clientes" e o resultado é óbvio: "As lojas estão mantendo uma boa parcela de produtos relativamente obsoletos". Elas sabem que não podem manter esses produtos "velhos" por muito tempo e, portanto, "As lojas oferecem descontos consideráveis nos produtos relativamente obsoletos". Isso não ajuda sua lucratividade.

– Veja bem, Alex. Exatamente quando investimos uma fortuna para convencer os consumidores a comprar a nova linha, as lojas estão fazendo um grande esforço para convencê-los a comprar a linha antiga. Isso é que é linha cruzada – Bob explica.

– Deixe-me entender – digo. – Sua árvore deixa muito claro o problema-raiz; é a nossa política que leva as lojas a comprarem grandes quantidades. O que é uma grande quantidade em relação às vendas semanais da loja?

Susan responde:

– Depende do tamanho da loja, mas de qualquer forma acho melhor falarmos em meses de vendas, não em semanas. Se julgarmos pela frequência com que as lojas estão fazendo pedidos, eu diria que uma loja grande faz pedidos em lotes de um ou dois meses. Para uma loja pequena… mais ou menos seis meses. Acho que a média está por volta de quatro meses.

– Entendo. Isso é bom.

– Por que diz isso? – Don está surpreso.

– Somos uma grande parte do problema – respondo. – Isso quer dizer que podemos ser uma grande parte da solução. Muito bem, Bob, vamos ver a sua solução para isso.

Bob se vira para Jeff, que até agora não havia falado uma só palavra.

– Sua vez. – Ele aponta para o *flip-chart*. Susan não consegue conter um suspiro de alívio. Por que eles têm medo de mim?

Jeff limpa a garganta.

– A solução é bem óbvia. – Ele vira a página. – Basicamente, a Árvore da Realidade Futura é um reflexo da Árvore da Realidade Atual. Começamos com duas injeções: "Descontos não são baseados no tamanho do pedido, mas no valor em dólares que a loja compra por ano" e "A loja é reabastecida diariamente". A partir dessas duas injeções, e seguindo a lógica detalhada na Árvore da Realidade Atual, tudo se encaixou. – E com isso ele se senta.

Examino a Árvore da Realidade Futura. Nenhuma surpresa. Essas duas injeções levam tranquilamente aos opostos de todos os EIs. Jeff tem razão, não há motivo para ler essa árvore em voz alta.

– Se você percebeu – observa Bob –, uma das injeções é baseada em nosso novo sistema de distribuição. Isso vai garantir que nossos concorrentes não vão poder oferecer a mesma coisa. Pelo menos durante algum tempo. Conhecendo-os e conhecendo a forma como trabalham, vão levar pelo menos dois anos para copiar nosso sistema.

– Bom trabalho. – Don está radiante. – Nosso mapa da mina funciona. Vocês fizeram um ótimo trabalho.

– Seu mapa da mina foi excelente – concorda Bob. – Foi moleza.

Há um problema, penso comigo mesmo. Deve haver um grande problema, caso contrário, por que Bob não mostrou essa solução para seu pessoal? Ele deve achar que eu não vou aprová-la. Por quê? Ela parece perfeita. Posso perguntar, mas seria melhor se eu descobrisse sozinho. Preciso pensar.

Fico de pé para tornar a encher minha xícara. Essa é a minha forma-padrão de ganhar tempo. Isso não ajuda, ainda não sei o que é. Antes de desistir e perguntar a Bob onde está a armadilha, pergunto a Susan:

– Quanto você acha que essa oferta vai aumentar nossas vendas?

– A longo prazo, muito. Talvez até 30%. Talvez mais.

– E a curto prazo?

– É difícil dizer – ela se esquiva.

– Qual a sua estimativa? – pressiono.

– As vendas provavelmente vão cair. Mas não muito.

– As vendas vão cair? Por quê? – Don está estarrecido.

Agora ficou claro. É um grande problema.

– Porque essa oferta dá às lojas um incentivo para diminuir os estoques – explico. – Susan, quanto estoque as lojas estão mantendo agora, e quanto precisam carregar para manter em exposição mais um estoque razoável? Não exagere no montante de estoque de reserva, lembre-se, de acordo com sua sugestão vamos reabastecê-los diariamente.

– Isso não quer dizer que elas vão perceber imediatamente que nós podemos fazer isso, mas uma boa estimativa é que poderão reduzir seu estoque pela metade. Talvez um pouco mais.

– O que quer dizer – deduzo rapidamente – que lançar essa oferta vai resultar em cerca de dois meses de vendas perdidas para nós?

– Isso será um pouco compensado pelos pedidos para cobrir as faltas de estoque, e esperamos que também por lojas que poderemos atrair, lojas com as quais, neste momento, ainda não estamos fazendo negócios. Acho que a queda nas vendas está mais perto de um mês que de dois. Esse é mais ou menos o tamanho do osso que teremos de roer.

– Temos condições de arcar com isso? – Bob pergunta inocentemente. Como se ele mesmo já não estivesse se preocupando com esse problema.

– Não sei – hesito. – Já levamos um tiro este ano, a redução no estoque de produtos acabados. Foi um golpe duro. Quase US$ 10 milhões. E o que estamos discutindo aqui é ainda maior. Quase dois meses de vendas perdidas vai aumentar o volume da perda deste ano para números inacreditáveis. Não sei como poderei conseguir a aprovação do conselho.

– Mas isso vai garantir que no próximo ano e no seguinte esta empresa registre lucros recordes – Don tenta argumentar. – Trumann e Doughty vão entender. Eles são homens de negócios muito espertos.

– Sim, eles são – confirmo. São espertos o suficiente para perceber que, se formos em frente, não conseguiremos vender a empresa do Bob este ano. Será que posso convencê-los? Talvez. – Tenho uma sugestão – digo. – Vocês vão almoçar. Eu vou dar uma volta. Vocês me deram muita coisa para pensar.

- 24 -

O escritório principal de Bob está localizado no meio de um belo parque. O clima está agradável, as árvores grandes criam uma atmosfera campestre. Não percebo nada disso. Estou andando pelas trilhas calçadas e estreitas, muito bravo com tudo.

Mais uma vez essa devastadora pressão de ter pouco tempo. "Tempo é dinheiro", quase posso ouvir Brandon dizendo isso. "Você pode garantir que nós vamos ganhar mais dinheiro que a inflação? A classificação de crédito da UniCo é muito baixa. Não temos condição de continuar nos expondo tanto." Sim, já sei de tudo isso. Mas é absurdo desistir de uma oportunidade tão óbvia.

Talvez eu consiga convencer Brandon e Jim a adiar a venda. Posso garantir que ganharemos mais que a inflação. Qual será o retorno sobre o investimento se implementarmos essa solução? O investimento é perder dois meses de vendas.

Na verdade, não estaremos perdendo nada. Se entendermos que, se as lojas não venderem nós também não venderemos, então toda essa pressão frenética sobre as lojas tomará um caráter totalmente diferente. Quando forçamos as lojas a manterem mais estoque, estamos simplesmente nos afastando ainda mais do mercado. Quanto estoque elas têm hoje? Quatro meses? Em uma indústria que lança novas linhas de produtos constantemente, ficar quatro meses afastada do mercado é devastador.

Esqueça isso. Nesse momento tenho de considerar o impacto na nossa contabilidade. E, na nossa contabilidade, vendas significa vender para as lojas. Vamos perder dois meses de vendas. Quanto vamos ganhar? De acordo com Susan, provavelmente vamos aumentar as vendas em 30%. Talvez mais. Acho que posso considerar a estimativa dela como realística. Ela é conservadora, é ela quem vai ter de fazer isso acontecer, e ela passou a vida inteira neste negócio. Conhece tudo isso como a palma da mão.

Vou usar um número mais conservador para o aumento das vendas, 25%. Isso é ótimo. Quer dizer que a longo prazo cada ano vamos ganhar o equivalente a três meses de vendas contra os dois meses de vendas que perdemos. Isso é um retorno anual de 150%. Quem está falando de inflação? Isso é melhor que uma mina de ouro.

Espere um pouco. Quanto temos de esperar até chegarmos ao longo prazo? Não gosto de coisas que ficam soltas. Quando as vendas líquidas vão aumentar? Quando as lojas acabarem de reduzir seu estoque em excesso. Isso não está muito longe. Deve acontecer em aproximadamente quatro ou seis meses. Em alguns casos até em menos tempo. Com este argumento tenho alguma chance de convencer o conselho. Vou ter de fazer isso meticulosamente.

Quero convencer o conselho a fazer exatamente o quê? A adiar a venda da I Cosméticos. Até quando? Pelo menos até o ano que vem, até lá eles estarão muito bem.

Não, isso não vai funcionar. Ai, meu Deus, estou em uma enrascada maior do que imaginava. Se conseguir convencê-los a adiar esta venda, estarei morto.

Eles têm de resolver o problema da péssima classificação de crédito da UniCo, que não posso mudar, o que quer dizer que eles precisam conseguir dinheiro suficiente com a venda das minhas empresas. Estão falando em precisar de mais de US$ 100 milhões. Se eu persuadi-los a não vender a I Cosméticos, estarei assinando a sentença de morte da Vapor sob Pressão. Nesse caso eles terão de vendê-la aos retalhadores.

Não. Tenho de proteger a empresa de Stacey. O Bob está bem. Com essa linda solução de marketing acho que posso convencer qualquer comprador a permitir que Bob continue a gerenciar a empresa sem interferências. Acho até que posso apresentar isso de tal forma que os compradores em potencial se disponham a pagar um preço mais alto. Sim, isso eu talvez possa fazer.

Será que devo deixar as coisas neste pé?

Não me sinto confortável com isso. Quer dizer que o Bob e seu pessoal terão de adiar a implementação até que a venda de sua empresa seja finalizada. Isso é uma idiotice. E não me importo com o que os nossos demonstrativos financeiros malucos estejam dizendo. Tem de existir uma solução melhor.

Mas também há outra coisa que me preocupa. É óbvio que o ramo negativo dessa ideia de marketing os estava incomodando. Bob, Susan e Jeff sabiam disso desde o começo. Como é que eles não conseguiram podá-lo?

A intuição deles sobre isso é enorme. Seu desejo de proteger a empresa é ainda maior. E sabem que a única forma de fazer isso é encontrar uma boa solução de marketing. Essa é uma ótima solução, exceto o ramo negativo. De acordo com Jonah, as pessoas que têm a intuição e o desejo a ponto de conseguirem escrever uma Árvore da Realidade Futura que leva aos efeitos desejáveis sempre vão conseguir podar qualquer ramo negativo. Por que será que eles não conseguiram?

Ele disse algo sobre isso? Não consigo me lembrar. Talvez tenha dito.

Volto ao prédio principal e tomo posse de um escritório vazio. Todos ainda estão almoçando. Julie deve estar em casa.

Explico meu quebra-cabeça para ela, que ouve com atenção. Quando acabo, pergunto:

– Alguma vez o Jonah falou algo sobre isso?

– Sim. Ele disse que muitas vezes as pessoas descartam uma injeção que pode podar um ramo negativo.

– Por que elas fariam isso? Nós queremos podar esse ramo negativo. Queremos isso desesperadamente.

– Ele disse que isso acontece quando a injeção leva a novos efeitos indesejáveis – ela explica. – Aí então as pessoas tendem a considerar a injeção impraticável e simplesmente a ignoram.

– Entendo.

– Segundo minha experiência, posso dizer que esse é um erro comum. Muitas vezes, quando você aceita essa injeção, você descobre que os ramos negativos que ela gera podem ser podados, geralmente com bastante facilidade.

– Você acha que isso pode ter acontecido aqui? – pergunto. – Você acha que talvez eles tenham uma injeção que foi descartada?

– Talvez, Alex. O que você tem a perder? Verifique – ela sugere.

Ela tem razão. Tenho de cortar esse ramo negativo. Muita coisa está em jogo.

– Sim, é o que vou fazer. Obrigado, querida.

– E, Alex – ela me dá um conselho de última hora –, mesmo que você veja que a injeção deles leva a muitos ramos negativos novos, continue com o processo. No final ele funciona. Você verá.

– Hoje à noite conto para você. Obrigado novamente. Tchau.

Volto à sala de reuniões e escrevo o ramo negativo no *flip-chart*. Começando com a afirmação da Árvore da Realidade Futura deles: "As lojas eliminam o estoque desnecessário", e acabando com o fato de que perdemos o equivalente a cerca de dois meses de vendas. Logo que termino eles entram.

– Qual é o veredicto? – pergunta Bob.

Todos estão esperando para ouvir minha resposta.

– Que veredicto? – pergunto. – Ainda não acabamos a análise.

E antes que alguém possa objetar, continuo:

– Estávamos discutindo este ramo negativo. – E aponto para o *flip-chart*. – Como poderíamos podá-lo? Quero ouvir as ideias de vocês, mesmo que já as tenham discutido e concluído que são impraticáveis.

– De fato, já discutimos algumas possibilidades – admite Bob. – Mas nenhuma delas fez sentido. Estamos sem saída. Então o que vai acontecer se não conseguirmos podá-lo? Vamos seguir em frente ou desistir?

– Ainda não decidi, é muito cedo. Agora gostaria de ouvir algumas das injeções impraticáveis, por favor.

Eles não querem continuar, querem o veredicto agora. Não posso culpá-los. Eles estão sob uma enorme pressão. Não é nada fácil trabalhar em uma empresa com um futuro tão incerto. Para eles, neste momento, qualquer resposta é melhor que essa incerteza. Mas ainda não tenho condições de dar-lhes uma resposta. Não até eu estar convencido de que não há outra saída. E ainda não estou convencido.

– Pelo menos me deem a oportunidade de perceber que não há como extirpar este ramo negativo – tento convencê-los a continuar. – Vocês querem que eu tome uma decisão tão importante assim antes de estar convencido de que tenho todos os fatos? Bob, por favor, diga qual foi a injeção que pareceu mais promissora. Mesmo que no final vocês tenham decidido que ela era inviável.

– Estávamos trabalhando – Jeff esclarece – com o pressuposto subjacente a este ramo negativo de que não podemos aumentar as vendas a curto prazo. Estávamos cogitando ideias de como fazer isso.

– Um bom começo – digo. – Bem no coração do problema. E...

– E achamos algo, mas o remédio é pior que a doença. Além disso, não há a menor chance de você aprová-lo.

– Tentem.

– Bom, poderíamos entregar a mercadoria para as lojas em consignação. Sem obrigação nenhuma quando fizermos a remessa, mas elas têm de pagar quando venderem. A Susan afirma que isso aumentaria as vendas para as novas lojas, mais do que o que vamos perder com as lojas existentes diminuindo seu excesso de estoque. Sabemos que isso é impossível. Você nunca vai autorizar a injeção de dinheiro – diz Bob.

– Além do mais – acrescenta Susan –, essa ideia tem muitos outros pontos negativos. Se entregarmos nossa mercadoria em consignação, as lojas terão muito mais dinheiro em caixa.

– E por que isso é ruim? – pergunto, ainda tentando ver se consigo algum dinheiro para eles fazerem isso. Talvez a curto prazo. Preciso verificar.

– Por que isso é ruim? – ela repete a minha pergunta. – As lojas usarão esse dinheiro para comprar mais de nossos concorrentes.

– Viva e deixe viver – sugiro.

– Não. Isso vai nos prejudicar. As lojas têm um espaço limitado para expor os produtos. Vamos acabar tendo menos espaço do que temos agora. E você sabe, o que não está exposto provavelmente não será vendido.

– Susan – pergunto –, podemos condicionar nossa oferta a um acordo sobre o espaço de exposição?

– Você quer dizer que a loja se comprometeria a reservar um espaço predeterminado para nossos produtos, como acontece com as marcas famosas nas grandes cadeias? Não acho que isso seria um problema, especialmente porque elas podem encher o espaço sem dificuldade alguma. E é o que vai acontecer se entregarmos a mercadoria em consignação. Isso não vai exigir nenhum investimento em dinheiro da parte delas. E, com a nossa destreza na entrega, elas não terão falta de produtos. Acho que podemos pedir que nos deem mais espaço do que temos hoje.

– Isso vai aumentar nossas vendas?

– Sem dúvida. Isso também vai nos trazer mais vendas imediatas. Para poder encher esse espaço, muitas lojas terão de aumentar os pedidos de nossa linha de produtos. Veja, a maioria delas não está comprando todas as nossas linhas de produtos, e não querem expor muitos produtos repetidos. Sim, isso ajudará e muito. Mas – ela fica pessimista novamente – como podemos controlá-las? Estamos trabalhando com milhares de lojas. Isso é impossível.

– O que você quer dizer com controlar?

– Veja – ela tenta explicar –, se entregarmos nossa mercadoria em consignação, as lojas não terão de pagar quando recebê-la.

– Pelo que entendi, hoje elas também não pagam, só pagam depois de noventa dias.

– Sim. – Ela tenta controlar sua impaciência. – Mas a venda é feita quando enviamos a mercadoria. Se passarmos a usar a consignação, elas só terão de pagar quando vendê-la. A maioria delas está tão necessitada de dinheiro que temo que elas simplesmente não nos comuniquem que fizeram as vendas. Não podemos controlar isso. Não podemos criar uma força policial que vá até as lojas e confira o que venderam, efetivamente. Isso é inviável.

– Susan, isso não será problema – Jeff diz lentamente. – Não vamos enviar-lhes a mercadoria como fazemos hoje, vamos reabastecê-las. Isso quer dizer que, para receber mercadoria, as lojas terão de nos informar o que venderam todos os dias ou, pelo menos, em algum período de tempo regular. Acho que podemos criar um sistema amigável com facilidade.

– Hummm... Talvez. Deixe-me pensar um pouco.

– Tudo está muito bem – observa Bob –, mas você vai nos dar dinheiro para fazer isso? Consignação significa que as lojas estarão retendo nosso estoque. Você acha que podemos pegar de volta o dinheiro que liberamos para a UniCo quando diminuímos nosso estoque de produtos acabados?

Agora já sei a resposta. Susan a forneceu. Decido dar uma lição a Bob.

– Sim, vou arrumar o dinheiro para você. O que for necessário. Mas antes de eu ir embora quero saber exatamente de quanto você precisa.

– Sem problema – ele diz. – Pedi ao Morris, o meu novo *controller*, que calcule isso. Tenho certeza de que ele já tem os números.

– Quanto é? – torno a perguntar.

– Francamente, não sei. Veja, um dia depois que pedi isso a ele decidimos que a ideia era impraticável. Então não cobrei a resposta. Mas posso pedir que ele venha aqui.

– Por favor.

Enquanto o *controller* de Bob não chega, eles debatem o que fazer com os produtos obsoletos das lojas. Conseguem algumas soluções bem interessantes. Quanto mais as examinam, melhor elas se tornam. Eles estão entusiasmados. Minha promessa de dar o dinheiro que precisarem tirou um peso enorme de suas costas. É muito agradável observar.

Finalmente Morris chega.

– Demorei um pouco porque fui verificar novamente os números, só para ter certeza.

– Quanto é? – pergunta Bob.

– Mais ou menos US$ 34,3 milhões.

E se apressa em acrescentar:

– Tomando por base o número que a Susan me deu, referente ao tempo médio entre nossa expedição e a venda na loja, que é de 45 dias.

– Uau! – Bob está impressionado. – Alex, você tem certeza de que pode conseguir todo esse dinheiro para nós?

– Verifique de novo sua estimativa – peço.

Quando ele não consegue, viro-me para Morris e pergunto:

– Presumindo que essa diminuição nas contas a receber não afeta as vendas, diga a Bob, por favor: quem é que está dando esse dinheiro a quem?

– Não é óbvio? – ele pergunta ingenuamente. – No momento temos US$ 57,09 milhões em contas a receber. Isso é aproximadamente 116 dias. Segundo Susan, isso vai cair para apenas 45 dias. Como eu disse, se ela estiver certa, poderemos devolver à UniCo cerca de US$ 34,3 milhões.

Caio na gargalhada e, sucessivamente, eles me acompanham.

– 25 –

Durante o jantar, estou contando para minha família a história da solução de marketing para a I Cosméticos. Julie e Sharon estão naturalmente interessadas. O que é surpreendente é o grau de interesse de Dave.

– Por que você não compra mais empresas que vendam outro tipo de produtos para as mesmas drogarias? – pergunta Dave. – Se é tão bom para a I Cosméticos, também será bom para elas.

Ele tem razão. Com esse tipo de oferta, pedindo espaço nas prateleiras em vez de dinheiro e prometendo reabastecimentos diários, é certo que vai ser um bom negócio.

– Você pode usar a mesma rede de distribuição – ele verbaliza o que eu estava pensando. – Você disse que atualmente os depósitos regionais estão quase vazios.

– Dave – explico –, essa é uma boa ideia, mas acho que a UniCo não tem dinheiro para investir em um negócio desses.

– Isso não deveria ser um problema – ele continua a desenvolver sua ideia. – Você disse que a ideia de Bob vai reduzir as contas a receber de mais de cem dias para aproximadamente 45. Isso é uma máquina de fazer dinheiro. Tome dinheiro emprestado, compre as empresas, transforme suas contas a receber em dinheiro e pague o empréstimo. Qual o problema?

– Não é tão simples assim. Mas, Dave, continue assim e você vai se tornar um homem de negócios bem-sucedido. – Estou muito contente com meu filho. Ele é esperto.

– Dave já é um homem de negócios bem-sucedido. Ele tem um Cadillac antigo – Sharon alardeia. – Um verdadeiro carro de colecionador.

– Sim, claro. – Rio. E digo a Dave: – Então, você decidiu restaurar o carro velho? Boa sorte.

– Não contei a você? Acho que não. – Ele está um pouco envergonhado. – Obrigado, pai, usei o que você me ensinou e esse foi o resultado. O Herbie e eu vamos restaurar um carro. Mas Sharon tem razão. Não vai ser o Oldsmobile de 1956. Vai ser um Cadillac de 1946. Já começamos a trabalhar nele. Você já me imaginou em um Cadillac, enorme e brilhante?

– Que legal – Sharon diz em tom estridente. – Lembre-se de que você prometeu dar umas voltinhas comigo e a Debbie. Todas as meninas vão morrer de inveja. Oba!

– Calma, Sharon. Que imaginação fértil! Eles primeiro têm de consertá-lo. Duvido até que hoje o carro tenha um motor.

– Sim, tem – Dave me assegura. – O motor original, e ele acabou de ser refeito. Funciona como em um sonho. Mas é claro que ainda há muito trabalho a ser feito antes de podermos colocá-lo na estrada. Muito trabalho mesmo.

– Como um Oldsmobile 1956 se transformou em um Cadillac 1946? – Fico imaginando o que está acontecendo. – Onde você conseguiu o dinheiro? Um Cadillac 1946 com um bom motor não é algo que se consiga comprar por US$ 1.500, nem mesmo por US$ 15 mil.

– Foi tudo graças a você, pai.

– A mim?

– De certa forma, sim. Peguei o seu trabalho, você sabe, o do Jimmy e o barco, e...

– Que barco? – Sharon presta a maior atenção.

– Fique quieta, menina. Mais tarde conto para você – Dave promete. – De qualquer forma, escrevi meus ramos negativos. Na verdade, no final eles se reduziram a apenas dois...

– Dave, não tente desconversar falando dos Processos de Raciocínio. Onde você conseguiu a fortuna para comprar o carro?

– Estou contando. – Dave parece irritado.

– Deixe-o contar a história – diz Julie. – É fascinante.

– Então escrevi dois ramos negativos. – Dave perdeu um pouco o entusiasmo. – Um tratando de todos os problemas de dividir e fazer a manutenção do carro entre o Herbie e mim. Você sabe, como o que você teve com o Jimmy. O outro foi sobre o problema de Herbie em conseguir o dinheiro.

Eu mal estou ouvindo. Os garotos tiveram o maior trabalho para conseguir US$ 1.500. Onde, então, conseguiram o dinheiro para comprar um carro tão caro? Quanto será que custou? US$ 30 mil? Talvez até US$ 50 mil?

– Comecei com o mais fácil – Dave continua. – O que tratava dos problemas de compartilhar o carro. Segui a lógica com o Herbie. Forcei-o a ler cada palavra. Se eu gastei tanto tempo escrevendo, ele poderia gastar tempo lendo. Ele podou o ramo negativo em cinco segundos.

– Conte a seu pai como ele fez isso – Julie se certifica de que vou ouvir todos os detalhes.

– Ah, foi simples. Em setembro nós dois temos de ir para a faculdade, então decidimos que no final de agosto vamos vender o carro. Isso não é muito tempo, mas até lá nós damos um jeito.

– Quando vocês vão acabar o carro? – pergunto.

– Espero que no começo de julho. Estou dizendo, nós realmente não vamos ter muito tempo para brigar por causa dele.

– Então o primeiro ramo negativo foi cortado. Ótimo. E o segundo?

– O segundo ramo era mais sensível. Como lhe disse, eu estava preocupado em saber onde ele ia conseguir o dinheiro. Bem, parece que ele estava planejando vender um pouco de maconha.

– O quê?! Você não me contou essa parte.

– Mamãe, fique fria. Você sabe que eu nunca iria concordar com uma coisa dessas. Herbie também sabia disso. Por isso ele não havia me contado antes.

– Então essa ideia morreu aí – afirma Julie.

– Sim, mas não desistimos da ideia de restaurar o carro. Herbie usou nossa primeira injeção para desenvolver a segunda. Ele disse que, já que íamos vender o carro de qualquer forma, por que não tomar o dinheiro emprestado do futuro proprietário? Sabíamos mais ou menos quanto o carro e as peças iam custar: cerca de US$ 1.500,00. Lembrem-se de que até aqui nós ainda estávamos pensando no Oldsmobile, não sabíamos do Cadillac. Além do que custou para nós, estimamos que cada um de nós iria trabalhar uns três meses no carro. Então achamos que oferecê-lo por US$ 2.500,00 seria um bom negócio.

– Para quem vocês vão vender o carro? – pergunto.

– Para você. – Ele sorri.

– Você ainda está falando sobre o Oldsmobile? Por que você acha que eu estaria interessado em um Oldsmobile? – Realmente...

– Foi isso mesmo que nos deu a ideia. – Dave está radiante. – Veja, lembrei do que você me disse sobre a diferença entre a percepção de valor do fornecedor e a percepção de valor do mercado.

– O que é que isso tem a ver com o carro? – pergunto, intrigado.

– A forma como chegamos ao valor do carro (você sabe, o que ele nos custou mais a mão de obra) é a forma como um fornecedor iria determinar o valor – explica Dave. – Mas, quando começamos a pensar em convencer você, decidimos olhar com os seus olhos, e o único argumento bom que conseguimos encontrar foi que, se você comprasse o Oldsmobile, eu nunca mais colocaria a mão na sua BMW.

– Entendo. – Espertinho, meu filho.

– Mas aí decidimos que, se esse fosse o tipo de argumento que iríamos usar, nos sairíamos muito melhor com o pai de Herbie. Você sabe que às vezes o Herbie consegue convencer o pai dele a lhe emprestar suas amadas antiguidades. E você também sabe que algumas vezes custa uma pequena fortuna arrumar os estragos.

– Então, você concluiu que a necessidade que o pai de Herbie tem de uma promessa dessas é muito maior que a minha – digo, aliviado. – Vocês perguntaram a ele? O que aconteceu?

– O pai do Herbie teve uma ideia muito melhor. Ele já havia comprado o Cadillac e as peças principais. Então ele nos ofereceu o trabalho de restaurá-lo. Claro que primeiro ele forçou o Herbie a assinar um compromisso de que ele nunca mais pedirá emprestado um de seus carros.

– E o que você vai ganhar com isso? – pergunto.

– Ora, até ir para a faculdade posso usar o carro da mesma forma que Herbie. E, se conseguirmos arrumá-lo e ele rodar 4 mil quilômetros sem problemas, o pai de Herbie prometeu me dar US$ 1.000,00. Assim não preciso gastar meu dinheiro, posso economizar o presente da vovó e ainda vou ter mais dinheiro para gastar na faculdade. O que você acha?

– Muito bom. – Gostei muito.

– Então, pai, você me ajudou duas vezes – resume Dave. – Uma vez com os ramos negativos, levando o Herbie facilmente a encontrar uma verdadeira solução, em vez de um verdadeiro fiasco. E a segunda vez, explicando-me a diferença entre percepções de valor.

– Bom trabalho, Dave. Você realmente usou muito bem o que eu ensinei. Até ampliou o campo de aplicação dos conceitos. Quando falei sobre a percepção de valor do fornecedor e do mercado, estava me referindo a empresas que produzem produtos continuamente. Você aplicou o conceito em um negócio isolado. E você está certo, ele também funciona nessa situação. Pensando bem, deve funcionar em qualquer venda.

– Inclusive na venda de suas empresas? – Julie pergunta. – Cada uma delas é um negócio isolado.

– Não – respondo. – Nesse caso as regras são rígidas.

– Que regras? – Dave está interessado. – Como elas determinam o valor de uma empresa?

– É bem complicado, mas basicamente você pega o lucro líquido da empresa e o multiplica pelo índice preço/lucro para esse tipo de indústria e obtém um bom ponto de partida. Também depende dos ativos que a empresa tem. Isso pode mudar o quadro.

– Mas isso é baseado puramente na percepção de valor do fornecedor – insiste Dave. – Você está apenas olhando a empresa. É como olhar o produto em vez das necessidades do comprador, pai.

– Você tem razão. Mas é assim que é feito.

– Não necessariamente – Julie interfere. – Não de acordo com o que você me contou sobre a empresa de Stacey.

Penso sobre isso. Ela tem razão. Se olharmos para a Vapor sob Pressão isoladamente, o valor é muito baixo. Mas, quando olhamos para um comprador em particular – um comprador bem específico, um concorrente de Stacey –, com relação às necessidades dele temos um número completamente diferente. Quatro vezes maior.

Levanto os olhos e olho para ela.

– Julie, você está certa. Talvez estejamos fazendo isso da forma errada. Talvez consigamos muito mais pelas empresas de Pete e Bob se olharmos para as necessidades dos compradores em potencial. Mas o que sei sobre as necessidades deles? Nada.

– Bem, quem são os compradores em potencial?

– Para Pete são as grandes empresas na indústria gráfica. Para a I Cosméticos estamos abordando um espectro muito mais amplo. Os verdadeiros especialistas nisso são Brandon e Jim. Vou ter de conversar com eles.

– Alex – continua Julie –, você deve conhecer alguma coisa sobre a indústria gráfica. No ano passado você passou um bom tempo na empresa de Pete.

– Sim, passei, mas...

Ela espera um pouco, olhando para mim.

– E então? – ela me pressiona.

– Quando peguei a empresa de Pete, ela era uma boa representante da indústria – admito.

– O que isso significa?

– Tudo era administrado para se reduzirem os custos. Não a despesa operacional real, mas os custos da contabilidade de custos. Você pode imaginar os resultados, já contei isso a você mil vezes. É difícil acreditar, mas é assim que a maior parte dessa indústria trabalha. É por isso que tenho medo de vender a empresa para alguém que interfira no modo como Pete a está administrando.

Gosto de falar sobre a empresa de Pete. Quando começo é difícil me fazer parar.

– Hoje essa empresa é uma beleza, em todos os aspectos. Na qualidade, na entrega, na resposta rápida ao que quer que o cliente queira. E, o mais importante, com sua inovadora abordagem do mercado, ela certamente se tornará muito lucrativa, neste ano mesmo. Lucrativa. Esta palavra não faz jus a ela. Ficará muito acima do que qualquer coisa que a indústria gráfica já viu. Deixe-me contar a você, Julie, de qualquer ângulo que possamos olhar, a empresa é um modelo. Um modelo de como esse negócio deveria ser administrado. Estou realmente orgulhoso dela.

– Você merece. – Julie sorri para mim.

– Ninguém precisa de um modelo desses? – pergunta Dave.

– Você está querendo dizer – digo lentamente – que deveríamos vendê-la, não com base nos aspectos financeiros, mas com base no fato de que ela pode ser usada como um modelo para sua indústria? É uma ideia bem interessante.

– Alex – Julie intervém –, acho que Dave pode estar certo. Você disse que as empresas gastam muito dinheiro em *benchmarking*. O que é melhor para elas do que ter o melhor desempenho em seu próprio quintal?

– Sim. – Minha mente funciona a toda velocidade e vou mais longe ainda: – E elas gastam uma fortuna com consultores. No negócio deles,

Pete e seu pessoal são melhores que qualquer consultor desse mercado. Eles não só sabem o que precisa ser feito, como já o fizeram.

– Então eles vão ser os professores – conclui Sharon.

Todos olham para mim.

– Deixem-me entender o que estamos falando. – Tento organizar meus pensamentos. – Para uma grande empresa gráfica, uma realmente grande, a empresa do Pete pode ser a fonte de uma mudança de paradigma no desempenho. Ela é um modelo perfeito de como programar e controlar uma operação de impressão que não se baseia no paradigma de custos artificiais, mas no que realmente faz sentido, o impacto na lucratividade de curto e longo prazo. Ela é um exemplo notável de como ter um alto desempenho na pré-impressão. A empresa de Pete faz em quatro dias, e sem muito esforço, um trabalho que pode levar semanas em outra empresa. E, mais importante ainda, eles sabem como desenvolver abordagens de marketing inéditas. Eles podem ser o *benchmark*, a escola e os consultores ao mesmo tempo.

– Mas Pete e seu pessoal não querem que a empresa seja vendida – Julie me lembra.

– Você está brincando? Eles adorariam poder ser o agente catalisador da mudança de uma grande empresa gráfica. Seria o trabalho ideal e uma grande oportunidade para eles. Aqui na UniCo, ao contrário, eles estão em uma camisa de força. Não fazem parte do *core business*, estão confinados na periferia.

Estou entusiasmado. Essa ideia tem muito mérito. O salto no desempenho financeiro da empresa garante que podemos vendê-la por um bom dinheiro. Mas, se pudermos vendê-la como um meio de transformá-la em uma grande empresa gráfica, então o céu será o limite.

E todos vão ser beneficiados. O comprador. A UniCo. O Granby vai encerrar sua carreira com chave de ouro. Trumann e Doughty ficarão muito satisfeitos. Porém, o mais importante é que Pete e seu pessoal ficarão em uma posição melhor ainda do que jamais poderiam esperar.

E quanto a mim?

Eu dou um jeito.

– Então, o que você diz? – Dave interrompe meus pensamentos.

– Digo que você está certo. Para uma grande empresa gráfica isso é uma oportunidade única. Será que conseguirei apresentá-la de modo que eles entendam quanto ela é única e valiosa?

– Temos certeza de que conseguirá – todos me dizem.

-26-

Quando ficamos sozinhos, Julie toca no ponto que eu já esperava.

– Alex, e seu emprego? Parece que suas empresas serão vendidas e acho que você está fazendo a coisa certa, certificando-se de que elas ficarão em boas mãos. Mas e você?

– Não sei. – Suspiro. – Realmente não sei.

– Até agora – ela diz com voz suave – tomei cuidado para não pressioná-lo, mas as coisas estão começando a se encaixar. Você está cuidando de seu pessoal. Que tal cuidar um pouco de si mesmo?

– E da minha família – concluo o pensamento dela. – Julie, o que você quer que eu faça? Comece a mexer os pauzinhos? Coloque o meu currículo nas mãos certas? Não posso fazer isso. Não na minha posição, não agora. Além do mais, a guerra ainda não acabou. Ganhei algumas batalhas, mas as principais ainda estão por vir. Não posso me distrair. Você entende?

Ela pensa um pouco. Finalmente diz:

– Eu me sentiria muito melhor se soubesse que você tem um plano. Não apenas para suas empresas, mas para você também. Isso é pedir demais?

Ao contrário do que os outros acham, odeio planejar. Especialmente quando Julie está envolvida. Conheço minha esposa. Quando ela fala de um plano, não está se referindo a uma vaga lista de providências. Ela quer me levar a fazer uma análise meticulosa. Nesse aspecto, ela é mais Jonah que o próprio Jonah.

Entretanto, não há nada de mau nisso. É bom ter um plano.

– Tenho de concordar com você – digo. – Chegou a hora de fazer um plano rigoroso.

– Você tem intuição suficiente sobre o assunto? – Agora Julie torna-se totalmente profissional.

– Acho que sim. – Não é como se eu não tivesse pensado nisso nos últimos meses.

– Ótimo.

Um bloco de papel aparece em suas mãos.

– Já que estamos falando de você, não da UniCo, nem de suas empresas, nem de seu pessoal, mas de você, por acaso tem alguma coisa contra o seguinte objetivo: "Conseguir um emprego igual ou melhor"?

Quando Julie toma uma decisão, vai até o fim.

– Nada contra – tento ser tão prático quanto ela.

– Já que é assim, acho que concordamos em qual é o Processo de Raciocínio que devemos usar – ela diz, categoricamente.

– Sim. A Árvore de Pré-Requisitos. – Também fui um bom aluno de Jonah.

– Muito bem, comece a levantar obstáculos.

Sei que isso pode parecer estranho. Se queremos atingir um objetivo ambicioso, por que começar levantando obstáculos? Isso não é contraproducente?

Mas esse é o jeito de Jonah. Como ele mesmo diz: "Sempre comece com um passo que as pessoas sejam especialistas em dar". E todos somos especialistas em criar situações difíceis e reclamar. Em outras palavras, em inventar todas as razões para que algo não possa ser feito, ou seja, em levantar obstáculos.

– Ainda não temos uma solução de marketing para a empresa de Stacey. Isso é um grande problema – começo a reclamar.

– Concordo. – Julie anota o obstáculo. – Mais outros.

– Os lucros da empresa de Pete e, ainda mais, os da empresa de Bob ainda estão longe de serem satisfatórios. Sei que tomamos as medidas certas, mas isso ainda não está concluído. Se tivermos de vendê-las agora, não vamos receber muito dinheiro.

– Estou escrevendo isso como dois obstáculos – Julie me informa. – Um deles é "Os lucros das empresas de Pete e Bob são ínfimos". E o outro é: "O valor das empresas de Pete e Bob é baixo". Está bem?

– Está – concordo. – Agora pegue o que discutimos no jantar. Esse assunto ainda não está completo. Apesar do que eu disse, ainda não tenho uma visão clara das necessidades dos compradores. Pelo menos não a ponto de poder preparar uma apresentação suficientemente persuasiva.

– Por que isso é tão importante? – ela pergunta.

– Do que você está falando? – Estou surpreso. – De que outra forma eu poderia alavancar o preço das empresas de Pete e de Bob?

Ela escreve isso e depois diz:

– Alex, você poderia fazer o favor de começar a mencionar os verdadeiros obstáculos? Se você quiser conseguir uma posição de vice-presidente executivo em uma empresa de porte, você precisa ter recomendações excelentes de pessoas respeitáveis e poderosas. Isso é essencial.

– Sim, é mesmo. Pode colocar isso na lista.

– E então? – ela pergunta.

– Então o quê?

– Que tal mais alguns obstáculos desse gênero? Você conhece isso muito melhor que eu.

– Você está se saindo muito bem – eu a encorajo. – Por favor, continue.

– Até onde eu sei, não há muitos cargos como esse esperando para serem preenchidos. – Ela não gosta de ter de falar sobre isso.

– Que eufemismo. Mas lembre-se, para conseguir um dos poucos que estão disponíveis, não bastam recomendações. Tenho de ter um currículo extraordinário. Caso contrário não tenho a menor chance, as pessoas de dentro da empresa são as primeiras a serem consideradas. E, até agora, Julie, como um vice-presidente executivo não tenho um currículo notável.

– Transformar suas empresas que eram buracos sem fundo no que elas são hoje não é suficiente?

– Não. Não se forem vendidas por menos do que pagamos por elas. Além do mais, querida, você está ignorando a empresa de Stacey. Do jeito que ela está agora, será vendida para demolição. Qualquer executivo que tenha uma mancha negra como essa pode dizer adeus a qualquer oportunidade de conseguir um emprego equivalente em outra empresa.

Julie não está ficando entusiasmada. Ela já ouviu tudo isso antes, de uma forma ou de outra.

– Alex, você tem mais algum obstáculo para acrescentar à nossa lista? – ela pergunta em um tom prático.

– Só o fato de que Trumann e Doughty não são mais crianças. São os homens de negócios mais astutos e objetivos que já conheci. Imagino que quando você fala sobre recomendações está se referindo a eles.

– Sim. Segundo consta, eles têm você em alta consideração. Aliás, como deveriam.

– Querida, esse é um mundo duro. Trumann e Doughty nunca iriam fazer uma recomendação se não estivessem totalmente seguros. Eles precisam proteger sua reputação. Se eles recomendarem alguém, essa pessoa precisa ser muito boa.

– Ainda não entendo o problema.

Esta é minha esposa leal. Tento explicar:

– Se Trumann e Doughty não conseguirem dinheiro suficiente com a venda de minhas empresas, e não interessa por qual motivo, não ficarão impressionados comigo. Na minha posição, preciso apresentar resultados, não desculpas. Apenas resultados, nada mais conta.

Julie não está impressionada com o meu discurso emocional.

– Mais alguma coisa?

– Deixe-me ver a lista – peço. Leio-a com cuidado. – Não. Acho que já relacionamos os principais obstáculos. Podemos passar para o próximo passo?

Começar com a lista dos obstáculos não é tão devastador quanto você pode imaginar.

Qual o próximo passo? O óbvio. Todos nós sabemos que, quando o objetivo é ambicioso, é lógico que o plano para atingi-lo terá de conter vários objetivos intermediários. De onde vêm os objetivos intermediários? A única razão para se estabelecer um objetivo intermediário é superar um obstáculo que obstrui o caminho para se atingir o objetivo final desejado. Não há outra razão. Portanto, para cada obstáculo na nossa lista, temos de descobrir o objetivo intermediário correspondente; aquele que, se atingido, permitirá superar o obstáculo.

– O primeiro obstáculo que você mencionou – ela começa – é "Ainda não há uma solução de marketing para a empresa de Stacey". Que objetivo intermediário você tem em mente? Como você pode superá-lo?

Tento ter uma atitude tão profissional quanto a dela. Não é fácil. Devido a seu trabalho, Julie desenvolveu uma habilidade incrível de permanecer analítica, independentemente de quanto os assuntos possam ser emocionais. Ela tem de ser assim.

– Nada muito complexo. Só preciso de tempo suficiente para implementar as providências necessárias. Veja, as diretrizes que Don e eu desenvolvemos são tão poderosas que eu realmente não estou preocupado. Stacey só precisa de tempo, nada mais.

Ela anota isso e continua:

– O próximo obstáculo é: "Os lucros das empresas de Pete e Bob são ínfimos". Imagino que o objetivo intermediário seja o mesmo. Outra vez, "Ter tempo suficiente para implementar as providências necessárias".

– Sim, e não há problema em conseguir o tempo. Já marquei uma reunião com Brandon e Jim. Eles vão entender a solução do Bob imediatamente e ficarão felizes em esperar. Veja, implementar essa solução vai gerar mais dinheiro nos próximos meses do que eles esperavam obter com a venda da empresa. E, depois, ficaremos com uma empresa que poderá ser vendida por pelo menos três vezes seu preço atual. Não será difícil conseguir tempo para Bob. Quanto a Pete, desde o começo não havia problema.

– Excelente! O próximo é: "O valor das empresas de Pete e de Bob é baixo". Acho que o objetivo intermediário a ser alcançado é "O valor das empresas de Pete e Bob é alto", e você já tomou as providências que vão garantir isso.

– No mundo dos negócios nada é garantido. Mas, sim, você está certa conceitualmente. Qual o próximo obstáculo?

– Eu o escrevi como: "Falta conhecimento suficiente para elaborar uma apresentação convincente para os compradores em potencial". O que você precisa fazer para superar isso?

– Muitos detalhes pequenos. Vou passar um tempo com Brandon e Jim para elaborá-la. Acho que, juntos, sabemos o suficiente. Além do que, é uma boa ideia torná-los parte desse processo. No final serão eles que terão de realizar a venda. Basicamente, mais uma vez isso se resume em ter tempo para fazer o que é necessário. Nada de extraordinário. – Estou confiante nesse sentido.

– E isso vai pavimentar o caminho para cuidar do próximo obstáculo – ela afirma. – "O valor das empresas de Pete e Bob não está alavancado". Isso é resolvido com algo como: "Os compradores adequados são persuadidos a considerar as empresas de Pete e Bob como modelos".

Quando aprovo com a cabeça, ela continua:

– Até agora tudo bem. Agora vamos tratar dos mais importantes. "Recomendações de pessoas poderosas são essenciais." Imagino que Trumann e Doughty são sua melhor opção.

– Sim, e Granby também. Uma boa recomendação de seu ex-chefe talvez não pese tanto. Mas uma recomendação fria é devastadora.

– Estou escrevendo: "Trumann, Doughty e Granby estão dispostos a dar ótimas recomendações". Acho que se você atingir os objetivos intermediários anteriores, esse será uma mera consequência.

– Provavelmente.

– O seguinte é: "Não há muitas posições em aberto no nível requerido". Alex, o objetivo intermediário óbvio é: "As posições certas em aberto são identificadas". O que você está pensando em fazer quanto a isso?

– De acordo com as diretrizes de Jonah, você deve fazer perguntas como essa só depois de termos colocado todos os objetivos intermediários em sequência – brinco com ela. – Mas, meu amor, enquanto eu não cuidar dos outros obstáculos é inviável me candidatar a qualquer cargo. Depois de cuidar deles terei tempo mais do que suficiente para procurar um trabalho. Veja bem, se eu atingir todos os outros objetivos intermediários, estarei garantindo o recebimento de um paraquedas de ouro lucrativo da UniCo. Então, terei tempo suficiente para procurar.

Ela não está feliz com minha resposta, mas depois de uma leve hesitação continua:

– O obstáculo seguinte é...

Não temos dificuldade em encontrar outros objetivos intermediários. Então, começamos a transformar a lista resultante em um plano. Temos de verificar que objetivos intermediários podemos alcançar em paralelo, e quais apenas em sequência.

O fato de já termos verbalizado o obstáculo correspondente a cada objetivo intermediário ajuda muito. Na verdade, isso faz com que seja relativamente fácil pôr em sequência os objetivos intermediários.

Como? Bem, pergunte a você mesmo: qual pode ser a razão de precisarmos primeiro alcançar o objetivo intermediário X, e só depois podermos alcançar o objetivo intermediário Y? Deve ser porque existe um obstáculo que impede que Y seja alcançado, e que esse obstáculo é superado quando atingimos X. Por isso X tem de ser alcançado antes de Y. Faz sentido?

Para pôr em sequência precisamos apenas descobrir que obstáculo está bloqueando qual objetivo intermediário. É fácil.

Quando terminamos, examinamos a Árvore de Pré-Requisitos resultante. Ela parece boa e sólida.

Julie comenta:

– De acordo com a árvore, "Identificar a posição em aberto adequada" não está condicionada a nenhum outro objetivo intermediário. Você pode começar agora.

– Mas...

– Mas você tem razão. Não faz sentido tratar disso agora. Essa é apenas uma das três condições necessárias e essenciais para o objetivo final. E, comparado às outras duas, ter um currículo que denote uma carreira impressionante e ótimas recomendações é algo relativamente trivial. Sim, ainda não há necessidade de tratar disso.

Depois de algum tempo ela acrescenta:

– Gosto do seu plano, meu herói esperto. Agora vejo que toda providência que você tomou, desde o começo, estava certa. Obrigada, querido. – Ela deixa o bloco de papel de lado e vem se acomodar nos meus braços.

Julie está relaxada. Eu gostaria de estar sentindo a mesma coisa. Stacey não está se mexendo. A notícia do que estão planejando para a Vapor sob Pressão paralisou-os. Preciso ir lá. Mas será que posso fazer com que se mexam? Acho que não. E, se a situação deles não for resolvida, nada mais vai adiantar.

Além do que, há muito trabalho em todas as outras frentes e estou gastando muito tempo com questões corporativas sem valor algum. A burocracia ocupa mais da metade do meu tempo. Será que estou me esforçando por nada?

De acordo com essa Árvore de Pré-Requisitos, eu estou. O que ela me diz é que: tenho de me certificar de que Stacey desenvolva uma abordagem sólida de marketing que garanta uma vantagem competitiva decisiva para sua divisão; tenho de trabalhar com Brandon e Jim para fazê-los aceitar a ideia de vendermos a empresa de Pete (e depois a de Bob) como um "modelo de excelência"; tenho de me certificar de que a solução de Bob seja implementada sem grandes contratempos.

Porém, o mais importante é que não devo permitir que nada me impeça de fazer isso.

- 27 -

Este foi um ótimo dia. Há uma semana, na mesma manhã em que Bob, Susan e Jeff me apresentaram a sua solução, sugeri a Brandon e Jim que eu fosse a Nova York informá-los sobre os últimos acontecimentos. Nosso encontro foi no escritório de Brandon, que fica em um dos andares mais altos das torres gêmeas.

Que vista! Todo o mundo está a seus pés. Por outro lado, daqui a queda é grande.

Um dos meus objetivos para essa reunião era ganhar tempo para Stacey. Tinha de convencê-los de que temos uma chance real de desenvolver uma solução de marketing inovadora para a Vapor sob Pressão. Para conseguir isso, decidi começar mostrando a eles a solução de Bob. Minha suposição era de que bastava mostrar que essa solução não era resultado de um lampejo intuitivo engenhoso, mas sim o resultado de seguir meticulosamente o processo genérico que Don e eu havíamos construído. A Árvore da Realidade Futura de como se deve fazer para desenvolver uma vantagem competitiva. Eles já conheciam essa árvore.

Dei-lhes uma cópia da lista dos EIs do cliente, que Bob, Jeff e Susan haviam feito. Brandon e Jim examinaram a lista, nenhuma surpresa aí. Então, lemos a Árvore da Realidade Atual que foi construída com base nessa lista. Brandon comentou que construir essa Árvore da Realidade Atual era coisa de criança, em comparação com a que construímos juntos. Jim concordou.

Quando terminamos de ler a Árvore da Realidade Atual, eles não tiveram nenhuma dificuldade em traduzir o problema-raiz para a solução natural. A nuvem era quase redundante. Depois, passamos para a Árvore da Realidade Futura. Isso foi importante, convenceu-os de que a solução vai ser muito atraente para as lojas.

Claro que levantaram ramos negativos, muitos deles. Essa foi a parte divertida. Eles não conseguiram achar nenhum ramo negativo que o grupo de Bob já não tivesse analisado a fundo. Então, em resposta a cada ressalva que fizeram, eu simplesmente lhes entreguei a página apropriada, mostrando que injeção Bob criou e como ele não só poda o ponto negativo, como também leva a mais positivos. Foi ótimo.

Quando esgotaram todas as suas ressalvas, eles começaram a levantar uma longa lista de preocupações relacionadas à implementação. Eu estava bem preparado. A equipe de Bob havia me fornecido toda a munição de que eu precisava. Trumann e Doughty ficaram impressionados. Não, não apenas impressionados, eles abraçaram a ideia completamente. Francamente, só depois que acabei de explicar tudo a eles é que percebi até que ponto a solução de Bob é realmente poderosa.

E o meu plano funcionou. Brandon disse que agora é um seguidor dos Processos de Raciocínio. Jim até perguntou se eu teria tempo para ensiná-los a se tornarem mestres nas técnicas de Jonah.

Nesse momento usei meu trunfo. Sugeri que fizéssemos o cálculo de quanto dinheiro a empresa de Bob vai gerar nos próximos quatro meses. Eles não conseguiam acreditar no que estavam vendo; conferiram os números várias vezes. Mas eles estavam certos. Mesmo usando-se os pressupostos mais severos, diminuir o prazo de pagamento das contas a receber vai trazer mais dinheiro do que esperávamos receber da venda da empresa. Como já devem ter percebido, não tive nenhum problema em convencê-los de que não seria inteligente vender a empresa antes de recebermos esse dinheiro.

Estava pronto para cuidar do passo seguinte. Sabia que não podia simplesmente pedir uma postergação para a Stacey. Eles precisam começar a ter resultados, e, para Trumann e Doughty, resultados significam mais dinheiro para a UniCo. Muito dinheiro.

Sugeri que estimássemos os lucros anuais futuros da I Cosméticos. Queria que eles vissem a magnitude dos números. Quando terminamos o cálculo, vimos que a implementação da ideia do Bob dará à I Cosméticos um lucro de 18% nas vendas líquidas. Não nas vendas atuais, mas nas vendas aumentadas. Isso significa cerca de US$ 37 milhões de lucro líquido por ano. Nada mau para uma empresa que há apenas uma semana estávamos dispostos a vender por menos de US$ 30 milhões.

O retorno sobre o ativo líquido, quando consideramos a forma maluca que usamos para calculá-lo em nosso balanço, é de quase 60%

ao ano. Um RONA de 60% para uma empresa que não tem nenhuma patente ou tecnologia própria.

Como era de esperar, Brandon e Jim apressaram-se em calcular o preço de venda. Eles ainda têm a intenção de vender a empresa. Precisam do dinheiro para melhorar a classificação de crédito da UniCo.

Para estimar por quanto podemos vender a I Cosméticos, usamos um índice preço/lucro de sete. O valor da empresa atingiu aproximadamente US$ 250 milhões! Não admira, um salto extraordinário nos lucros causa um salto extraordinário no valor.

Brandon logo ressaltou que não há como conseguir vender por esse valor, visto que esses lucros estão baseados em uma previsão e não em números sólidos do passado. Mas achou que poderíamos tentar US$ 150 milhões. Que mudança! Eles estavam rezando para conseguir essa soma de dinheiro por todo o grupo diversificado. Agora eles a querem apenas pela empresa de Bob.

Naquele momento eu estava pronto para tocar no assunto da empresa de Stacey. As negociações com os concorrentes da Vapor sob Pressão estão indo a passos de tartaruga. Passos de tartaruga quando comparado ao que Trumann e Doughty querem ver, um trem-bala se comparado ao que quero. Na velocidade atual eles tinham uma boa chance de assinar um acordo antes do final do ano.

Então eu apenas especulei o que aconteceria se Stacey desenvolvesse uma vantagem competitiva equivalente em seu campo e começasse a se apoderar da fatia de mercado de seus concorrentes. Eles perceberam logo que isso seria o mesmo que colocar dinamite no traseiro dos concorrentes. Isso também nos permitiria cobrar um preço mais alto. Foi fácil arrancar-lhes uma promessa de que paralisariam as negociações durante as próximas seis semanas. Neste momento eles têm mais confiança do que eu em nossa habilidade de desenvolver rapidamente uma vantagem competitiva para a Vapor sob Pressão.

Tendo percebido que a batalha estava ganha, passei para o objetivo seguinte. Lembrei-os da estimativa que haviam feito do total que poderíamos receber pela venda da empresa de Bob e afirmei que poderíamos receber muito mais que isso, que estávamos abordando o assunto de forma errada. Eles não ficaram surpresos. Acho que não os surpreendo mais, não importa o que eu diga. De qualquer forma, expus a eles a ideia que Dave me deu. Isto é, que estamos caindo na armadilha de avaliar a empresa por seu desempenho financeiro. Devemos avaliá-la segundo os benefícios que o comprador poderá obter comprando-a. E esses benefícios não se restringem apenas aos lucros diretos que podem ser obtidos com a compra da empresa.

Discutimos o conceito de vender nossas empresas como modelos de excelência, como catalisadores para aumentar o desempenho de empresas muito maiores. Inicialmente foi difícil eles aceitarem, mas, quando mudei o foco para a empresa de Pete, para a indústria gráfica, ficou muito mais fácil para eles.

Passamos as últimas três horas tentando elaborar uma apresentação para grandes compradores em potencial do ramo da indústria gráfica. Apesar de ter sido muito útil conseguir que Jim e Brandon comprassem a ideia, não gostei dos resultados. A apresentação não ficou boa, de modo algum. Vou ter de ensiná-los a construir uma Árvore de Transição. Essa é a única forma de podermos transmitir uma mensagem tão complicada sem problemas. Planejamos um fim de semana em um *resort* dentro de quinze dias. Vamos tentar levar nossas famílias também.

Será que deveria contar a eles que nessa reunião eu estava seguindo uma Árvore de Transição? Isso seria uma má ideia, eles poderiam se sentir manipulados.

Estou relembrando o que consegui com eles. Ganhei mais tempo para a empresa de Stacey. A empresa de Bob não será vendida nos próximos quatro meses. Enquanto isso, vamos preparar uma apresentação sensacional para a indústria gráfica. Aí estaremos prontos para nos concentrarmos na concretização da venda da empresa de Pete.

A propósito, temos a intenção de vender a empresa de Pete por mais de US$ 100 milhões. Esse número é deles. Eu acho que se a nossa apresentação for realmente boa, podemos chegar perto de US$ 200 milhões. Vamos ver.

Não está mau. Não está mau mesmo, considerando onde eu estava a menos de três meses, quando a resolução do conselho me atingiu como uma tonelada de tijolos.

Agora estou indo visitar Stacey. Don vai me pegar no aeroporto e amanhã de manhã vamos passar algumas horas com a alta administração da Vapor sob Pressão. Tenho de encontrar uma forma de fazer com que eles se mexam, de injetar neles a energia necessária para que encontrem uma solução. Eles precisam fazer isso, têm a intuição, o *know-how*, e são eles que terão de implementá-la.

Acho que não terei grandes problemas, não quando souberem que já garanti uma janela de tempo suficiente para eles, quando souberem que Trumann e Doughty estão dispostos a esperar.

Don não está sozinho me esperando no portão, Stacey está com ele. Enquanto caminhamos para o estacionamento, dou-lhe as boas notícias. Ela não parece ficar entusiasmada.

– Vocês completaram a Árvore da Realidade Atual do mercado? – pergunto.

– Está brincando? – É sua resposta amarga. – Não conseguimos nem chegar a um acordo sobre quais são os EIs do mercado.

– Quando vão fazer isso? – Tento disfarçar minha irritação.

– Alex, você está pedindo o impossível. Não consegui nem sequer fazer com que meu pessoal tratasse seriamente do sistema de distribuição.

– O que aconteceu? Pensei que já fazia mais de um mês que vocês tinham acabado de resolver todos os detalhes.

– Sim. E daí?

– Stacey, qual é o problema? – pergunto. – Você acha que eu não consegui tempo suficiente para você? Que seis semanas não são suficientes para elaborar sua abordagem de marketing? O pessoal de Bob levou apenas duas semanas para fazer isso.

Ela não responde.

Estou começando a ficar bravo.

– Claro que seis semanas não serão suficientes – digo em um tom duro – se vocês levam mais de três semanas para fazer uma lista de EIs. Ouça, trabalhei duro para conseguir mais tempo para você. Não consigo entender como é que você deixa seu pessoal desperdiçá-lo.

– Alex, com o devido respeito, acho que é você que não está entendendo. Está pedindo o impossível. Você tem ideia do que está acontecendo na minha empresa? – Nunca vi Stacey tão deprimida. – Viu o meu último relatório? As vendas caíram. As entregas caíram.

– Posso imaginar que o moral esteja baixo, é compreensível – tento ser condescendente.

– Ele não está baixo – ela me corrige. – Chegou ao fundo do poço. Isso já é demais.

– Stacey, você por acaso está me dizendo que o seu pessoal já aceitou a derrota?

– O que estou dizendo é que eles são realistas. Têm família para sustentar. Muitos não têm economias, mas têm de pagar prestações. Como posso culpá-los se agora só pensam em arrumar outro emprego? Ouça, Alex, desde que a UniCo comprou esta empresa há quatro anos, o que essas pessoas viram a UniCo fazer por elas? Quanto a UniCo investiu para modernizar esta empresa? Nada. Nem um centavo. E agora a UniCo vai vendê-los. A UniCo vai ganhar uma fortuna e eles serão postos no olho da rua. Por favor, pare de pedir o impossível. Ninguém aqui está disposto a colaborar.

Essa atitude é totalmente derrotista. Se Stacey não acordar, só me resta uma coisa a fazer: demiti-la e assumir imediatamente o lugar dela. Tenho de fazê-la acordar. Espero que ela me ouça.

Chegamos ao hotel. Volto-me para Stacey e espero até que ela olhe para mim.

– Não, Stacey, você está errada. Totalmente errada. Está tirando dessas pessoas a última chance que ainda têm. E, sim, há uma chance, uma chance verdadeira. Podemos reverter a situação. Podemos garantir um bom emprego para essas pessoas em uma empresa próspera, na Vapor sob Pressão. Mas não com a atitude que você está tomando, aceitando a derrota antes que a batalha nem sequer tenha começado. Você é a presidente desta empresa. É sua responsabilidade tomar providências para que ela continue a sobreviver e prosperar. E o que você está fazendo? Decidindo, antecipadamente, que não há nenhuma chance? Como você pode fazer isso?

"O que interessa se os lá de cima querem vendê-la para os sucateiros? Isso quer dizer que não há forma alguma de se reverter essa decisão? Claro que com o desempenho atual não há como fazer isso. Mas mudar esse desempenho sofrível está nas mãos de quem? E quem disse que não temos tempo suficiente? Se planejarmos cuidadosamente nossas ações, se atingirmos os resultados intermediários corretos, teremos todo o tempo do mundo.

"Você pode culpar o conselho, pode me culpar, pode culpar as condições do mercado e até o seu pessoal. Mas no final das contas, Stacey, tudo depende de você. Você pode decidir que pode, ou que não pode. Em qualquer caso, você estará certa. Vejo você amanhã de manhã. Venha, Don, vamos embora."

-28-

Logo na entrada, Don e eu somos conduzidos para a maior sala de conferência. Estão todos esperando por nós. Stacey encheu a sala de gente. Não só todo o pessoal de vendas, mas até os supervisores da produção e os representantes dos sindicatos estão ali. Foi preciso colocarem cadeiras extras encostadas nas paredes.

Enquanto vou tomar meu lugar na cabeceira da longa mesa, estendo a mão para pessoas que conheço. Todos estão muito formais, mas não há nenhuma hostilidade aberta. Don senta-se no fundo da sala, perto da porta. Bela estratégia!

– Bom dia – começa Stacey. – Bom dia – tenta novamente.

Leva algum tempo para que todos fiquem quietos.

– Este é Alex Rogo, nosso vice-presidente executivo – Stacey me apresenta. – Ele está aqui porque acredita no futuro da Vapor sob Pressão. Ele acredita que somos capazes de evitar que a empresa seja desmantelada. Ontem, Alex se reuniu com os dois principais membros do conselho para conseguir mais tempo para nós. Ele os convenceu de que ainda há uma chance e conseguiu parar todas as negociações para vender nossa empresa, por enquanto.

Algumas palmas esporádicas.

Será que Stacey vai me apoiar? Será que vai ficar firme? Se ela não fizer isso, vamos ter mais um sério contratempo. Um contratempo que não podemos nos permitir. Hoje de manhã decidi que tenho de apostar em Stacey. Ela pode fazer isso, sem dúvida alguma. A questão é se ela vai fazer ou não.

– Vamos ouvir o que o Alex tem a nos dizer. – Stacey se senta. É minha vez de ficar em pé.

Olho para eles, estão confusos e derrotados. Tenho de começar mostrando a eles o quadro geral. Mas preciso tomar cuidado para apresentar as coisas como elas são, não posso fazer um discurso para levantar o moral, isso seria devastador. Também sei que preciso acordá-los para começarem a tomar atitudes. Mas como?

– Sou da matriz – começo. – Para mim, os números falam, especialmente os verdes. Todas as empresas no grupo diversificado melhoraram muito no último ano, mas nenhuma está indo bem. Elas saíram de perdas pesadas e atingiram o ponto de equilíbrio, mas o que queremos é lucro.

"A UniCo precisa de dinheiro. Precisa desesperadamente de dinheiro. Nenhuma das nossas três empresas está dando lucro suficiente. Não é de admirar que o conselho tenha decidido vender o grupo diversificado. O mundo dos negócios é assim mesmo, duro.

"Há cerca de três meses o conselho decidiu que todas as três empresas iriam ser postas à venda. De uma forma ou de outra, todas estavam ameaçadas de serem destruídas. Não há como reverter a decisão do conselho. Só há um caminho aberto, melhorar rapidamente o desempenho. Melhorar o desempenho a ponto de que nenhum novo proprietário queira se intrometer na forma como a empresa está sendo administrada.

"Para isso precisamos aumentar os lucros. Não em 10%. Nem mesmo em 100%, nem em 500%. Cada empresa precisa aumentar o seu pífio lucro líquido para números desconcertantes. É impossível fazer isso cortando custos. É impossível fazer isso trabalhando mais duro. Vocês provavelmente acham que é impossível fazer isso e ponto-final."

Finalmente percebo algumas reações. Infelizmente eles estão concordando com minha última afirmação.

– A única forma de fazer isso é descobrir abordagens novas e inteligentes de aumentar as vendas.

Não preciso ser um superespecialista para ler a linguagem corporal deles. Se ainda havia alguma esperança dentro deles, ela se dissipou.

– Ouçam-me – peço. – Uma das suas empresas-irmãs já conseguiu. Há dois meses eles estavam prevendo um lucro líquido de US$ 900 mil para este ano. Agora está claro que eles vão obter bem mais que US$ 10 milhões. Não, a UniCo não deu a ela nem um centavo para investir. Seu mercado não melhorou. O mérito é só dela. Eles construíram uma abordagem de mercado nova e não convencional.

Paro para deixá-los digerir tudo que ouviram e então continuo:

– A I Cosméticos estava em uma posição inicial pior que a de vocês. No ano passado eles perderam quase US$ 1 milhão. A previsão para este ano era atingir o ponto de equilíbrio. Agora também eles encontraram uma solução inovadora de marketing. Todos têm certeza de que terão mais de US$ 30 milhões de lucro líquido. Vocês podem imaginar que agora, no restante do grupo diversificado, ninguém mais tem medo de perder o emprego. Sentem que estão seguros. Agora é a vez de vocês. É preciso encontrar uma inovação de marketing na sua indústria. Precisam deixar de lado o modo convencional de pensar.

Eles olham impassíveis para mim. Posso sentir sua frieza.

Já era de esperar, eles se sentem derrotados. Discursos e exemplos não vão fazer diferença. Já passaram dessa fase.

Precisam ver uma saída clara e tangível. Precisam ver a sua solução de marketing, e precisam acreditar que conseguirão implementá-la. Caso contrário, não vão levantar nem um dedo.

– O que está impedindo vocês de aumentarem as vendas? – pergunto. Ninguém responde. Tento novamente. – Quais são as principais reclamações dos seus clientes? – Isso está começando a ficar embaraçoso. – Que exigências os clientes potenciais fazem? – Não desisto. – O que exigem para fazer um pedido?

– Preços mais baixos – vem a resposta de vários lugares.

Estão começando a gostar do meu desconforto. Eles gostam de colocar em seu devido lugar o chefão da corporação, que não entende nada do mundo real deles.

Não consigo obter nem os EIs do mercado deles. Vou ter de tentar outra tática. Eles sentem um prazer perverso em me mostrar que não há saída. Será que se eu conseguir construir a nuvem deles, isso vai ajudar? Talvez, se conseguir que concordem com a nuvem deles, eu possa usá-la para chegar a uma solução. Difícil, mas o que tenho a perder?

– Preços mais baixos, entendo. E o que acontecerá se vocês reduzirem os preços? – Começo a trabalhar na nuvem deles.

– Nada – Joe, o vice-presidente de vendas, responde secamente.

– Por quê? – pergunto a ele.

– Porque os concorrentes vão igualar seus preços aos nossos imediatamente.

– Então algo vai acontecer. Nossos lucros vão diminuir. – Eles nem se dão ao trabalho de sorrir.

Ligo o retroprojetor, dizendo:

– O objetivo é "aumentar as vendas". Para "aumentar as vendas" é preciso "atender às necessidades dos clientes". O que quer dizer que é preciso "reduzir os preços". Por outro lado, para "aumentar as vendas", é preciso "tomar medidas que os concorrentes não consigam copiar de imediato", o que quer dizer, definitivamente, "não reduzir os preços".

Olho para a imagem projetada na tela por um instante, dando-lhes tempo para entendê-la. Então volto-me para eles e pergunto:

– É esse o caso?

– Sim – Joe responde baixinho.

– Estou perguntando a todo o pessoal de vendas aqui presente: esse é o seu conflito?

– É – todos respondem.

– Problema difícil – admito. – Um problema bem difícil. Joe, você pode vir me ajudar?

Ele se levanta com relutância.

– Ajudar em quê?

– A descobrir se há algum jeito de sair desta situação difícil.

Ele torce os lábios, descrente, mas vem até a frente.

– Joe, que parte desta nuvem você mais detesta? – pergunto.

Ele leva algum tempo examinando a nuvem antes de responder:

– Não tenho problema nenhum com a parte de baixo... E gosto de agradar aos nossos clientes. O que realmente não gosto é de abaixar os preços.

– Todos concordam com Joe? – Quero ter certeza de que todos estão acompanhando.

Alguns dizem sim, outros balançam suas cabeças.

– Bom. Vamos expor os pressupostos ocultos. Para "atender às necessidades dos clientes" é preciso "reduzir os preços", porque... Vamos, Joe, porque...

– Porque é isso que eles pedem – Joe completa a frase.

Que resposta.

– Joe, não saia do assunto. Tente entender as necessidades do cliente.

Ele não gosta do meu comentário. Espera-se que o pessoal de vendas sempre conheça as necessidades dos clientes. Uma lenda.

– O que eles precisam é de preços mais baixos – ele responde em um tom formal.

– Por quê? – pergunto.

– Porque quase todos os nossos clientes estão sob uma pressão financeira da corporação. Eles são empresas industriais, são como a gente. Sempre sob pressão da corporação para melhorar as suas finanças.

Ele ainda tem ânimo suficiente para brigar comigo. Isso é bom.

– Agora estamos chegando a algum lugar. – Finjo não perceber o seu cinismo e transformo as suas palavras em um pressuposto claramente verbalizado. – Para "atender às necessidades dos clientes" é preciso "reduzir preços", porque "a única forma de reagir às pressões financeiras do cliente é reduzir os preços". Foi isso que você disse?

– O que os nossos clientes querem é que a gente reduza os preços – ele se repete. – Isso é certo. Mas, se dermos atenção a eles, vão tentar jogar todos seus problemas financeiros sobre nós. Você sabia que alguns dos nossos clientes querem que a gente entregue as peças sobressalentes em consignação? Você já viu um absurdo desses? – Está claro que Joe está irritado com todo esse assunto.

Ele não está cooperando, mas vejo uma forma de usar o que ele disse. Talvez não seja justo, mas temos de progredir. Olho para Joe, depois para a nuvem e, em seguida, me viro para encarar o grupo.

– Então Joe não acha que o nosso pressuposto seja válido. Reduzir preços não é a única forma que temos para reagir à pressão financeira do cliente. Por exemplo, como Joe falou, podemos responder à pressão financeira deles entregando peças sobressalentes em consignação.

Joe está pasmado demais para dizer alguma coisa.

Phil, o gerente de vendas para a costa leste, não aguenta mais.

– Mas, meu senhor, qual é a diferença? A consignação não é uma outra forma de reduzir preços?

Se não fosse pelo meu cargo, ele certamente teria sido mais contundente.

– Phil – respondo, pacientemente. – Há uma enorme diferença entre reduzir preços e entregar peças sobressalentes em consignação.

– Não vejo essa diferença – Joe volta ao campo de batalha.

– Deixe-me demonstrar isso com um exemplo. Vamos supor que um cliente tenha US$ 100 mil de peças sobressalentes e que, na média, use US$ 10 mil por mês. – Escrevo isso na transparência. – Um cliente típico de médio porte. Qual será o impacto financeiro no cliente se reduzirmos os preços das peças sobressalentes em 10%?

– Isso seria um desastre – Phil não consegue se conter. – Nós iríamos perder receita e acho que não iríamos aumentar as nossas vendas de peças sobressalentes nem sequer em uma unidade. Vamos realmente fazer isso?

– Só vamos fazer coisas que façam sentido para a nossa empresa – garanto a ele. – No momento, estamos apenas tentando responder sua pergunta: qual a diferença entre redução de preço e consignação? Você afirmou que não há diferença. Eu digo que há. Vamos tentar descobrir?

Ninguém está contente. Ouço murmúrios de "discussão acadêmica". "Não deveríamos perder tempo com isso." "Deixe-o continuar."

Ignoro essas coisas, aponto para o exemplo numérico e repito minha pergunta para Joe:

– Qual será o impacto nas finanças do cliente?

– Se reduzirmos os nossos preços em 10% para as peças sobressalentes, receberemos US$ 1 mil a menos por mês. Só isso. Isso não me parece uma decisão sensata. – Joe insiste em não considerar isso com os olhos do cliente.

Enquanto não conseguir fazer com que vejam sua oferta da perspectiva do mercado, não temos a menor chance de desenvolver algo significativo.

– Em outras palavras – reformulo a resposta dele –, o cliente terá um impacto positivo direto de US$ 1 mil por mês no seu lucro e o mesmo em seu caixa. Agora, suponham que em vez disso nós ofereçamos, daqui para a frente, entregar as peças sobressalentes em consignação. Qual será o impacto financeiro? No cliente, não em nós.

Joe não responde.

Phil diz:

– Quanto ao impacto nas finanças do cliente, temos de perguntar ao *controller* dele.

Eu o ignoro e continuo a falar com Joe.

– Joe, se mudarmos para a consignação, o que deve ocorrer? No primeiro mês, o cliente tira do seu estoque o equivalente a US$ 10 mil. Nós o reabastecemos, mas em consignação. O resultado é que o cliente melhorou o seu caixa em US$ 10 mil e reduziu o estoque que mantém nos seus demonstrativos financeiros pelo mesmo montante. Isso quer dizer que a nossa oferta é muito atraente para ele, muito mais do que dar um desconto de 10% no preço. Agora, no mês seguinte, o cliente...

Joe não aguenta mais.

– Sim, nossa oferta é muito atraente para ele. Não é de admirar, o seu caixa melhora em US$ 10 mil, e o nosso caixa diminui o mesmo tanto. O estoque dele é reduzido em US$ 10 mil, e o nosso aumenta esse mesmo tanto.

– Está errado. Steve?

Steve, o *controller* da Vapor sob Pressão, responde conforme esperado:

– Nosso estoque vai aumentar em apenas US$ 2.500 dólares. Esse é o valor registrado em nossos demonstrativos financeiros. Não lançamos o estoque pelo valor de venda.

– E daí? – Joe está muito transtornado. – Desculpe, mas, se você está indo nessa direção, por que também não entregamos o equipamento original em consignação?

– Ideia interessante – digo calmamente. – Isso iria resolver o problema de orçamento para investimento do cliente.

– Mas... – Joe não encontra mais palavras.

– Isso também vai possibilitar que o cliente melhore o seu retorno sobre o investimento. Sua corporação iria adorar isso. E, se o seu cliente em potencial pertencer a uma empresa como a nossa, você terá uma oferta muito atraente, visto que não requer nenhuma exigência imediata de seu caixa.

– Está brincando!

– Não, não estou brincando – respondo secamente. – Estou apenas examinando o que é atraente para os nossos clientes em potencial.

Isso é a gota d'água para Joe.

– Atraente! Posso lhe dizer muitas coisas que são atraentes para os nossos clientes. O problema é que nenhuma delas faz qualquer sentido para nós.

– Dê um exemplo.

– Se quer algo realmente atraente – Joe não hesita nem um segundo –, dê tudo ao cliente. O melhor seria se fôssemos os donos e gerenciássemos as necessidades de vapor sob pressão do cliente. Isso é ridículo.

Olho fixo para ele durante um longo tempo. Eis a resposta. Tão simples. Será?

Ele começa a ficar perturbado sob meu olhar.

De repente, Stacey pede:

– Joe, repita o que acabou de dizer, palavra por palavra.

– Se quiser atrair o cliente, vamos gerenciar suas necessidades de vapor sob pressão – ele diz, desesperado e irritado.

– Por que não? – Stacey fica de pé. – E se nós formos proprietários do equipamento, das peças sobressalentes, do pessoal de manutenção, de tudo? Cuidamos das necessidades de vapor sob pressão do cliente. Não de equipamento, nem de peças sobressalentes, mas de vapor sob pressão. Ah, não se preocupem, não vamos fazer isso de graça. Vamos cobrar!

– Como vamos cobrar por isso? – Joe dispara.

– Não sei – ela responde. – Talvez de acordo com as quilocalorias ou os BTUs.

– Isso não vai funcionar – ele retruca. – Temos de levar em conta a distância até a caldeira. Tubulação, canos, válvulas, tudo o que está envolvido é uma das principais partes do sistema.

Bem, ele está caindo na armadilha.

– Talvez devêssemos cobrar de acordo com o BTU por metro? – alguém pensa alto.

– Tenho certeza de que podemos resolver isso – afirma Stacey. – Esse não será o problema.

Voltando-se para todos, ela pergunta:

– O que vocês acham? Não vamos vender o metal físico, mas sim aquilo que o cliente realmente quer: vapor sob pressão. Onde ele quiser, quando quiser, na quantidade que precisar. O que vocês acham dessa ideia?

Ninguém se apressa em responder. Alguns balançam a cabeça com ceticismo. Outros olham para o teto ou se entreolham. Mas não há nenhuma reação negativa. Estão simplesmente pensando nisso. Eu me sento.

Phil é o primeiro a falar. Ele diz apenas uma palavra:

– "Xerox."

– Sim, a Xerox – repete Stacey. – Nossas grandes máquinas copiadoras. Nós não as compramos, não são nossas. Não fazemos sua manutenção. Nem mesmo operamos as maiores. É tudo feito pela Xerox. Pagamos uma taxa fixa por mês mais uma pequena quantia por cópia. Eles não nos venderam máquinas copiadoras, vendem cópias do que quisermos. Joe, o que acha disso?

– Não vai funcionar. A maior parte da nossa receita e todo o nosso lucro vem das peças sobressalentes. Se entregarmos a eles em consignação, passaremos fome.

– Quem falou em consignação? – Stacey está surpresa. – Estou falando em apresentar essa nova oferta a novos clientes. Empresas que estão construindo novas fábricas ou expandindo fábricas já existentes.

– Ah, isso é outra história. – Joe está mais relaxado.

– Então, o que você acha?

– Não sei – Joe agora está muito menos agressivo. – Isso talvez funcione. Não há muito a perder. De qualquer forma, para conquistar o cliente já vendemos a instalação original apenas pelo preço da matéria-prima.

Stacey continua pedindo a opinião dele.

– Você acha que, se nós oferecermos isso aos clientes por uma quantia fixa por mês, mais uma cobrança de acordo com o uso, poderemos fechar negócios?

– Depende dos preços. Mas com o preço certo podemos conseguir. A verdadeira questão é saber qual preço nos dará o ponto de equilíbrio.

– Nosso ponto de equilíbrio depende de quanto custa para nós – afirma Stacey. – O maior custo é o das peças sobressalentes. Se implementarmos o novo sistema de distribuição, podemos entregar qualquer peça que seja necessária em poucas horas. Isso quer dizer que precisaremos manter muito menos peças sobressalentes na fábrica do cliente e que nossos custos serão cortados substancialmente.

– Até certo ponto – Joe concorda com relutância.

Stacey continua:

– Também acho que podemos manter o sistema deles por uma fração de seu custo de manutenção atual.

– Isso é claro – Phil comenta. – Eles não sabem como fazer a manutenção de nosso equipamento. Algumas vezes o que chamam de manutenção, eu chamo de sabotagem.

– O que quer dizer que podemos manter o sistema deles por uma fração do que custa para eles. Joe, nós podemos oferecer um bom preço a eles. Um preço muito bom.

– Vamos ter de fazer os cálculos. – Joe ainda está cético.

– Não precisamos fazer nenhum cálculo para saber a resposta. Olhe, Joe, temos muita capacidade ociosa – Stacey o lembra do óbvio. – Se você acha que com essa oferta podemos ganhar o novo mercado, qualquer preço razoável vai nos garantir muito lucro. Você não está vendo?

– Se for bom, os concorrentes vão nos copiar imediatamente. Então, o que adianta fazer tudo isso? – Ele se recusa a avançar.

– Podemos nos certificar de que isso não vai ocorrer – diz Phil. – Se pudermos entregar todas as peças sobressalentes em poucas horas, poderemos garantir uma confiabilidade muito alta. Vamos nos dispor a pagar multas para cada falha de funcionamento que dure mais que... digamos, 24 horas.

– Multas? Por que multas? – Joe põe-se imediatamente em guarda.

– Porque elas vão garantir que nossos concorrentes não nos copiem imediatamente – Stacey esclarece.

– E se tentarem vão quebrar a cabeça – Phil completa o quadro.

Joe não responde. Muitos estão sorrindo. Só agora percebo até que ponto eles não gostam dele. Francamente, nem eu.

Stacey volta-se para o grupo e sugere:

– Vamos examinar seriamente até que ponto essa proposta será interessante para nossos clientes em potencial?

Eles começam a discutir o assunto. Mais e mais pessoas são atraídas para o debate.

Depois de pouco tempo, Stacey pega uma transparência em branco e escreve na parte de baixo: "Nós oferecemos vapor sob pressão onde, quando e quanto for necessário". Lentamente, a Árvore da Realidade Futura começa a surgir. Toda vez que conseguem suplantar outra ressalva, mais algumas entidades são adicionadas à árvore.

Depois de duas horas tempestuosas, três páginas já estão prontas. Eles já superaram a parte mais difícil. Agora não há mais ninguém contra a solução, estão apenas aprimorando-a, certificando-se de que está tudo bem.

A Árvore da Realidade Futura deles mostra claramente quanto os benefícios serão grandes e diversificados. Os benefícios para eles e para os clientes. É impressionante.

No caso deles, os detalhes são muito complexos, mas a ideia pode ser explicada de forma fácil. A oferta que agora estão discutindo, comparada ao modo como sempre atuaram, é como a diferença entre comprar ou fazer o *leasing* de um carro. Todos sabem que, por causa dos impostos, o *leasing* torna-se uma opção popular. Mas, neste caso, isso é apenas uma pequena parte da história.

Para compreender sua verdadeira magnitude, imagine que hoje você não precise apenas comprar o carro, mas também uma oficina completa para fazer sua manutenção, um estoque de peças sobressalentes e um posto de gasolina.

O que estão oferecendo é entregar o carro que você quiser e cobrar de acordo com os quilômetros rodados, quando rodar. O preço é justo. No final, levando em conta a despesa com o pessoal da manutenção e os custos envolvidos, é até barato.

Agora imagine que você precise ter um carro, mas precisa avaliar com base no retorno sobre o investimento. A diferença entre as duas ofertas é como a da noite e o dia.

Sabendo como as corporações pensam sobre isso, estou plenamente convencido de que, se a Vapor sob Pressão fizer uma boa apresentação, eles estão fadados a ganhar o contrato de quase todas as novas instalações. Considerando que têm muita capacidade ociosa, eles certamente obterão um lucro incrível. Quanto? Vou ter de esperar uma ou duas semanas até que me entreguem seu plano detalhado.

Eles estão prestes a parar para o almoço quando Phil pergunta:

– Por que oferecer isso apenas às novas instalações? Por que não oferecemos isso aos clientes dos nossos concorrentes? Com essa oferta podemos devorá-los no almoço e eles não poderão fazer nada.

Esse comentário inicia um pandemônio. Todos falam ao mesmo tempo. Há muitos ramos negativos que eles terão de eliminar. Muitos.

Decido ir embora. A minha presença não está contribuindo em nada; talvez até o oposto. Stacey está firmemente no controle e orientada para a ação. Ninguém mais acha que não há como aumentar as vendas, ao contrário, estão sedentos de sangue. Sangue dos seus concorrentes.

Don quer continuar ali e Stacey não vê nenhum problema nisso, fica até feliz com sua presença.

- 29 -

Seis meses depois estamos sentados em meu escritório.

– Quanto tempo vão levar? – pergunta Bob pela décima vez.

– Mais café?

Ele me ignora.

– Esses malditos advogados. O que eles estão fazendo lá dentro? Apontando lápis? Quanto tempo leva para incluir algumas pequenas mudanças?

Estamos esperando os advogados incluírem as mudanças de última hora com as quais concordamos. Depois Granby e Nelson vão assinar e a I Cosméticos não fará mais parte da UniCo.

Bob fica de pé e começa a andar de um lado para o outro.

– Ainda digo que vendemos barato.

– Bob, esqueça isso. US$ 270 milhões é um preço justo. Além do mais, o que é que você tem com isso? Em mais ou menos uma hora você será um deles. Vai mudar de campo. Alguma queixa de última hora?

– Não. – Ele se senta de novo. – Você sabe que eu não tive problema algum com isso. Especialmente depois de falar com Pete.

– Sim – rio –, ele está feliz como uma criança.

– E por que não? Está se expandindo como se não houvesse amanhã.

– Acho que o que realmente conta para ele é que agora pode ensinar as pessoas a fazerem as coisas corretamente. Você sabe como o Pete gosta de ensinar. Pelo que ouvi, eles estão pensando em fazer com que todos os seus gerentes passem pela empresa dele. Até o *controller* da corporação tem de passar duas semanas lá. Você já imaginou o que o Pete vai fazer com ele?

A gargalhada de Bob enche a sala.

– Por falar nisso, Alex, você nunca me contou como conseguiu fazer aquele milagre. Vender aquela coisinha por US$ 168 milhões.

– Acho que você não vai querer que o Pete ouça você chamar sua amada empresa de coisinha.

– Se ele ouvir, sou um homem morto. Mas, Alex, com todo o respeito, ela é uma empresa pequena. Quanto é que estavam fazendo? Devia ser menos de US$ 70 milhões por ano. Você conseguiu que pagassem por ela mais que o dobro do total das suas vendas anuais!

– Eles também estavam arrancando um lucro anual de US$ 14 milhões. Mas a verdadeira resposta é que conseguimos esse preço da mesma forma que vamos conseguir um preço justo para sua empresa. Não vendemos apenas uma empresa, vendemos um conceito valioso. A empresa e a sua administração são os instrumentos essenciais para implementar esse conceito.

– Entendo. – Ele se acalma. – Eu ainda poderia aprender muito com você. Talvez eu esteja cometendo um erro saindo da UniCo.

– Está maluco? Você acha que conseguiria uma oportunidade dessas aqui?

– Não, Alex, só estou brincando. Quem poderia pedir uma oportunidade melhor que essa? Eu não continuo só com a I Cosméticos sob meu controle direto, além disso também vou administrar todo o grupo de suprimento das drogarias. A ideia de seu filho funcionou maravilhosamente! Que trabalho! Cinco empresas, nove fábricas, mais de duzentos representantes de vendas. Um belo orçamento. Mal posso esperar. O que está acontecendo com esses malditos advogados?

Ele começa de novo.

Peço a Fran que traga um chá. Não precisamos de mais café agora.

– A propósito, Alex, o que vai fazer depois que a empresa de Stacey for vendida? Você tem algum trunfo na manga?

– Talvez eu possa trabalhar com você, o que acha? – pergunto em tom jocoso. – Tenho algumas ideias, nada de concreto, ainda. Mas não se preocupe, eu dou um jeito.

– Tenho certeza. Qualquer empresa o agarraria com as duas mãos. Com seu currículo e as suas conexões, eu não estou nem um pouco preocupado. Só estava imaginando se você já havia decidido.

Francamente, estou começando a me preocupar. Tive pouco tempo para dar uma olhada e não há muitos cargos que eu gostaria de ter, bem como de ser capaz de conseguir. Mas ainda há tempo suficiente.

Espero.

– Sabe, Alex – ele interrompe os meus pensamentos –, se há uma coisa da qual não gosto em meu novo emprego é que não poderei mais contar com você. Não, não me interrompa. Faz tempo que quero lhe dizer isso, mas a hora certa ainda não havia chegado. Agora que está claro que não preciso mais bajulá-lo...

– Você ainda precisa. O contrato ainda não foi assinado.

– Quer fazer o favor de ficar calado? Do jeito que as coisas estão, já não é fácil dizer o que sinto, portanto não preciso de suas piadas para me atrapalhar ainda mais.

– Então não diga nada. Não é preciso. Eu entendo.

Ele fica sentado em silêncio por alguns segundos.

– Não. Isso tem de ser dito. Alex, eu sou seis anos mais velho que você. Cheguei aonde estou pelo caminho difícil, não recebi nenhum presente de ninguém. Especialmente de você. Você me fez suar como nenhum outro chefe fez. Mas nos últimos oito anos me acostumei a pensar em você como meu pai. Não ria. Estou falando sério.

"Eu sabia que em qualquer situação você estava lá, me olhando e tomando conta de mim. Não quando não era necessário, muito pelo contrário. Permitindo que eu crescesse, cometesse erros, mas pronto para me guiar sempre que eu precisava de orientação.

"Eu sabia que, não importava o que acontecesse, você estaria lá para garantir que eu encontrasse o caminho para pôr novamente as coisas nos eixos. Você não pode imaginar que sensação boa é saber disso. Obrigado, Alex. Pronto, falei. Por favor, não responda."

O que eu poderia dizer?

Quando a cerimônia de assinatura termina, Granby me pede que fique. As pessoas vão deixando a sala do conselho, uma a uma, ou em pequenos grupos. Todos estão saindo de bom humor. Esse foi um verdadeiro negócio ganha-ganha.

Finalmente ficamos apenas Granby, Trumann, Doughty e eu. Apenas nós quatro nessa enorme sala luxuosa. Sentamos em um canto. Todos nós trabalhamos duro para esse negócio, é como se quiséssemos que esse momento durasse um pouco mais.

– Parabéns, Alex – diz Granby. – Eu queria agradecer-lhe pessoalmente. Você transformou um fiasco em uma grande vitória. É muito mais fácil me aposentar sabendo que estou deixando uma empresa sólida atrás de mim. Outra vez, obrigado.

– Apoiado, apoiado – eles dizem.

Depois de algum tempo, Granby pergunta:

– E como está indo a Vapor sob Pressão? Quando podemos ir adiante com essa venda?

– Ainda é cedo para dizer – respondo. – Eles estão indo bem, mas enquanto não entendermos o impacto total é muito difícil construir uma proposta razoável.

Eles não parecem preocupados.

– Você poderia explicar melhor? – pergunta Brandon.

– Está tudo indo de acordo com o planejado, nenhuma verdadeira surpresa. Já conseguiram quatro grandes contas novas, e a proposta deles está sendo considerada por cerca de uma dúzia de empresas. O problema agora é mais de controle do processo. É um equilíbrio delicado entre conseguir mais clientes e se certificar de que nenhum gargalo apareça.

– Imagino que todo mundo que usa vapor sob pressão está olhando para essas novas contas com olhos de lince – comenta Granby.

– Mais ou menos – concordo. – Por isso é tão crucial nos movermos com prudência. Qualquer escorregão mais sério e os concorrentes vão fazer um estardalhaço. Eles não estão mais rindo da nossa abordagem. Estão começando a entrar em pânico.

– É o que deveriam estar fazendo – diz Brandon. – Ainda não entendo como você fez isso. Vimos todas as suas árvores. Quarenta e sete ramos negativos. Mais de cem obstáculos. Nunca vi um planejamento tão meticuloso.

– O que você queria? Não tínhamos tempo para erros. Então, tivemos de gastar um tempo extra planejando! – eu caçoo. – Sim, concordo, a Stacey e o pessoal dela fizeram um trabalho admirável.

– Eu admiro particularmente o modo como programaram a redução em seu estoque regional de peças sobressalentes com o aumento de equipamentos que tiveram de colocar nas fábricas dos novos clientes. Eles não precisaram de um centavo da UniCo. Isso foi uma obra-prima de sincronização.

– O que mais me impressiona – comenta Granby – é como eles formaram sua equipe de manutenção de campo. Trazer para a empresa o melhor pessoal de manutenção de seus clientes como parte do negócio foi muito engenhoso. Isso resolveu muitos problemas para muitas pessoas, com uma só cajadada. Impressionante.

Sorrio. Por causa de nosso congelamento de contratações, tive de discutir muito com Granby exatamente sobre essa questão. Ele provavelmente não se lembra mais disso.

– Então, quando você acha que podemos recomeçar as negociações? – pergunta Jim.

– Não sei, ainda é muito cedo para dizer. Em algum momento teremos de decidir, mas com certeza não agora.

– Acho que dentro de uns dois meses deveremos ter uma boa ideia de qual a fatia de mercado que podemos abocanhar – especula Brandon. – Talvez em dois meses, então?

Granby se vira para mim:

– É isso mesmo?

– Brandon tem razão. Até lá Stacey provavelmente já deve estar usando toda a sua capacidade ociosa. O progresso vai depender da velocidade com que ela conseguirá treinar novos engenheiros. Talvez tenhamos de roubá-los dos concorrentes, mas mesmo assim eles levarão algum tempo para se ajustarem à nossa forma de operar. É muito diferente daquilo que estão acostumados a fazer. Sim, dois meses talvez seja suficiente.

– Então são dois meses, humm. – Granby não parece muito contente.

– Algum problema? – pergunta Brandon, polidamente.

– Acho que não. É que eu gostaria de ter tempo para limpar minha mesa. Vou me aposentar em três meses e queria gastar o último mês visitando todas as nossas instalações. Brandon e Jim, sei que é pedir demais, vocês já fizeram mais do que sua obrigação, mas posso pedir a vocês que também tratem dessa negociação?

– Tenho uma ideia melhor – diz Brandon. – Foi Alex quem realmente liderou as últimas duas vendas. Ele criou o conceito do que estamos vendendo, decidiu quais compradores potenciais deviam ser contatados. Foram as apresentações dele que realmente tornaram tudo isso possível. E, vamos admitir, foi ele quem quase ditou o preço de venda. Primeiro para nós, depois para o outro lado. Jim, você não concorda?

– Fatos não podem ser negados – ele responde.

– Claro que nós ajudaremos. Mas o Alex é que deveria liderar formalmente a venda. Alex, você não acha?

– Não, não acho.

– Ora, não seja modesto. Isso não lhe cai bem. – Jim sorri para mim.

– Isso não tem nada a ver com modéstia. Acho que eu não deveria liderar a venda porque não acredito que deva haver uma venda.

– Uma bomba típica de Alex – Brandon suspira. – Está bem, o que você quer dizer desta vez?

– É como aquela piada sobre Napoleão e os sinos – respondo, sabendo que essa é a melhor forma de demonstrar o meu ponto. Sem lhes dar tempo para objetar, continuo: – Uma vez Napoleão chegou a um pequeno vilarejo e não tocaram os sinos para ele. Furioso, chamou o chefe do vilarejo e exigiu uma explicação. "Tivemos três boas razões", o homem, apavorado, se desculpou. "A primeira é que não sabíamos que o senhor ia chegar. A segunda é que o sineiro está doente, e a terceira é que não temos sinos."

– Boa piada. – Jim gostou. – Mas o que quer dizer com isso?

– Que não deveríamos iniciar nenhuma negociação para vender a Vapor sob Pressão por três razões. Primeira, não há mais razão para vendê-la. Segunda, não há mais bons pretendentes a quem vender. E terceira, precisamos muito dela.

– Alex, por favor, explique.

– Qual foi a razão original para vender as empresas do grupo diversificado? A necessidade de melhorar a classificação de crédito da UniCo. E quanto esperávamos receber com a venda das três empresas? Menos de US$ 150 milhões. E quanto recebemos até agora? Com a venda de hoje, recebemos US$ 438 milhões. Quanto mais vocês querem? Nossa classificação de crédito está boa e, admitam, ainda não sabemos o que vamos fazer com o dinheiro que já recebemos. Sabemos?

Nem me dou ao trabalho de esperar por uma resposta.

– A segunda razão é que o melhor negócio que poderíamos fazer seria com os concorrentes da Vapor sob Pressão. Mas quanto dinheiro seria? Eles simplesmente não conseguem levantar esse dinheiro, não importa o que façam. Vender a empresa para qualquer outra pessoa seria um desperdício, o que me leva à terceira razão. A UniCo como um todo é uma empresa bem medíocre. Lamento, mas que empresa na UniCo podemos apontar como a melhor em seu ramo ou colocar entre as dez melhores? Nenhuma. Precisamos de um modelo interno, de um catalisador, uma empresa que se torne uma escola para a mudança. A empresa de Pete não era apropriada; a UniCo não lida com nada que tenha qualquer ligação, ainda que remota, com a indústria gráfica. A empresa de

Bob não era apropriada pela mesma razão. Mas notem até que ponto a empresa de Stacey é exatamente do que precisamos.

"Quase todas as empresas de nosso *core business* lidam com alguma combinação de trabalho mecânico e eletrônico. Quase todas empregam bastante engenharia customizada. São, na verdade, grandes fábricas que operam sob encomenda. Mesmo que procurássemos um modelo em qualquer lugar, a Vapor sob Pressão seria a melhor escolha. Cavalheiros, precisamos dessa empresa se quisermos fazer da UniCo a líder que um dia já foi. Precisamos muito dela."

Eles pensam sobre o que falei. Depois de alguns minutos, Brandon volta-se para Granby:

– Na próxima semana, você vai apresentar um plano de investimento para o conselho. Pode nos dizer agora o que vai sugerir que façamos com o dinheiro?

– Decidi não apresentar um plano de investimento – ele os surpreende. – Bill Peach e Hilton Smyth trabalharam muito nisso, mas não fiquei satisfeito com o que apresentaram. Nada foi suficientemente bom para justificar que o novo CEO tivesse de implementá-lo. Decidi deixar essa dor de cabeça para o meu sucessor.

– Entendo. – Brandon não parece surpreso. Ele se volta para mim: – Alex, o que é que você sugeriria como um plano de investimento?

Sei exatamente o que recomendaria, mas não me cabe fazê-lo.

– Vamos, Alex, conhecendo você, tenho certeza de que já pensou sobre isso. Vamos, fale – Jim me estimula.

– Prefiro não falar.

– Alex, aqui você está entre amigos. Conte-nos o que pensa sobre isso – ele insiste.

– Olhe, Jim, não acho que um plano de investimento possa ser discutido isoladamente. Deve derivar de uma direção estratégica. Então o que você realmente está me perguntando é minha opinião sobre a melhor direção estratégica para a UniCo. Não me peça que comece a falar, isso levaria, no mínimo, uma hora.

– Ótima ideia – diz Brandon. – Vamos jantar juntos, nós quatro. Precisamos celebrar.

– Excelente – concorda Granby. – Sou totalmente a favor da ideia.

Eu não sou. Não estou ansioso para tagarelar a respeito de meu trabalho, ainda sem os retoques finais, sobre o desenvolvimento de uma estratégia corporativa. Mas como posso recusar esse convite para jantar?

Foi bom a Julie ter me convencido a me preparar para um novo emprego. Como não sabia em que empresa eu acabaria trabalhando, fui adiando essa providência enquanto tentava descobrir como deveria ser planejada a estratégia de uma empresa. Agora isso será útil. Tenho quase quatro horas antes do jantar, posso ler minha árvore novamente e transformá-la em uma bela apresentação. Quatro horas devem ser suficientes.

Mas antes tenho de tratar de outro assunto. Este é o momento perfeito.

Sigo Granby até seu escritório.

– O que há, Alex? – ele pergunta.

– Acho que chegou a hora de falarmos sobre o meu próximo trabalho. Agora que a I Cosméticos já foi vendida e parece que não vamos vender a Vapor sob Pressão, eu realmente não tenho mais o que fazer. Ficar atrapalhando a Stacey não é o que eu possa chamar de produtivo.

Antes que ele possa pôr minhas preocupações de lado com algumas palavras vazias, apresso-me em continuar. Realmente não quero passar os próximos meses sem fazer nada.

– Tenho pensado muito. Tenho ideias de como aumentar a produtividade de nossas empresas, de todas elas. Não com pequenas melhorias, mas progredindo a passos largos. Como fizemos no grupo diversificado. Acho que aperfeiçoamos isso até chegar a ser quase uma ciência. Vou mostrar isso hoje à noite, com todos os detalhes.

– Isso vai ser interessante – ele diz polidamente.

– Na verdade, o que estou sugerindo é que eu seja nomeado para uma posição recém-criada: vice-presidente executivo de planejamento estratégico.

Ele não abre a boca.

– Posso facilmente trabalhar com Bill Peach. Ele ficará feliz em me receber. O que não sei é como Hilton Smyth vai reagir. Mas acho que você pode dar um jeito nisso. O que acha?

– Acho que deve esperar. – Ele põe a mão no meu ombro. – Alex, o que você está propondo tem sérias ramificações para a estrutura organizacional da empresa. Não posso fazer algo assim três meses antes de deixar a empresa. Você terá de esperar o novo CEO.

– 30 –

Assim que pedimos as bebidas, Jim Doughty vai direto ao assunto.

– Alex, você prometeu dar sua opinião sobre qual deve ser a melhor direção estratégica para a UniCo. Somos todo ouvidos.

– Se não se importam – digo –, prefiro não falar especificamente da UniCo.

– Alex, não faça isso conosco. – Brandon coloca as duas mãos sobre o seu coração. – Já vi tantas apresentações sobre como escolher uma estratégia que não aguento mais. Diga-nos algo concreto, por favor. – Brandon está de bom humor.

– Pare com isso, Brandon, isso não vai ajudá-lo. Na verdade, acho que vou ter de começar com generalidades ainda maiores. Por exemplo, a pergunta: "Qual a meta de uma empresa?". Vocês já ouviram essa pergunta antes.

– Sim, até demais.

– Meus amigos – insisto –, se querem ouvir minha opinião sobre o que devemos fazer com o dinheiro, terão de cooperar. Então, qual é a meta de uma empresa? Uma empresa industrial como a nossa.

– Você promete que vai terminar isso? Esta noite? – suplica Brandon.

– A meta da nossa empresa – Jim interrompe – é ganhar dinheiro tanto hoje como no futuro.

– Se esse é o caso – brinco com ele –, então tenho uma ótima estratégia para você: arrombem a porta de um banco. Tarde da noite.

Quando param de rir, continuo:

– A escolha de uma meta não é tão simples. Não podemos falar de uma meta isoladamente. Temos de falar dentro de certas limitações. É inútil definir uma meta sem definir os limites dentro dos quais podemos tentar atingi-la.

– Uma meta não justifica os meios – concorda Brandon. – Então o que você está dizendo é que, juntamente com a definição de uma meta, temos de determinar as condições necessárias que não podemos violar. Você vai sugerir essas condições necessárias agora?

– Por que você não tenta?

– Não hoje à noite. Elas são muitas.

– Brandon, lembra-se da nossa primeira conversa, há quase nove meses? A conversa que tivemos no avião, indo para Londres?

– Quando você disse que não tinha a menor ideia de como aumentar as vendas?

– Sim, você lembra. – Sorrio. – Também se lembra da nuvem que escrevemos? A que realçava o conflito percebido entre proteger o interesse dos acionistas e proteger o interesse dos funcionários?

– Como ele poderia se esquecer disso? – diz Jim. – Essa nuvem abriu o mundo dos Processos de Raciocínio para nós. Continue.

Jim está muito impaciente esta noite. Por que será? Continuo:

– A meta de "ganhar dinheiro tanto hoje como no futuro" é o modo como protegemos os interesses dos acionistas. E os funcionários? Concordamos que também é essencial proteger o interesse deles.

– Entendo – Brandon começa a cooperar. – É daí que você tira uma de suas condições necessárias. O que está sugerindo?

– Algo como: "Oferecer um ambiente seguro e satisfatório para os funcionários tanto hoje como no futuro". Faz sentido?

– Muito exigente – Granby interfere. – Acho que não fomos muito bem-sucedidos nisso. Mas, se conseguir fazer isso, com certeza será de grande ajuda.

Ele não entendeu, penso comigo mesmo, mas de que adianta insultá-lo? Não é uma questão de "com certeza será de grande ajuda". Se você violar uma condição necessária, não conseguirá atingir sua meta. Esse é o significado das palavras "condição necessária".

Nós, na UniCo, violamos essa condição necessária. Demitimos milhares de funcionários dedicados, nem sequer pensamos que era nossa responsabilidade garantir um ambiente satisfatório para o nosso pessoal. Não é de admirar que não tenhamos sido bem-sucedidos em ganhar dinheiro. Como poderíamos ser, com uma força de trabalho desmoralizada?

Digo em voz alta:

– Há outra. Lembram o que deduzimos quando analisamos o mercado competitivo atual? Concordamos que o mercado castiga as empresas que não atendem à percepção de valor do mercado.

– Você pode enganar alguns clientes por muito tempo – Brandon cita o velho clichê. – Pode enganar muitos clientes por pouco tempo. Mas não pode enganar muitos clientes por muito tempo.

Apesar de ser um clichê, é válido.

– O que significa – prossigo – que temos outra condição necessária: "Oferecer satisfação ao mercado tanto agora como no futuro". Isso basta. Não precisamos de mais condições necessárias.

– Como assim? Não precisamos de mais? – Jim não concorda. – Está dizendo que não há mais nenhuma condição necessária além dessas duas? E quanto a obedecer às regras da sociedade? O seu próprio exemplo sobre arrombar um banco "tarde da noite"?

– Isso já está sendo levado em consideração com "Oferecer satisfação ao mercado tanto agora como no futuro". Pense sobre isso, Jim. Todo o código moral está considerado nas duas condições necessárias.

A expressão de seu rosto mostra que ele ainda não concorda. Não é para menos, durante muito tempo achamos que os valores do mundo dos negócios e os valores sociais eram quase contraditórios. Eram. Porém não são mais.

Para ajudá-lo a digerir isso rapidamente, digo:

– Vamos rever aquilo em que concordamos: devemos "Ganhar dinheiro tanto hoje como no futuro", "Oferecer um ambiente seguro e satisfatório para os funcionários tanto hoje como no futuro" e "Oferecer satisfação ao mercado tanto hoje como no futuro". A primeira representa a visão tradicional das pessoas que são proprietárias de empresas. A segunda é a visão tradicional dos sindicatos, os representantes dos empregados. E a terceira expressa a mensagem que todos os novos métodos gerenciais estão defendendo com veemência. Nós, como representantes da alta administração, temos de nos certificar de que nossas empresas estejam atendendo a todas essas condições.

– É fácil falar. – Granby suspira. – O problema é que muitas vezes essas condições estão em conflito umas com as outras.

– Não, não estão – afirmo. – Há modos de operação que aparentemente entram em conflito com uma delas. Esses mesmos modos, a longo prazo, entram em conflito com todas elas.

– O que está nos dizendo – Jim está realmente tentando digerir tudo isso – é que precisamos perceber que não há conflito entre essas condições. Que elas não se contradizem e que, na verdade, complementam umas às outras.

– Exatamente.

– Provavelmente Alex tem razão. – Brandon se une a mim. – Como pessoas que têm por meta ganhar dinheiro, nós também despertamos para o fato de que as outras duas entidades são condições absolutamente necessárias para atingir nossa meta.

– O mesmo despertar está acontecendo nos outros campos – acrescento. – Mostre-me um líder sindical que acredita que haverá segurança de emprego em uma empresa que perde dinheiro constantemente. Mostre-me um defensor da qualidade que ache que uma empresa pode oferecer um bom serviço ao mercado enquanto perde dinheiro constantemente.

– Então você está afirmando que essas três entidades têm o mesmo grau de importância? – Jim está entendendo. – Se esse for o caso, como é que todo mundo está falando em ganhar dinheiro como sendo a meta?

– Talvez em Wall Street todos estejam falando isso. – Não resisto a essa oportunidade. – Mas você tem razão. Ganhar dinheiro é muito mais tangível que as outras duas condições. É a única que pode ser medida.

– Eu sabia que tínhamos razão. – Brandon sorri.

– Não caia na armadilha de achar que a primeira entidade é a mais importante – eu o aviso. – Ganhar dinheiro pode ser medido somente por causa de uma coincidência. Vejam bem, em algum ponto da pré-história um gênio inventou uma forma de comparar trigo com cabras. Ele ou ela inventou a unidade abstrata do dinheiro, uma moeda. Ninguém ainda inventou uma unidade de medida para a segurança ou a satisfação.

– Eu estou 3,7 X seguro, e Jim está frustrado 14,5 Y – Brandon exemplifica o que eu disse.

– Acho melhor a gente pedir o jantar – observa Jim. – Essa conversa está degringolando.

Enquanto esperamos os antepastos, Jim comenta:

– Alex, isso é tudo muito interessante, mas você ainda não nos disse nada sobre estratégia ou sua sugestão para investirmos o dinheiro.

– Não concordo – respondo. – Acho que, na verdade, já definimos o que é uma boa estratégia ou uma má estratégia.

– Talvez sim, mas, se isso aconteceu, não entendi.

– Você concorda que estratégia é a direção que tomamos para alcançar a nossa meta?

– Naturalmente – ele concorda.

– Também concorda que, se violarmos qualquer das três entidades que delineamos anteriormente, não conseguiremos nossa meta? Lembre-se, independentemente de qual das três você escolha como meta, já concordamos que as outras duas são condições necessárias para atingi-la.

– Então uma boa estratégia não deve entrar em conflito com nenhuma delas – conclui Brandon. – Como você vai encontrar uma estratégia que saiba que não vai violar nenhuma das três entidades? E mesmo que encontre uma, como você poderá saber que vai funcionar?

– Em primeiro lugar, não escolhendo uma estratégia que sabemos ser ruim. Como você mesmo disse, qualquer estratégia que conflite com uma das três entidades deve ser descartada. Isso elimina metade das estratégias que eu já encontrei até agora.

– Mais da metade – Granby me corrige.

– Provavelmente você tem razão – concordo com ele. – Por definição elas não são estratégias sensatas; na melhor das hipóteses elas são originadas pelo pânico. – Como a decisão inicial de vender o grupo diversificado, quase acrescento. – Então, se as únicas estratégias que consigo encontrar conflitam com uma das três entidades, preciso continuar procurando.

– Sim, mas como? – Jim continua a me pressionar.

Recuso-me a ser pressionado.

– Ainda não acabei de explicar o que acho que não deve ser feito. Nunca devemos montar uma estratégia baseada em uma previsão de mercado.

– Isso elimina todas as outras estratégias remanescentes que já vi. – Granby ri. – Mas você está dizendo que não devemos começar com uma previsão do mercado? Para mim esse parece ser o ponto de partida mais natural.

– Não, porque tentar prever o mercado é como tentar capturar o vento – afirmo. – Há décadas tentamos prever as vendas. Alguma vez tivemos êxito? Há algo em que confiemos menos do que na precisão da previsão de vendas das nossas empresas? – Hilton Smyth, respondo secretamente à minha própria pergunta.

– Durante anos culpamos os métodos de previsão – Jim me apoia. – Recentemente li que a teoria do caos provou que uma previsão precisa do clima não é uma questão de mais sensores ou computadores maiores. Ela é teoricamente uma impossibilidade. Talvez a mesma coisa seja verdade quanto às previsões detalhadas do mercado. Então, Alex, qual é seu ponto de partida?

– Eu começaria desenvolvendo uma vantagem competitiva decisiva. Se a empresa não tem uma tecnologia singular, ou produtos excepcionais, faria a mesma coisa que fizemos nas empresas do grupo diversificado. Privilegiaria as pequenas mudanças que eliminassem os pontos negativos para o mercado.

– Você chama de pequenas mudanças o que fez? – Granby quase engasga com a salada.

Espero um pouco para que se recupere e então explico:

– Nós não mudamos os produtos físicos. Mudamos políticas, em grande escala, mas não produtos. Foi isso que quis dizer com pequenas mudanças. Concordo que o nome não é adequado, isso é apenas um resquício de quando desenvolvemos o modo de fazê-las.

Brandon e Jim concordam com a cabeça.

– Mas não pararia aí – continuo a explicar. – Tentaria imediatamente descobrir formas de segmentar o mercado.

– Nós fizemos isso? – pergunta Jim.

– Sim, na Vapor sob Pressão. Foi fácil. Quando você tem de adaptar significativamente o produto ao cliente, não é difícil segmentar. Isso não foi feito nas empresas de Bob e Pete. Mas me certifiquei de que eles saibam levar o que fizeram até o próximo nível. Vejam bem, acredito que, enquanto não se estabelece uma vantagem competitiva predominante em muitos segmentos do mercado, você deve se sentir exposto.

– Por quê?

– Porque os concorrentes vão alcançá-lo – explico. – Não há uma vantagem competitiva no sentido absoluto, mas apenas uma janela de oportunidade que será fechada.

– O que você está dizendo é que precisamos estar sempre nos movendo – conclui Jim.

– Claro.

– Quando podemos relaxar? – pergunta Brandon, brincando.

– Quando nos aposentarmos – é a resposta de Granby.

Espero que muito antes disso. Há formas de identificar janelas que levarão muito tempo para os concorrentes fecharem. Mas, se mencionar isso, eles vão me segurar aqui até amanhã de manhã. Melhor não falar nada.

Em vez disso, digo:

– Ter uma vantagem competitiva predominante em muitos segmentos do mercado está longe de ser suficiente.

– O que mais você quer? – Brandon está surpreso. – Alex, você nunca diz que basta?

– Sim, quando todas as condições necessárias estão garantidas.

– E você acha que conduzir uma empresa para uma posição na qual ela tem uma vantagem competitiva decisiva em um mercado segmentado não é suficiente para se considerarem cumpridas as obrigações de um CEO? – Jim espera hesitante minha reação.

– Como podemos considerá-las cumpridas? – Estou surpreso com eles. – Concordamos que o mercado não pode ser previsto com precisão. Vocês sabem melhor que eu que os mercados oscilam. Hoje está aquecido, amanhã, em recessão.

– Você tem de ganhar bastante dinheiro nos períodos bons para poder atravessar os períodos difíceis – confirma Granby.

Mas não é essa a questão. Tenho de ser mais explícito.

– O que você vai fazer quando o mercado cair abaixo da sua capacidade? Demitir seu pessoal ou deixá-los sem fazer nada?

Granby fala novamente:

– Em períodos difíceis você tem de apertar o cinto.

Sei que é nisso que ele acredita. Já passei pelo que ele chama de apertar o cinto.

Não é prudente continuar. Preciso dessas pessoas. Preciso da ajuda ativa delas para conseguir um novo emprego e trabalhei duro para merecer isso.

– Vocês já esqueceram a segunda observação? – ouço-me dizer. – "Oferecer um ambiente seguro e satisfatório aos funcionários".

Eles não abrem a boca. No que estão pensando? Por que estão olhando para mim desse jeito?

– Alex – Jim escolhe com cuidado as palavras –, você é contra as demissões, independentemente de qual seja o lucro da empresa?

– Sim.

É engraçado. Provavelmente estão pensando que acabaram de descobrir um radical disfarçado.

Eles não sorriem. E entreolham-se em silêncio. O clima fica cada vez mais pesado.

Jim quebra o silêncio:

– Acho que isso é uma utopia.

Granby acrescenta:

– É perigoso.

Isso me irrita. Por que não conseguem ver o óbvio? Só porque coloca mais responsabilidade sobre os ombros deles? Deixe-os pensar o que quiserem, estou enjoado e cansado de altos executivos que se recusam a reconhecer a responsabilidade que realmente lhes cabe. Recusam-se a reconhecê-la mesmo à custa das pessoas que os rodeiam.

Toda a autoridade e nenhuma responsabilidade. Esse provavelmente é o lema deles.

Adeus, boas relações.

Julie vai entender. Com certeza.

– 31 –

– Então, o que aconteceu depois? – Julie não está contente comigo.

– Por algum tempo nada.

– E depois de algum tempo? Alex, pare de brincar comigo.

– Estou contando exatamente o que aconteceu – digo com ar inocente.

– Ouça, meu caro marido. Eu o conheço há muitos anos e sei que não iria jogar sua carreira para o alto e voltar para casa com uma cara de gato que acabou de comer um canário. Portanto, pare com as brincadeiras e conte o que aconteceu.

– Você quer apenas o resultado final, sem ficar sabendo o que tive de aturar para chegar lá? De jeito nenhum, querida. A história inteira ou nada.

– Desculpe, serei paciente. Continue.

– Então Brandon me perguntou se eu era contra demissões fosse qual fosse a situação. Que pergunta! Claro que, quando você levou sua empresa a ter um rombo no caixa, é preciso demitir. Caso contrário, todos vão perder o emprego.

– Desculpe, mas não entendo. Se é isso que você acha, por que os contrariou quando Jim perguntou se você é contra demissões quando a empresa não está dando lucro?

– Porque sou contra isso. Não ter dinheiro em caixa e não ter lucro são duas coisas diferentes. Veja, Julie, há sete, seis e até cinco anos a UniCo estava demitindo como louca. A empresa não era suficientemente lucrativa, mas ao mesmo tempo ela tinha enormes reservas de caixa. Não havia razão para as demissões. Essa era a forma fácil para a alta administração tentar melhorar a lucratividade. Cortar os custos em vez de encontrar formas de satisfazer melhor o mercado. Claro que isso não adiantou. Demitimos e continuamos a perder dinheiro, então demitimos novamente. Isso é um círculo vicioso. É contra isso que sou.

– Agora entendo. Então qual foi a reação deles?

– A mesma que a sua. Também tive de explicar a diferença para eles.

– E então?

– Não ficaram felizes. Especialmente o Granby. Ele disse que nem todos podem encontrar novas formas de entrar no mercado.

– Ele tem razão.

– Não, não tem. Estávamos discutindo o que era uma boa estratégia e àquela altura da conversa estávamos discutindo uma empresa que já tinha alcançado uma vantagem competitiva.

– Agora você me confundiu. Se ela é a melhor empresa na sua área, como é que pode perder dinheiro?

– Deixe-me lembrá-la do que estávamos falando. Uma empresa consegue desenvolver uma vantagem competitiva predominante, ou, como você disse, ela é a melhor na sua área. Todos trabalham, a empresa ganha muito dinheiro, todos estão felizes. Agora o mercado cai, a demanda cai. Como resultado, você fica com mais pessoas do que precisa. O que você faz? Essa foi a pergunta.

– Entendo. O que se pode fazer?

– Minha resposta é que se você está operando com uma boa estratégia, isso nunca vai acontecer.

– Mais uma vez não entendo. Olhe, Alex, empresas e mercados não são a minha praia. Eu sou uma conselheira matrimonial. Por que simplesmente não me conta o que aconteceu? Por que está tão feliz?

– Não, Julie, isso não vai ajudá-la. Você entende tão bem quanto eles. Isso é só uma questão de bom senso, não é preciso conhecer muito sobre a indústria. O que se lê nos jornais é mais que suficiente. Então o que você não entende?

– Não me lembro. Do que você estava falando? Ah, sim, você disse que, se seguisse uma boa estratégia, o mercado nunca cairia sobre você. O que quer dizer com isso? Quando o mercado cai, ele cai.

– Foi isso mesmo que eles não entenderam. Jim fez a mesma pergunta, quase com as mesmas palavras.

– Fico contente em saber que não sou a única tonta à sua volta.

– O Jim não é nenhum tonto. De modo algum. A questão é que as pessoas estão acostumadas a culpar as circunstâncias externas que naquele momento não podem ser mudadas, em vez de culpar a si mesmas por não se prepararem com antecipação. É como a cigarra culpando o inverno, enquanto a formiga está alimentada e quentinha.

– Dar uma explicação infantil não me ajuda. – Ela ri. – Como podemos evitar que o mercado caia?

– Não podemos. Mas com uma estratégia correta posso evitar que o mercado de minha empresa caia a ponto de não haver trabalho suficiente para todos os meus empregados.

– Como você consegue fazer esse milagre?

– Simples, criando flexibilidade suficiente. Uma precaução é garantir que todo funcionário não esteja servindo apenas um segmento do mercado, mas muitos segmentos. Você concorda que se eu planejar cuidadosamente minhas ações isso é possível? Por exemplo, posso tomar o cuidado de desenvolver novos produtos que requeiram quase o mesmo tipo de recursos que já tenho.

– Acho que é possível. Mas, Alex, calma, não precisa gritar.

– A propósito, isso é o oposto do que a maioria das empresas está fazendo. Para obter flexibilidade de sua força de trabalho, você precisa segmentar seu mercado e não sua força de trabalho. Sabe o que eles geralmente fazem? Mesmo quando o mercado se segmenta naturalmente para eles, e um novo mercado se abre, os idiotas abrem imediatamente uma nova fábrica. Eles segmentam os recursos. Exatamente o oposto do que deveria ser feito se usassem uma estratégia sensata.

– Agora ficou claro. Mas, Alex, já é uma da manhã e estou morrendo de curiosidade para saber o que realmente aconteceu. Faça um resumo. Prometo que outro dia você poderá me contar todos os detalhes.

– Está bem. Apenas o essencial. Disse a eles que há mais duas coisas sobre as quais uma boa estratégia deve estar baseada. Uma é que mesmo em um segmento de mercado no qual tenhamos uma vantagem competitiva predominante, não devemos monopolizar todo o segmento.

– Mas por que não? Opa, desculpe. Não disse nada.

– Logo você vai saber. A outra coisa é que a empresa deve ter o cuidado de entrar em segmentos nos quais a probabilidade de muitos deles caírem no mesmo período seja muito pequena. Esse último conceito tem ramificações de grande alcance.

– Sobre as quais gostarei de ouvir em outra hora. Afinal, o que aconteceu?

Desisto. É muito difícil contar coisas importantes para alguém que não quer ouvir.

– A conclusão é óbvia. Se uma empresa fizer tudo o que dissemos, então, quando um segmento lucrativo está em alta, a empresa desvia seu foco de alguns segmentos menos lucrativos. Ela pode fazer isso porque seus recursos são flexíveis. Quando um segmento do mercado cai, a empresa muda o foco para outros segmentos. Segmentos que ela ainda não tinha se preocupado em explorar totalmente. Como você vê, o resultado para essa empresa é que será muito raro ela precisar fazer demissões. E todas as três entidades (a meta e as condições necessárias) são satisfeitas simultaneamente.

– Interessante. Mas o que aconteceu depois? Conte.

– Eles ficaram impressionados. Muito mais que você. Brandon até disse que eu era uma caixa de boas surpresas. Ele disse: "Eu esperava que você fosse expor uma visão coerente de como fortalecer o *core business*, mas certamente você foi bem mais longe do que eu esperava". Você ouviu isso?... Bem mais longe do que ele esperava!

– E o que Doughty disse?

– Ele disse apenas: "Aprovado com louvor".

– É por isso que você está tão contente? Pensei que talvez você tivesse feito o que prometeu. Pedido que eles ajudassem você a encontrar um bom emprego.

– Sim, eu fiz isso.

– E o que eles disseram? Prometeram ajudar?

– Não exatamente. Olharam um para o outro. Então Jim sorriu e disse que com certeza poderiam me ajudar a encontrar um bom emprego. E Brandon disse: "Que tal ser o próximo CEO da UniCo?".

NOTA AO LEITOR

Sete anos antes de Alex Rogo tornar-se vice-presidente executivo do grupo diversificado, ele era um jovem gerente de fábrica na UniCo, lutando para manter sua fábrica aberta e para salvar seu casamento com Julie, que estava abalado. Um encontro inesperado com Jonah, ex-professor da faculdade onde estudara, levou Alex a se libertar do pensamento convencional e a começar a compreender os Processos de Raciocínio. A transição de Alex de administrador de crises para sua implementação da Teoria das Restrições (Theory of Constraints – TOC), de Eli Goldratt, que teve lugar tanto na vida profissional como na pessoal, é relatada no best-seller internacional *A meta*, publicado pela Citadel.

CITADEL
Grupo Editorial
Livros para mudar o mundo. O seu mundo.

Para conhecer os nossos próximos lançamentos e títulos disponíveis, acesse:

www.**citadel**.com.br

/citadeleditora

@citadeleditora

@citadeleditora

Citadel – Grupo Editorial

Para mais informações ou dúvidas sobre a obra, entre em contato conosco por e-mail:

contato@**citadel**.com.br